대한민국
블랙아웃

- 독일의 경고 : 탈원전의 재앙 -

대한민국 블랙아웃

- 독일의 경고 : 탈원전의 재앙 -

최연혜 지음

비봉출판사

서 문

- 대한민국, 블랙아웃의 기로에 서다! -

문재인 정부의 〈에너지 전환정책〉이 실체를 드러냈다. 지금까지 대한민국을 지탱해 온 원전과 석탄 발전소를 폐기하고, 태양광, 풍력 등 재생에너지와 가스(LNG) 발전을 대한민국의 기저(基底) 발전원(發電源)으로 삼겠다는 것이다.

2017년 여름 국민적 대혼란과 갈등을 야기했던 신고리 5.6호기의 일시 중단을 서막으로, 2018년 초에 발표된 〈제8차 전력수급 기본계획〉에서는 탈(脫) 원전·탈 석탄 정책과 함께 재생에너지의 발전 비중을 2030년까지 20%로 확대하는 3020정책이 확정됐다.

벌써 20년 가까이 전 세계에서 가장 강력하게 〈에너지 전환정책〉을 밀어붙이고 있는 독일조차도 탈(脫) 원전은 하되 석탄 발전은 유지하고 있음을 감안할 때, 탈 원전과 탈 석탄을 동시에 추진하는 문재인 정부의 에너지 정책은 유례를 찾아볼 수 없을 만큼 매우 강력하고도 급진적인 정책이다.

필자는 국회 산업통상자원위원회에서 문재인 정부의 이와 같이 극단적인 에너지 정책을 접하면서 여러 가지 질문을 던지지 않을 수 없었다. 과연 원전과 석탄발전소를 모두 없애고 태양광과 풍력만 가지고도 우리 산업과 국민이 필요로 하는 모든 전력을 충당할 수 있겠는가? 정부의 재생에너지 발전 비중 20%라는 목표는 기술적·경제적으로 실현 가능한 것인가? 탈 원전 운동권과 문재인 정부가 한 목소리로 주장하는 것처럼 원전이나 석탄발전은 위험한 오염덩어리이고 재생에너지는 완벽한 청정에너지인가? 특히 앞으로 나머지 80% 이상의 전원 구성을 전적으로 가스발전에 의존한다는 것인가? 연료를 100% 수입하는 가스(LNG) 발전에 대한민국의 운명을 맡겨도 괜찮을 것인가?

대한민국의 미래와 직결되어 있는 이런 수많은 질문들에 답을 찾기 위해 공부를 하다 보니 이 책을 쓰기에 이르렀다. 이 책을 쓴 목적이 전 세계가 미래의 에너지를 찾는 기술전쟁이 치열한 상황에서, 우리나라가 재생에너지 투자를 확대하는 것에 대한 맹목적 비판이나 재생에너지에 대한 반대를 위한 반대가 아님을 미리 밝혀 둔다.

다만, 원전에 대한 오해와 편견만큼이나 우리 사회에 널리 퍼져 있는 재생에너지에 관한 '미신(Myth)'에 가까운 선입견들을 검증해 보고, 현 정부의 〈에너지 전환정책〉이 과연 대한민국의 성장과 복지를 담보할 수 있는지 판단해 보려는 것이다.

후쿠시마 원전 사고도 그렇고, 최근 원전 밀집지인 경주와 포항의 강진으로 인해 원전에 대해 국민들의 걱정이 많은 것도 사실이다. 하지만 이러한 국민들의 우려를 탈 원전의 기회로 악용해서는 안 되듯이, 국가의 백년지대계인 에너지 정책이 재생에너지에 대한 낭만적 동경이나 장밋빛 맹신, 정치적 신념에 기대어 졸속적이고 감상적으로 결정되어서도 안 되기 때문이다. 특히 이미 20여 년 동안 탈 원전과 재생에너지 확대정책을 강력하게 추진해 온 독일의 경험으로부터 많은 교훈을 얻을 수 있었다.

재생에너지와 관련하여 가장 잘못된 선입견은 '에너지 전환'이라는 명칭에서부터 드러난다. 필자 자신도 그렇게 알고 있었지만, 일반적으로 재생에너지 발전 비중이 증가하는 만큼 원전이나 석탄발전소가 대체될 수 있을 것이라는 생각은 전혀 사실과 다르다.

재생에너지는 간헐성(間歇性), 극심한 변동성, 인위적 통제 불가능성으로 인하여 생산설비가 아무리 증가하더라도 원전이나 화석발전소를 큰 폭으로 감축시키지 못한다. 전력계통의 블랙아웃(black out: 대규모 정전사태)를 막으려면 인위적으로 통제 가능한 발전소의 백업(backup)이 반드시 필요하기 때문이다. 2017년 독일의 재생에너지 설비용량(113GW)이 총 전력수요를 커버할 만큼 확충됐고, 재생에너지 총 발전 비중이 36%까지 증가했지만, 실제로 화석연료 발전소는 거의 줄어들지 않았다는 사실이 이를 증명해 준다.

두 번째 잘못 알려진 선입견은 태양광이나 풍력 터빈에서 생산된 잉여 전력을 어딘가에 저장했다가 필요할 때 꺼내 쓸 수 있다는 생각이다. 교류(交流) 전기는 저장이 불가능하고, 직류(直流) 전기도 충분한 용량을 경제적으로 저장하는 기술이 아직은 없다는 게 물리적 팩트이다. 전 세계가 기술개발에 매달려 있지만 전기자동차의 대중화가 주춤거리는 이유를 떠올려 보면 수긍이 갈 것이다.

세 번째 재생에너지에 관한 미신은 '재생 에너지는 친환경'이라는 인식이다. 막연하게 햇볕과 바람에서 얻으니 친환경일 것이라 생각하지만, 설비의 제작, 운영과 폐기에 이르는 자원의 순환과정에서 재생에너지의 자연파괴와 환경오염이 매우 심각하다는 것은 이제는 알 만한 사람은 다 알고 있다.

마지막으로 재생에너지 지지자들은 툭하면 '그리드 패리티(grid parity)'를 내세우며 조만간 재생에너지 발전이 원전이나 석탄발전보다 저렴해질 것이라고 주장하지만, 이 역시 엄청난 왜곡이다. '그리드 패리티'는 일부 여건이 맞는 곳에서나 가능할 뿐, 기본적으로 햇볕과 바람을 전기 에너지로 바꾸는 데는 엄청난 비용이 든다. 이는 태양광이나 풍력의 물리적 특성이 현대문명의 근간이 되어 온 '교류(交流)의 · 교류에 의한 · 교류를 위한' 전력 시스템과 완전히 다른 데서 오는 문제이다.

태양광 패널은 100% 직류전기를 생산하고, 풍력 터빈은 교류전기를 생산하지만 그 주파수가 다르다. 발전량과 사용 부하(負荷)가 시간적 · 공간적으로 완벽하게 일치해야만 안정성이 유지되는 교류 전력계통에 예측 불가 · 계획 불가 · 통제 불가의 재생에너지가 유입되면 시스템 충돌이 불가피하고, 이는 대정전(大停電), 곧 블랙아웃의 위험성이 커지는 것을 의미한다.

조만간 재생에너지만으로 지속 가능한 전력시스템이 구축될 수 있다는 주장도 있지만, 신뢰하기 어렵다. 효과 대비 비용을 감안하면 더더욱 불가능하다.

독일의 20여 년에 걸친 〈에너지 전환정책〉의 결과들을 살펴보면, 재생에너지의 발전은 여전히 기술적 · 경제적 불확실성으로 가득 찬 신기루에 불과하다는 사실을 알 수 있다. 독일사회는 탈원전과 재생에너지 확대에 올인하면서 무엇보다 막대한 비용을 치르고 있다. 2000~2015년에 재생에너지 생산에 대한 지원금으로만 1,500억 유로(약 195조 원)를 지출했고, 보수적 계산으로도 2025년까지 5,200억 유로(약 676조 원)가 지출될 것으로 추산되고 있다. 이 모든 비용을 독일의 전기 소비자들이 부담하고 있다. 독일의 전기요금은 2000년 이래 2배 이상 인상되어 세계 최고 수준이고, 에너지빈곤층은 매년 늘고 있다.

국가지원금에 기댄 태양광 패널과 풍력 터빈 설치 붐으로 북해 먼 바다부터 남쪽 알프스 깊은 숲속까지 성한 곳이 없을 정도로 국토 전체가 파헤쳐지고 있다. 그럼에도 불구하고 CO_2 감축 등 당초의 정책 목표들이 달성될 가능성은 전혀 보이지 않는다. 세계 어느 나라도 독일과 같은 〈에너지 전환정책〉을 추진하는 나라가 없다는 사실이나, 독일을 제외한 대부분의 나라들이 차세대 원전기술, 핵융합 발전, 석탄발전의 환경친화성 제고, 전기의 저장기술, 태양광이나 풍력설비 효율성 제고 등 다양한 발전원에 대한 전방위적 투자를 하고 있다는 사실도 재생에너지만이 유일하고 확실한 미래 에너지원이 될 수 없음을 반증해 준다.

에너지 정책이 중요하면서도 어려운 이유 중의 하나는 오늘 시행하는 정책의 결과가 5년 후, 10년 후에 나타난다는 데 있다. 에너지 정책마저 국민들의 장밋빛 환상에 기댄 포퓰리즘 정책이 되어서는 안 된다. 잠깐은 국민을 현혹할 수 있을지 모르지만 국가와 국민이 치러야 할 대가가 무엇인지 알게 되는 '진실의 순간'은 반드시 온다는 것을 잊어서는 안 된다.

지속 가능성과 실현 가능성이 검증되지 않은 재생에너지와 100% 수입에 의존하는 가스 발전을 믿고 세계 최고의 기술을 축적한 원자력 발전을 스스로 폐쇄하는 문재인 정부의 〈에너지 전환정책〉은 '대한민국의 블랙아웃'을 예고하는 위험한 도박이다.

이 책이 문재인 정부가 높은 지지율에 취해 졸속적·일방적으로 밀어붙이고 있는 탈원전 정책을 즉각 폐기하고 합리적이고 균형적인 에너지 정책을 다시 수립하는 계기가 되기를 바란다.

끝으로 전력분야에 대한 비전공자로서 열심히 공부를 한다고는 했지만 여전히 부족함 투성이인 이 책을 세상에 내놓는 것은 오로지 대한민국의 에너지 정책이 한시 바삐 제자리에 서기를 바라는 절박한 심정 때문임을 밝히며 독자들의 너그러운 이해를 구한다.

초고를 꼼꼼히 읽고 귀중한 조언을 해주신 노동석 박사님께 진심으로 감사드린다. 그리고 이 책이 나오기까지 원고 정리에 노고를 아끼지 않은 김철현 수석보좌관을 비롯한 보좌진(박대기, 김재협, 손성민, 전지선, 이소림, 장철진, 진정한)들과, 바쁜 중에도 인내심을 가지고 늘 토론에 응해 준 딸들에게도 감사드린다.

끝으로 이 책이 출판될 수 있도록 애써주신 비봉출판사 박기봉 대표님께도 감사와 존경의 마음을 전한다.

2018년 7월 여의도 국회의사당

국회의원 최연혜

대한민국 블랙아웃

- 차 례 -

2장 독일 〈에너지 전환정책〉의 역사: 번복에 번복의 역사

3장 독일 〈에너지 전환정책〉의 기본법: 재생에너지법(EEG: Erneuerbare Energie Gesetz)」

4장 독일의 재생에너지 현황

5장 독일의 전기요금

6장 재생에너지에 관한 팩트 체크

7장 독일 〈에너지 전환정책〉의 교훈

8장 문재인 정부의 위험한 〈에너지 전환정책〉 즉각 폐기해야

대한민국 블랙아웃

1장

세계 각국의 에너지 정책

1. 충돌하는 미 · 중 · 러의 에너지 전략

현대문명의 역사는 에너지의 역사이며, 현대사회에서 에너지는 식량과 같다. 손톱보다 작은 단추 하나로 조명, 난방, 각종 기계와 정보를 움직이는 것이 오늘날의 문명이자 현대인의 일상이다. 언제부터인가 전기는 마치 공기 속의 산소처럼 너무나 당연한 것이 돼서 때때로 우리가 그 존재나 소중함을 무심코 지나치기도 하지만, 불과 몇 분의 정전으로도 교통이 마비되고 공장이 멈춰 설 수 있으며, 수천억 원의 재산피해가 발생할 수도 있고, 생명까지 위태로워질 수도 있다.

19세기 이후의 세계 역사를 돌이켜보면, 모든 전쟁은 에너지원(源), 특히 석유를 차지하기 위해 벌어진 것이라 해도 과언이 아니다. 19세기 이래 미국과 영국의 중동 진출은 원유 확보가 중요한 동기였다. 과거 일본의 대동아 전쟁도, 현재 중국이 남중국해에 집착하는 것도 유전이나 석유 수송로 때문에 벌어진 일들이다. 오늘날이라고 해서 크게 다를 것이 없다. 미국의 경제전문지인 〈포춘(Fortune)〉이 해마다 글로벌 500대 기업을 발표하는데, 지난 수 십 년 동안 변함없이 상위 10위 안에 드는 기업의 절반 이상이 에너지 기업이다. 이것은 무엇을 의미하는가? 바로 글로벌 산업이 에너지를 중심으로 움직이고 있다는 것이다.

석유는 '전략 물자'라는 점에서 글로벌 정치와 밀접하게 연결되어 있다. 경제학 교과서에서 따지는 생산원가나 공급량 같은 변수는 겉치

레일 뿐, 사실상 유가는 상당 부분 정치적 파워에 의해 결정되는 '정치적 가격(political price)'으로 볼 수 있다. 1970년대의 오일쇼크에서 드러난 것처럼, OPEC(석유수출국기구)과 같이 유전과 가스전을 가진 몇몇 나라가 사실상 마음대로 유가를 결정한다.

그러면 여기서 글로벌 정치를 좌지우지하는 빅3의 에너지 정책을 살펴보자.

세계 3대 산유국으로서 무진장의 유전과 가스정(井)을 가지고 있는 러시아는 세계 석유시장의 키 플레이어이다. 유가와 물량을 자기 맘대로 정할 수 있기 때문이다. 현재 유럽 전체가 러시아의 송유관과 가스관에 매달려 있다. 이것이 푸틴 권력의 원천이다. 이것은 유럽 국가들에게는 현대판 러시아제 아편과 비슷한 것이다.

2014년 우크라이나 사태 때 미국의 압력으로 유럽 국가들이 러시아에 경제제재를 가했지만, 경제가 골병 든 건 오히려 유럽 국가들이었다는 것은 잘 알려진 사실이다. 러시아의 가스 없이는 하루도 버틸 수 없는 게 오늘날 유럽 국가들이기 때문이다. 그러다 보니 경제제재는 흐지부지 될 수밖에 없었다.[1)]

우리나라 정서로는 받아들이기 힘들지만, 얼마 전 우리나라를 방문했던 슈뢰더 전 독일 총리는 엄청난 연봉을 받으며 러시아 국영 석유공사인 가즈프롬(Gazprom)의 요직을 역임하는 등, 러시아 가스와 긴밀하게 엮여 있으며, 독일 오스트제(Ostsee: 동해)를 관통하는 러시아 가스관 연결 사업도 수년 째 논의 중이다. 그런데도 독일 정부가 당장은 저렴하고 손쉽게 얻을 수 있는 러시아 가스에 대한 의존도를 높이지 않기 위하여 신경을 곤두세우는 이유는 에너지의 종속이야말로 국가의 자주권에 큰 영향을 미칠 수 있다는 판단 때문일 것이다.

---

1) 연지연/정선미(조선비즈), 2014. 6. 16

국제 유가를 결정하는 가장 중요한 또 하나의 힘은 미국이다. 우선 '페트로 달러(petro-dollar)'라는 말도 있듯이, 석유의 국제거래는 달러로만 이루어지고, 유가 자체가 달러에 연동되어 있다. 일반적으로는 약(弱) 달러에 고(高) 유가, 강 달러에 저 유가가 공식이다. 지금까지 공화당 정부는 전통적으로 약 달러, 민주당 정부는 강 달러 정책 기조를 보였다. 에너지 산업에 국가경제의 존망이 달려 있는 러시아로서는 미국 대통령이 누가 되느냐에 신경을 쓸 수밖에 없는 이유다.

게다가 지금 석유 시장의 판도가 완전히 바뀌고 있다. 러시아는 물론이고 중동의 산유국들, 그리고 전 세계는 한때 세계 최대 원유 수입국이던 미국이 석유 수출국으로 바뀌게 된 사실에 주목해야 한다. '에너지는 세상에서 일어나는 모든 변화의 원천'이라는 하이젠베르크(Werner Heisenberg)[2]의 말이 아니더라도, 이는 세계사적 사건으로 봐야 한다.

미국은 2017년부터 세계 최대 원유 매장국이 되었고, 지금 추세라면 세계 최대의 원유 수출국이 될 것이다. 지난 몇 년 동안 국제 유가가 바닥을 친 것은 OPEC 국가들이 미국의 셰일석유 개발을 원천봉쇄하기 위해 덤핑 전략을 썼기 때문이라는 흥미로운 분석도 있다. 높은 채굴비용 때문에 원가경쟁력이 떨어지는 미국산 셰일가스를 도태시키기 위해 OPEC 국가들이 덤핑가격으로 국제시장의 원유가를 30달러 이하로 떨어뜨렸고, 석유가 남아도는데도 감산하지 않았다.

그러나 지금은 OPEC이 미국에 백기를 든 형국이다. OPEC은 감산을 결정했지만, 트럼프는 셰일석유 생산량을 계속 늘리고 있다. 미국

---

2) 'Die Energie kann als Ursache für alle Veränderungen in der Welt angesehen werden.' 양자역학의 창시자로서 1932년 노벨물리학상을 수상한 하이젠베르크는 독일 최초 원전(1957년)의 설계자이기도 하다.

의 셰일산업은 시간이 지날수록 채굴기술의 개발로 원가 경쟁력이 올라가는 데 반해, OPEC은 유가가 40~50달러 선에 머물 경우 버틸 여력이 없다는 것이다. 앞으로 국제석유시장의 '게임의 룰'은 트럼프의 손에 들어갔다는 게 전문가들의 관전평이다. 이 정도면 석유 왕국인 아랍에미레이트에 이어 사우디아라비아까지 원전 건설에 팔 걷고 나선 이유를 납득할 수 있을 것이다.

트럼프 당선 이후 서방 세계에는 트럼프가 러시아에 유리한 정책을 펴는 것 아니냐는 불안이 팽배해 있다. 그러나 트럼프 내각이 친러파로 득실댄다는 비판은 트럼프의 입장에선 오히려 다행일지 모른다. 트럼프 내각이 친 석유재벌이라는 더 중요한 사실을 희석시켜 주기 때문이다.

얼마 전까지 트럼프 정부의 초대 국무장관을 역임한 틸러슨(Rex Wayne Tillerson)은 세계 최대 에너지기업이자 미국 최대 석유업체인 엑손 모빌(Exxon Mobil)에서만 41년간 일한 전형적인 오일 맨이고, 미국의 셰일 가스를 살려낸 사람이다. 에너지장관 릭 페리(Rick Perry)는 2000년부터 2015년까지 15년이나 텍사스 주지사를 했다. 누구나 알다시피 텍사스 주는 미국에서 석유가 가장 많이 생산되고 석유 자본이 정치와 경제를 지배하는 곳이다. 환경보호청장인 스콧 프루잇(Scott Pruitt)은 청문회 과정에서 그동안 석유 및 가스 회사들로부터 27만 달러 이상의 후원금을 받은 것으로 밝혀져, 곤욕을 치른 끝에 가까스로 청장직에 올랐다. 트럼프가 맨 처음 에너지 장관으로 지명했던 해롤드 햄(Harold Hamm)은 아예 콘티넨탈 리소시스 라는 셰일 업체의 CEO였다. 특히 햄은 캐나다 알버타 주에서 생산한 오일 샌드를 파이프라인을 통해 미국 내륙으로 수송해 오는 〈키스톤 XL 파이프라인 프로젝트〉를 적극 추진하던 사람이다. 파이프라인의 길이가 무려 2,700km에 달하는 대형 건설공사다. 캐나다를 거쳐 알래스카에 이르는 셰일가스 파이프라인 건설 계획도 검토 중이라고 하는데, 이것이 성사되면 액화 천연가스를 일본과 한국시장에 직접 팔 수 있는 길이 생긴다.

2008년 서브프라임 모기지 사태로 미국은 대공황 이래 가장 큰 위기를 맞았다. 미국의 부동산 가격이 한 순간에 30%나 하락했고, 부동산 담보가격 폭락으로 금융시장에서 시작된 경색이 실물시장, 주식시장으로 이어지면서 미국 경제에 최대 위기가 온 것이다. '팍스 아메리카나'가 끝날 수도 있다는 위기 속에서 미국 대통령에 당선된 트럼프가 꺼내든 해법이 바로 셰일 석유다.

셰일 석유 붐을 일으키면 미국경제 호황의 기폭제가 될 수 있다. 수입하던 원유를 국내산으로 대체하고 수출까지 하게 되면 무역적자가 줄어든다. 셰일산업이 활성화되면 많은 일자리가 창출될 수 있다. 이와 함께 셰일산업과 연관 산업의 주가가 상승하면 주식시장 붐으로 이어진다. 지금까지 황무지나 다름없던 땅에서 셰일 가스가 나오면서 그 땅들은 황금알을 낳는 거위가 되었다. 부동산 가격이 폭등하는 것이다. 여기에 셰일 석유 매장지에서부터 미국 각처와 수출항에 이르기까지 송유관, 가스파이프라인 건설이 이어진다. 부동산 붐에 건설 붐까지, 미국경제는 완벽한 선순환 구조에 올라타게 되는 것이다. 이것이 트럼프가 전 세계의 따가운 비난에도 불구하고 파리 기후협약을 파기한 진짜 이유가 아닐까?

그렇다면 중국은 어떠한가? 중국은 자기네 땅에 매장되어 있는 원유는 손도 안 대고 국제유가가 떨어질 때마다 막대한 양을 사들여 비축하고 또 비축한다. 중국은 2020년까지 5억 5천만 배럴을 목표로 석유 저장시설을 짓고 있다.[3] 그게 다 저장되면 그때부터 중국이 세계

유가를 좌지우지하는 힘을 가지게 될 것이다.

게다가 중국은 2017년 9월 현재 총 37기(총35GW)의 원전 설비를 보유하여 원전 설비 규모로 세계 4위의 원전국인 동시에, 세계에서 가장 열정적으로 원전산업을 추진하고 있는 나라다. 이미 자체 기술로 원자력 발전 전체 사이클을 소화하는데다 '원전굴기'라는 구호 아래 2020년까지 50여 기(58GW), 2030년에는 150여 기(150GW)로 확대할 계획을 가지고 있다. '일대일로'의 65개국 역시 차이나 원전으로 뒤덮는다는 계획이다.

중국은 이미 전 세계에 원전을 수출하고 있는 나라다. 동유럽, 남미 등이 앞 다투어 중국의 원전을 수입했고 영국, 남아공, 이란, 터키, 이집트, 케냐, 수단, 아르메니아, 카자흐스탄 등도 이미 수입계약을 맺었거나 계약 직전이다. 2030년에는 중국이 원전수출로 벌어들이는 수입만 1,600억 달러(약 176조 원)가 될 것으로 예측된다. 러시아가 매년 석유수출로 벌어들이는 1,200억 달러(약 132조 원)보다 훨씬 많은 돈이다.[4] 중국은 재생에너지 분야에서도 세계 1위이며, 원전기술의 고도화로 세계에서 가장 안전하다는 용융염 원자로 기술도 세계 1위를 달성했다. 나아가서 미래 기술로 떠오르고 있는 핵융합 발전기술에도 전 세계에서 가장 많은 연구·개발비를 투입하고 있다.

중국의 이러한 전방위적 에너지 정책을 단순히 CO_2 배출이나 환경오염 문제를 해결하기 위한 어쩔 수 없는 선택이라고만 본다면 지나치게 순진한 시각이다. 중국의 에너지 정책은 '중화의 시대', '팍스 시니카'의 꿈을 이루기 위한 밑그림이다.

---

3) 참고로 우리나라의 2025년까지 석유비축목표는 1억 7백만 배럴이다.
4) 김진명, 2017, 103쪽

요약하자면, 지금 전 세계는 4차산업으로의 패러다임 전환과 1990년 구소련 해체로 동서 냉전체제가 와해된 이후 가장 격동적인 국제 정세의 개편 속에 한치 앞을 가늠할 수 없는 상황이 전개되고 있다. 이러한 소용돌이의 한 가운데서 세계 정치를 쥐락펴락하는 미국, 중국, 러시아의 에너지 전략이 정면충돌하고 있는 것이다.

특히 미국과 중국이 향후 100년에 대한 패권 경쟁으로 경제적 군사적 대결을 불사하는 가운데, 에너지 시장의 헤게모니 다툼은 그 전초전이다. 에너지는 현대문명과 산업의 식량으로서 국가경쟁력을 결정짓는 핵심 요소이기 때문이다.

2. 우리나라의 에너지전략 방향

지정학적으로 중국, 러시아, 일본과 미국 등 세계 4대 강대국에 포위되어 있는 우리나라의 에너지 정책은 이들 주요 4개국의 에너지 전략과 국제질서의 재편이라는 넓은 시각에서 국가 안보와 경제, 국민복지에 대한 고려와, 문명사적 관점 등을 포괄적으로 판단하고 결정해야 할 문제이다. 좁은 국내적 시각과 졸속적, 아마추어적, 낭만적 시각으로 접근해서는 절대로 안 되며, 더구나 일부 정치적 지지세력을 겨냥한 정파적 접근이나 5년짜리 정부가 대선 승리의 전리품으로 삼아서는 결단코 안 되는 문제라는 점을 강조하는 바이다. 앞서 살펴 본 미·중·러의 에너지 전략을 배경으로 우리나라의 에너지 전략 수립에서 고려되어야 할 주요 사항은 다음과 같이 요약될 수 있다.

1) 에너지 안보

문재인 정부는 탈(脫)원전 정책을 하는 이유로 오로지 원전의 위험성과 환경문제를 내세운다. 그러나 석유, 석탄, LNG 등 에너지원의 95% 이상을 수입에 의존하고 있는 우리나라의 에너지 전략에서 최우선적으로 고려되어야 하는 것은 '에너지 안보', 즉 '연료공급의 안정성'과 '가격변동에 노출될 가능성'을 고려해야 한다.

우리나라는 원전발전 비중이 30% 가까운데도 불구하고 해마다 3대 수출품목인 반도체, 자동차, 철강을 수출해서 벌어들인 돈의 대부분을 에너지원을 수입하는 데 지출한다. 예컨대 2014년에 3대 수출품목으로 벌어들인 총 수출액 1,481억 달러(약 162조 9,100억 원)의 93%에 해당하는 1,384억 달러(약 152조 2,400억 원)가 원유, 가스, 석탄을 수입하는 데 고스란히 들어갔다.

문재인 정부가 추진하는 대로 원전과 석탄발전소를 폐쇄하고 LNG 발전 의존도가 높아지게 된다면, 대한민국은 가스 생산국의 볼모가 될 수밖에 없다. 1970년대~80년대 오일 쇼크에서 겪었듯이, 우리 경제는 널뛰기 하는 LNG 가격에 따라 흥망을 달리하게 될 것이다. 게다가 원전의 3배, 석탄 발전의 2배가 넘는 고가의 LNG 발전비중이 증가하면 국민들은 영문도 모른 채 전기요금 인상의 고통을 고스란히 떠안아야 한다. 다시 말해, 최악의 에너지 안보위기 상황에 직면하게 되는 것이다.

우리나라가 1970~80년대의 오일쇼크를 극복하고 안정적인 경제성장을 이뤄낸 배경에는 원전을 통해 '에너지 국산화'를 성공시킨 것이 가장 핵심적인 요인이라는 데 이의를 제기할 사람은 없을 것이다.

미국 대사관의 예루살렘 이전, 이란 제재, 시리아 사태 등 일련의

사태로 재점화되고 있는 중동 위기로 앞으로 국제 유가 및 가스 가격의 대폭 상승이 예견되고 있다. 최근 국제유가가 3년여 만에 최고가를 연일 경신하고 있고, 국제유가와 연동되는 LNG 가격이나 발전용 유연탄 가격 역시 치솟고 있다.[5] 더욱 우려스럽게도 이러한 국제유가 상승이 일시적 현상이 아니며, 내년에 국제유가는 배럴 당 100달러에 이를 것이라는 전망도 이미 나와 있다.

에너지 안보 측면에서 에너지 수입을 위해 지출하는 비용 못지않게 중요한 문제가 연료의 적시(適時) 운송이다. 우리나라에 수입되는 에너지의 대부분은 말레이반도와 인도네시아 사이의 말라카해협과 남중국해를 통해 수송되는데, 이 지역은 강대국들의 이해관계가 복잡하게 얽혀 있는 지역이다. 만일 이 지역에서 우리나라가 통제 불가능한 국제분쟁으로 해상수송로가 봉쇄되거나, 전쟁 등 비상사태가 발생해서 가스 수입에 차질이 빚어지면, 대한민국은 문자 그대로 올 스톱의 위기에 처할 것이다.

▌표 1▌ 우리나라 에너지 수입액과 3대 수출품목 수출액

에너지수입액	원유	LNG	석 탄	총 계
	949억$	314억$	121억$	1,384억$
3대 수출품수출액	반도체	자동차	철강	총 계
	627억$	489억$	365억$	1,481억$

*출처: 2014년 기준 에너지경제연구원(에너지통계월보), 산업통상자원부, 관세청(수출입무역통계)

5) 최근 국제시장의 브렌트유 가격은 배럴당 80달러, 서부 텍사스 원유가격 역시 배럴당 70달러를 넘어 3년여 만에 최고가를 기록했고, 유연탄 가격도 2016년의 톤당 66.03달러에서 2018년 초 108.35달러까지 인상되었다. 안준호(조선일보), 2018.5.18

원자력발전의 주원료인 우라늄은 가스, 석탄, 석유 등과 달리 부피가 아주 작고 장기간 보관이 가능하고 유사시 비축도 얼마든지 가능하다. 또한 연료비 비중이 발전단가의 10%에 불과해 다른 에너지원에 비해 대단히 기술집약적 발전 방식이다. 우리나라는 세계에서 가장 안전하고 효율적인 한국형 원자로 생산기술을 보유하고 있기 때문에 원전은 '국산에너지'와 다름없다. 이에 반해 특히 가스발전은 LNG 비축기간이 극도로 짧아서(약 48일, 원자력은 18개월) 수급 안정성이 매우 취약할 뿐만 아니라, 전량 수입해야 하는 연료가 차지하는 비중이 전체 발전비용의 70%를 넘는다.

이런 관점에서 볼 때, 문재인 정부가 추진하는 〈에너지 전환정책〉의 진짜 위험성은 '재생에너지 20%'의 목표 달성 여부가 아니라, 탈원전·탈 석탄의 빈자리를 전적으로 가스발전에 의존한다는 망상에 가까운 전원(電源) 구성에 있다.

2) 군사적 안보와 북한 변수

미·중·러·일 등 강대국의 이해관계가 살벌하게 충돌하는 동북아에 위치하고 있다는 것이 우리나라의 지정학적 숙명이다. 게다가 남북관계는 지금 역사적 대 실험을 눈앞에 둔 일촉즉발의 상황이다. 군사적 안보와 에너지 정책은 떼려야 뗄 수 없는 관계이다. 미·중·러·일 모두 에너지원의 충분한 확보, 더 효율적이고 지속가능한 에너지 확보에 국가의 명운을 걸고 있다.

1970년대 전 세계에 큰 충격을 던졌던 두 차례에 걸친 오일쇼크와는 비교조차 할 수 없을 만큼 현재 벌어지고 있는 강대국 들 간의 파워 게임에서 에너지는 안보 그 자체이다. 과연 우리나라가 원전과 석탄발전소를 모두 폐쇄하고 재생에너지와 가스에만 의존해서 살아남을 수 있겠는가 하는 문제는 국가안보 차원에서도 심각하게 고려해야 한다. 우리나라는 북핵 문제도 해결해야 하고, 더구나 남북관계 개선에 올인 하는 문재인 정부로서는 북한 변수에 대한 고려 없는 에너지 정책은 큰 국가적 위기를 초래할 수 있다. 특히 전 세계가 한 목소리로 북핵 폐기를 요구하는 바로 이 시점에 문재인 대통령이 공교롭게도 군사작전 식으로 '탈핵 정책'[6]을 밀어붙이는 것은 국민적으로 큰 혼란을 자초할 만하다. 문재인 대통령이 북한 핵과 대한민국의 원자력 발전을 혼동하고 있으며, 북핵 폐기에 앞서 우리 원전부터 폐기하려는 게 아닌가 하는 의구심을 갖지 않을 수 없다.

남북정상회담이다, 북미정상회담이다, 하여 해빙 무드가 조성되는 듯이 보이지만, 이럴 때일수록 정신 바짝 차리고 유비무환(有備無患)의 태세를 갖춰야 하는 것은 너무나 당연하다. 백 번 양보해서 김정은이 어느 날 갑자기 개과천선 한다고 치더라도, 그리고 정부가 자랑하듯이 남북관계와 동북아 문제가 빅뱅 식으로 일괄 타결된다고 하더라도, 그 이후의 새로운 동북아 질서와 그에 따른 기회와 위기에 대한 대비는 더욱 중요하다. 북한의 개혁·개방이 실패로 돌아갈 경우, 지금보다 더 큰 위기가 올 수 있는 등 포스트 4.27 시대가 반드시 평화와 희망으로만 넘쳐나지는 않을 것임은 너무나 자명하기 때문이다.

2차 세계대전 이후 지금까지 유지되던 한·미·일 대 북·중·러의 프레임이 요동치면서 판문점 선언 이후의 동북아 신질서에 대한 전반적인 국가 전략의 재정립이 시급한 과제로 대두되었다.

현 상황에서 에너지전략 측면에서 가장 주목할 부분은 북한의 전

---

6) 고리1호기 영구정지 선포식 문재인 대통령 연설문, 2017. 6. 19.

력 문제이다. 문재인 정권은 북핵문제 해결보다 남북경협 추진에 더 강렬한 의지를 불태우고 있는 것처럼 보인다. 얼마나 급하고 또 분량이 많았으면, 문재인 대통령이 처음 만난 김정은에게 '한반도 신경제 구상'을 담은 USB를 건네주었겠는가! 여기서는 UN안보리의 대북제재 위반 여부나, 국내 법·절차에 부합하는지 여부 등은 따지지 않겠다. 강조하고 싶은 것은, 이 정부가 거창하게 이슈 파이팅만 했지 실질적인 준비는 너무나 허술하고 아마추어적이라는 점이다.

대통령과 주무부처 간에 손발이 안 맞는 부실한 전력수급 계획이 대표적 본보기다. 한반도 신경제 구상과 같은 대규모의 남북경협을 하려면 무엇보다 북한의 전력난이 해결되어야 한다. 현대 문명사회에서 전기 없이 할 수 있는 일은 아무 것도 없고, 특히 북한의 열악한 전력 사정은 이미 전 세계에 다 알려진 사실이다.

세계은행(World Bank)이 발표한 '2014년 세계 발전 지표(World Development Indicators)'에 따르면, 2011년 북한의 전기 총생산량은 21.6TWh(1TWh=10억kWh)로, 같은 기간 한국의 전기생산량 521TWh의 4% 수준이다. 전력망에 연결된 주민의 비중도 26%에 불과하다니, 전국 어느 곳에서든 마음대로 전기를 쓸 수 있는 우리나라 국민으로서는 상상조차 할 수 없는 일이다.

남북경협이 얼마나 많은 전력을 필요로 하게 될지 개성공단의 예를 들어 보자. 2016년 2월 거듭된 북한의 핵·미사일 도발로 중단되기 전까지 개성공단은 우리나라 전력으로 운영되었다. 문산변전소에서 한국전력이 북측에 건설한 개성공단 평화변전소까지 연결한 154㎸ 송전 선로를 통해 연간 총 1억 9,100만kWh(2015년)의 전력을 124개 입주기업 등에 공급했다.[7] 이는 우리나라에서 4만5천여 가구가 1년 간

---

7) 황해찬(헤럴드경제), 2016. 2. 12

사용할 수 있는 엄청난 전력량이다. 한 개의 공단(개성)에 입주한 우리나라 기업에 보낸 전력만도 이럴진대, 앞으로 남북 경제협력이 본격화된다면 얼마나 많은 전력이 필요할지 쉽게 상상할 수 있을 것이다.

그런데 2017년 말 정부가 발표한 〈제8차 전력수급 기본계획〉 어디에도 북한 변수가 반영되어 있지 않다. 〈탈원전 정책〉을 정당화하기 위한 꼼수인지, 전력 수요는 〈7차 기본계획〉보다도 오히려 줄어들었다. 대통령은 당장에라도 북한에 전력을 공급하겠다고 나서는데, 주무장관은 앞으로 전력수요가 줄어든다고 하니, 누구 말을 믿어야 할지 모르겠다.

3) 4차 산업혁명의 성패를 가를 전기의 힘

오늘도 세계 각국은 4차 산업혁명이라는 글로벌 산업구조 개편 과정에서 생존을 건 치열한 선두다툼을 벌이고 있다. 지금 뒤쳐지면 나락으로 떨어지는 것은 순식간이다. 4차 산업혁명이 이미 우리 곁에 와 있다는 것을 보여준 알파고와 이세돌의 다섯 번의 바둑 시합에서 알파고는 단 한 차례만 빼고 '이세돌'에 승리했다. 그리고 알파고보다 한 단계 업그레이드된 인공지능에게 중국의 바둑기사 '커제'는 완패를 했다.

4차 산업혁명의 본질은 무엇인가? 알파고의 실체는 1,202대의 슈퍼컴퓨터가 풀가동된 것이다. 그러나 인공지능이 인간을 완전히 제압한 것처럼 보이는 이 게임은 알고 보면 엄청난 불공정 게임이다. 인간의 두뇌활동에 필요한 소비전력을 보통 20W라고 하는데, 이 정도 에너지로는 알파고는 부팅조차 못 했을 것이기 때문이다.[8] 다시 말해,

---

8) 정종문, 2018. 3. 13. 33쪽

알파고와의 싸움에서 '이세돌'은 두뇌에서 밀린 것이 아니라 전기의 힘에 무릎을 꿇은 것이라 해도 틀린 말이 아니다.

이처럼 전기차, 스마트 공장, 로봇 등 4차 산업혁명의 승패는 어느 나라가 얼마나 더 좋은 에너지를 더 경제적으로 생산할 수 있느냐에 달렸다. 지속가능한 고품질 에너지의 안정적 공급이 현재 전개되고 있는 국제경쟁에서 국가의 명운을 좌우하게 된다는 말이다. 간헐성과 변동성 등 태양광과 풍력 발전의 물리적 특성과 특유의 소규모 분산형 발전 형태로 인해 재생에너지 전력의 품질이 떨어진다는 것은 이미 입증된 사실이다. 세계 최고 품질의 전기를 값싸게 공급해주는 원전 없이 과연 태양광과 풍력에만 의존해서 4차 산업혁명 시대의 글로벌 경쟁에서 살아남을 수 있겠는지 진지한 성찰이 필요하다.

4) 원전강국에 둘러싸인 대한민국

우리나라를 둘러싸고 있는 중국, 러시아, 일본은 모두 원전 강대국일 뿐더러 가장 열정적으로 원전 확대정책을 추진하는 나라들이라는 점을 잊어서는 안 된다. 특히 글로벌전략 차원에서 원전 확대정책을 추진하는 중국의 원전들이 우리나라와 마주보는 서해안에 총집결되어 있다는 사실은, 우리나라만의 원전 포기 정책이 우리 국민의 안전을 지켜줄 수 없다는 것을 말해 준다. 중국의 동해안이 원전으로 발 디딜 틈 없게 된 지경에서 중국에서 원전사고가 발생하면 중국보다 우리나라 국민이 더 큰 피해를 입을 수밖에 없기 때문이다.

게다가 〈산업통상자원부〉는 2018년 사업추진계획에서 〈동북아 그리드 사업〉을 발표했다.[9] 즉, 중국과 러시아, 일본 등과 우리나라의 전력망을 통합하자는 것인데, 이렇게 되면 우리나라가 탈 원전, 탈 석탄을 하더라도 우리나라 원전보다 기술이나 안전성이 떨어지는 중국 원전이나 석탄발전소의 전기를 수입하게 되는 역설적 상황이 벌어지게 된다. 따라서 원자력이나 석탄발전소 문제의 해법은 우리나라 단독으로가 아니라 인접국들과 공동으로 접근해야 하는 국제적 과제인 것이다. 우리나라가 탈원전을 해서 원전 전문가도, 기술력도 모두 잃게 되면, 주변의 원전 강국들과 협상테이블에 마주 앉을 수조차 없을 것이다. 우리가 앞선 기술력을 확보하고 있어야만 주변 국가들과의 협력관계에서 구심점 역할도 할 수 있다. 글로벌 에너지전략 차원에서 원전굴기(原電崛起)를 꿈꾸는 중국 때문에라도 우리나라가 세계 최고 수준의 원전 기술력을 버려서는 안 된다.

▌그림 1▌ 중국의 원전현황 및 건설계획

---

9) 한국과 중국, 일본, 러시아, 몽골 등 동북아 국가들을 전력망으로 묶는 초광역 전력망 사업.

결론적으로 냉혹한 국제정치 현실과 미래의 혁명적 환경변화에서 살아남기 위해 세계 각국은 국력을 지키고 키우는 데 목숨을 걸고 있다. 특히 문명과 기술의 식량으로 먼 미래까지도 국가와 국민을 먹여 살려야 하는 에너지 문제를 감상적인 이상주의에 매몰되거나 좁은 국내적 시각에 갇혀서 졸속적이고 나이브하게 결정해서는 결코 안 된다. 국가의 존망이 걸린 중차대한 시기에 최소한의 우라늄만 있으면 원하는 만큼 무한정 전력을 생산할 수 있는 순수 '국산에너지원'인 원자력을 포기하는 것은 어리석기 짝이 없는 일이다. 없던 기술도 쟁취하려 노력해야 하는 마당에 60년 간 쌓아올린 세계 최고의 기술력을 한순간에 자기 손으로 무너뜨리는 것은 어떤 논리로도 결코 정당화되거나 합리화될 수 없는 자해 행위이다.

3. 세계 에너지 정책을 뒤흔든 두 개의 가설과 세 번의 사고

전통적으로 에너지 정책은 경제정책이나 산업정책을 뒷받침하는 보조적인 역할을 해왔다. 그러나 에너지 정책 그 자체가 국제정치의 핵심 아젠다로 등장하게 된 배경에는 1970년대에 제기된 두 개의 가설이 결정적 역할을 했다.

1) 화석연료고갈 이론

1970년대에 제기되어 에너지 정책에 중대한 영향을 미친 가설로는 우선 화석연료 고갈이론(枯渴理論)을 들 수 있다. 이 가설이 처음으로 전 세계를 강타한 것은 1972년 〈로마클럽(Club of Rome)〉의 '성장의 한계'라는 보고서를 통해서다. 〈로마클럽〉은 이탈리아의 실업가 아우렐리오 페체이가 1968년에 창설한 단체로서, 52개 국가의 학자와 기업인, 전직 대통령 등 세계적 지도자 100명으로 구성되어, 환경오염, 빈부격차 등 세계적 이슈에 관해 보고서 형식으로 해결책을 제시하는 활동을 해 왔다.

화석연료가 고갈되어 더 이상의 경제성장이 불가능하다는 주장을 담은 '성장의 한계'라는 보고서는 그 내용도 내용이지만, 2000년 무렵으로 전망된 고갈 시점이 더 큰 충격이었다. 예측대로라면 화석연료 기반의 문명 발전이 가능한 시간이 불과 30~40년 밖에 남지 않았기 때문이다. 이 보고서는 당시 우리나라를 비롯한 세계 각국의 언론에 대서특필되어 때마침 밀레니엄을 앞두고 피어오르던 세기말적 공포감을 한층 고조시켰다. 엎친 데 덮친 격으로 OPEC발 오일쇼크가 석유 없는 문명사회의 고통과 한계를 톡톡하게 체험시켜 주면서, 〈로마클럽〉의 경고는 국제 사회에 큰 충격을 주었다.

'성장의 한계' 이후에도 머지않아 석유나 석탄자원이 고갈될 것이라는 경고와 예언은 끊이지 않았지만, 석유를 비롯한 화석연료는 오늘날까지 고갈되지 않았다. 고갈되기는커녕 채굴기술의 발전 등에 힘입어 확인 매장량이 계속 증가하고 있다. 예컨대 1980년에는 약 6천억 배럴 수준이라던 석유 매장량은 2010년에는 그 두 배가 넘는 1조4천억 배럴까지 늘었다. 독일의 정부기관인 〈연방지질·자원청〉의 자료에 따르면, 세계의 석유 및 가스 자원은 앞으로 최소 백 년 이상, 석탄은 몇 천 년 이상의 수요를 충당할 수 있다고 한다.[10] 이처럼 완전히 빗

10) 독일어 명칭: Bundesanstalt für Geowissenschaft und Rohstoffe; Beppler, 2013, 43~44쪽

나간 가설임에도 불구하고 1972년 〈로마클럽〉이 제기한 '화석연료 고갈이론'은 전세계에 석유나 석탄 의존도를 낮춰야 한다는 인식을 각인시키고, 화석연료 기반의 에너지 정책에 경종을 울리는 계기가 된 것만은 틀림없다.

2) 지구온난화 가설

글로벌 에너지 정책에 화석연료 고갈이론보다도 더 지대한 영향을 미친 이론이 '지구온난화 가설'이다. 그 내용을 요약하면, 인류가 화석연료를 사용하는 과정에서 배출된 이산화탄소(CO_2)가 지구 복사(輻射) 에너지를 가두는 온실효과를 일으켜서 지구의 기온이 올라간다. 이로 인해 그린란드와 남극의 빙하가 녹아 세계 곳곳의 해안지역을 침수시키고, 대서양의 걸프 해류와 해양의 열염(熱鹽)순환을 막아 새로운 빙하기를 초래한다. 또한 지구 전역의 기상 변화는 더욱 심각한 홍수와 가뭄을 일으켜 생태계 전체를 변화시키거나 파괴한다는 것이다. 한 마디로, 인간이 뿜어내는 CO_2(이산화탄소)를 줄이지 않으면 지구 전체가 엄청난 기후 재앙에 빠지고, 결국 파멸에 이르게 된다는 주장이다.

지구온난화 가설은 1979년 G. 우델(G. Woodell)과 G. 맥도날드 등의 과학자들이 처음 제기했지만, 특히 2000년대 초 미국의 전 부통령 엘 고어(Al Gore) 등이 가세하면서 세계 기후변화협약이 정착되는 데 큰 역할을 하였다. 고어가 제작한 '불편한 진실'이라는 다큐멘터리는 많은 사람들에게 엄청난 충격과 반향을 일으켰으며, 그가 노벨 평화상을 받는 데 기여했다.

그러나 지구온난화 가설(假說)에 대한 반론도 만만치 않다.[11]

---

11) 장승규(한국경제매거진), 2010. 7. 28; 프레드 싱거/데니스 에이버리, 2009

첫째 논쟁은, 지구의 온도가 전반적으로 상승하는 것은 사실이지만, 그 원인을 인류가 배출한 CO_2 때문으로 보는 것은 잘못된 해석이라는 것이다. 많은 기후학자들은 인간이 배출한 CO_2의 양이 극히 미량이어서 지구의 기후시스템에 유의미한 영향을 미칠 수 없다고 반론한다. '기후 커넥션'을 쓴 로이 스펜서 미국 앨라바마대 수석 연구원은 'CO_2 농도가 산업화 이전보다 두 배로 늘어나더라도 지구의 자연적인 온실효과는 1%밖에 증가하지 않는다'고 한다. 지표면의 온도로 따지면 섭씨 0.5도 올라가는 정도다. 실제로 온실효과의 95%는 대기중 수증기에 의해 발생한다. 온실효과의 원인요인 중 CO_2가 차지하는 비중 자체가 3.618% 정도로 극히 미미할뿐더러, 이 중에서 인간이 유발한 것은 0.117%로 더욱 미미하다는 것이다.

둘째, 지구의 온도 변화는 수십억 년의 장기적인 패턴을 보아야 하며, 현재 진행되고 있는 지구 온난화 현상은 이례적인 것이 아니라 과거에도 존재해 왔던 것이라는 주장이다. 무엇보다 몇 차례의 빙하기와 간빙기(間氷期) 중 마지막 간빙기 2개가 로마시대와 중세시대인데, 그때의 기온이 지금보다 높았다는 것이다. 인류가 CO_2를 폭발적으로 뿜어내기 시작한 19세기 산업화부터 지금까지보다 로마시대와 중세시대의 지구 기온이 더 높았다는 사실은 인류가 배출한 CO_2가 온난화의 원인이라는 가설과는 모순되는 것이다.

'지구온난화에 속지 마라'라는 저서에서 중세 온난기가 20세기의 온난화를 능가한다는 사실을 입증한 '프레드 싱거' 버지니아대 교수 등의 기후학자들은 빙하기든 간빙기든 지구의 기후는 오로지 태양에 의해 결정되는 것이지 인간이 영향을 미칠 수 있는 게 아니라고 주장한다. 지구온난화 신봉자들이 흔히 증거로 내세우는 자연재해의 빈발 현상도 잘못된 해석이라고 반박한다. 반대론자들에 따르면, 지구 온난화로 적도와 극지방의 온도차가 줄어들면 자연재해는 오히려 감소한다는 것이다.

셋째, 지구온난화로 인해 빙하가 녹아서 사라지거나 거대한 땅덩어리가 물속에 가라앉는다는 주장은 매우 비과학적인 상상이라는 반박이다. 엘 고어의 '불편한 진실'에 기후 온난화로 인해 플로리다 주가 6m 깊이의 물속으로 가라앉는 충격적인 장면[12]이 나오는데 그런 일이 일어날 가능성은 전혀 없다는 게 전문가들의 이야기다.

그런 일이 일어나려면 그린란드가 완전히 녹거나, 그린란드 절반과 남극 절반이 녹아야 하는데, 현재 남극의 기온은 반도 일부 지역을 제외하고는 오히려 더 떨어지고 있다. 해수면 상승에 관한 전문가들은 앞으로 한 세기 동안 그린란드의 영향을 최대 5cm로 보고 있다. 회의론자들은 지구가 1300~1850년의 소빙하기에서 벗어나면서 빙하의 크기가 줄어들고 있는 것을 우려하지만, 전문가들은 이 역시 그리 염려할 일은 아니라고 생각한다.

1만 년 동안의 빙하의 크기를 조사한 연구 자료들에 따르면, 빙하는 1,800년 이후 꾸준히 줄어 왔다고 한다. 즉, 지구온난화 때문에 발생한 새삼스러운 현상이 아니라는 뜻이다. 더욱이 회의론자들이 걱정하는 것처럼 빙하가 다 녹아내릴 가능성 역시 다행스럽게도 매우 희박하다고 한다. 해빙되는 빙하의 양보다 다시 얼어붙는 빙하와 만년설의 양이 더 많기 때문이며, 게다가 이 과정은 엄청나게 긴 시간에 걸쳐 진행되기 때문이다. 기후 작용에 의해 빙하와 만년설이 녹는 데는 수천 년이 걸리는데, 학자들은 빙하기가 끝난 지 1만 년이 지났지만 남

12) 마치 몇 년 전 '판도라'라는 국산 재난영화에 원전이 핵폭탄처럼 폭발하는 장면이 나와 많은 사람들이 '원전 포비아'에 휩싸인 것과 비슷하다. 심지어 문재인 대통령도 이 영화를 보고 눈물을 흘렸으며, '탈핵 정책'을 결정하는 데 큰 영향을 미쳤다는 말이 있다. 원호섭(매일경제). 2017. 6. 29.

극의 빙하가 완전히 녹으려면 아직도 7,000년의 시간이 더 걸린다고 보고 있다.

여기서 이런 저런 반론들을 소개한 것은 위 가설들의 옳고 그름에 대한 논쟁을 펼치기 위한 것이 아니다. 강조하고자 하는 것은, 화석연료 고갈이나 지구온난화 가설(假說)에 대해 많은 논란과 논쟁이 대립되어 있음에도 불구하고 전 세계의 에너지 정책에 엄청난 영향을 미쳤다는 점이다.

과학적 규명과 해결책을 찾는 과정이 결여된 채, 국제사회는 지구온난화의 원인으로 지목된 CO_2배출 감축을 대명제로 내걸고, 화석연료 사용에 대한 자율규제를 넘어 국제협약을 통한 감축목표 이행을 의무화하기에 이르렀다.

몇 가지 중요한 이정표를 살펴보면, 1992년 6월 브라질 리우에서 일명 〈리우협약〉 또는 〈기후변화협약〉으로 칭하는 '기후변화에 관한 유엔 기본협약'이 체결된다. 192개 가입 국가들은 기후변화 방지전략과 계획을 수립하고 시행해야 하며, 특히 선진국들은 2000년까지 CO_2 등의 온실가스 배출량을 1990년 수준으로 억제토록 노력하기로 했다. 우리나라도 1993년 12월 47번째로 가입했다.

1997년 12월 체결된 〈기후변화에 관한 교토의정서〉는 선진국을 비롯한 38개국이 2008~2012년에 감축해야 할 온실가스를 규정하고 매년 준수 여부를 점검한다. 국가별로 1990년을 기준으로 -7%에서 +8%까지 차등적으로 의무화(전체 감축량은 −5.2%)한 것이 특징이다. 탄소배출권 거래제를 도입해서, 의무량보다 CO_2를 많이 배출하는 국가는 적게 배출하는 국가로부터 배출권을 사도록 해서 지구 전체의 CO_2배출량을 총량적으로 관리하는 시스템이다.

이처럼 CO_2배출에 대한 국제적 규제가 시행되면서 화석연료 발전소를 대체할 수 있는 대안 에너지에 대한 관심이 높아졌다. 이 틈새를 파고 든 것이 그동안 일부 환경단체나 시민단체들이 'CO_2를 내뿜지 않고, 무한할 뿐 아니라, 게다가 공짜' 라고 줄기차게 주장해 온 태양광과 풍력 발전이다.

3) 세 번의 원전사고

많은 논쟁에도 불구하고 기후온난화 가설이나 화석연료 고갈 이론의 영향으로 CO_2 규제를 의무화하는 국제협약이 체결됨으로써 화석연료 발전소의 대안으로 재생에너지의 개발과 활용이 모색되었다는 것은 앞서 말한 바와 같다.

그런데 독일이나 우리나라처럼 재생에너지 확대 정책을 〈탈원전 정책〉과 연결한 것은 상당한 논리적 비약이 작용한 것이다. 사실 재생에너지 확대의 주목적은 온실가스를 줄여서 지구온난화를 막으려는데 있음을 상기하면, 재생에너지 확대와 탈원전은 완전히 잘못된 매치이다.

잘 알려진 대로, 원전은 태양광이나 풍력보다 CO_2배출이 적고, 소량의 연료를 이용하여 엄청난 에너지를 발생시키는 경제성이 매우 높은 발전원(發電源)이기 때문이다. 다음 장에서 상세히 고찰하겠지만, 기후온난화의 주범으로 지목된 CO_2배출을 줄이기 위한 해법은 재생에너지 확대가 아니라 감축, 즉 석탄이나 가스발전을 줄임으로써만 가능하다는 것이 독일의 경험에서도 입증된다. 독일의 경우 〈에너지 전환 정책〉으로 원전을 폐쇄하자 갈탄(褐炭) 발전소와 유연탄(有煙炭) 발전소의 비중이 늘면서 오히려 CO_2배출이 증가하는 역설을 겪고 있다. 재생에너지 확대와 탈원전이 에너지 정책이라는 자전거의 두 바퀴가 된 것은 불운한 원전사고로 인해 원자력 발전의 위험성이 크게 부각된 탓이 크다.

지금까지 전 세계적으로 세 차례의 대형 원전사고(5등급 이상 중대 사고)가 있었다. 1979년 미국의 쓰리마일 섬(Three Mile Island) 원전사고, 1986년 러시아(현재 우크라이나) 체르노빌 사고와 2011년 일본 후쿠시마 원전사고가 그것이다. 최초의 원전사고인 1979년의 쓰리마일 섬 사고는 원전의 안전성에 대한 경각심을 일깨웠지만, 다른 한편으로 원전사고도 수습을 잘하면 피해를 최소화할 수 있다는 선례를 남겼다.

1986년 4월 26일 체르노빌 원전사고는 원전사고가 해당 국가뿐 아니라 인접 국가들에게까지 초국가적 피해를 가져올 수 있다는 것을 보여주었다. 당시 유럽에선 상당히 먼 거리까지 방사능 유출이 있었고, 오스트리아와 특히 독일의 남동 지역까지 큰 영향을 미쳤다.

그 무렵 서독에서 유학 중이던 필자는 시민들이 야채나 과일을 살 때에도 휴대용 방사능 측정기로 방사능 오염 여부를 일일이 체크하고, 약국에서 요오드가 불티나게 팔리는 등 원전 공포심에 휩싸였던 것이 아직도 기억에 생생하다. 체르노빌 사고가 독일에서 탈원전 여론이 증폭되는 데 큰 영향을 미쳤음을 현장에서 체험한 것이다.[13)]

2011년 후쿠시마 원전 사고는 전 세계인 모두에게 큰 충격이었지만, 특히 일본과 바다를 공유하는 우리나라 국민들에게는 매우 큰 불안과 공포를 불러 일으켰다. 세계 최고의 원자력 선진국으로 인정받던 일본에서 발생했다는 점에서 후쿠시마 사고는 각국의 원전산업에도 큰 후유증을 남겼다. 이 사고로 당사국인 일본을 비롯하여 독일, 대만

---

13) 요오드가 방사능 오염 치료 효과가 있다는 소문이 돌았음; 최연혜, 2013, 134쪽.

이 탈원전을 결정했고, 많은 나라들에서 원전 축소 정책이 추진되거나 검토되었다.

❙표 2❙ TMI, 체르노빌, 후쿠시마 원전 사고 비교 분석

구 분	TMI원전	체르노빌 원전	후쿠시마원전
국 가	미국	러시아	일본
원자로형	가압경수로(PWR) (1,2차 계통 분리)	비등경수로(LWGR) (1,2차 계통 미분리)	비등경수로(BWR) (1,2차 계통 미분리)
발전기 출력	906MWe	925MWe	460MWe
격납용기	있음	없음	있음
감 속 재	경수	흑연	경수
사고 발생일	1979.3.28	1986.4.26	2011.3.11
사고원인	인재	인재	자연재해(지진해일)
사고내용	증기발생기 2차 냉각수 차단을 인식 못하고, 냉각재가 없는 상태에서 냉각재 공급 차단	각종 안전장치를 차단한 상태에서 무리한 시험 강행	지진과 쓰나미에 의해 전원 완전상실과 함께 주요 기기 침수 및 손상으로 노심 냉각능력 상실

*출처: 여러 자료를 토대로 저자 작성

4. 세계의 원전산업 동향

후쿠시마 원전 사고가 있은 지 만 7년이 지난 지금 과연 〈탈원전 정책〉이 대세인가? 한 마디로 '그렇지 않다'는 게 답이다. 2017년 전

세계에서 새로 추가된 원전 설비 용량이 25년 만에 최대치를 기록한 것만 보아도 알 수 있다.[14] 많은 나라들이 탈원전으로 인한 기후온난화 리스크가 원전을 계속 가동함으로써 발생되는 리스크보다 훨씬 더 크다는 판단을 하였기 때문일 것이다. 무엇보다 탈원전으로 인한 발전 비용의 증가, 즉 전기요금의 인상이나 원전산업의 일자리 감소 문제도 무시할 수 없는 요소로 작용한 것으로 보인다.

2017년 6월 기준으로 원전은 31개국에서 449기가 가동 중이며, 총 설비용량은 약 392GW에 달한다. 중요한 기저전원(基底電源)으로서 전 세계 전력생산량의 11%를 차지하고 있다. 〈세계원자력협회〉에 따르면, 향후 원전시장 전망은 2030년까지 23개국에서 약 160기의 원전이 건설될 예정이다. 신규 원전시장은 약 600조 원 이상으로 추정되며, 건설·운영기술을 포함할 경우 그 규모는 더욱 큰 것으로 추정된다.[15] 〈표 3〉에서 볼 수 있듯이, 국가별로는 미국, 영국, 중국, 인도, 산유국인 중동국가들까지 원전 건설에 드라이브를 걸면서 기존의 원전 운영국 31개국 중에 현재 26개국이 원전 유지 및 확대 정책을 펴고 있다. 신규로 원전 도입을 검토하고 있는 국가도 18개국이나 된다. 원전 폐지를 결정한 나라는 독일, 스위스, 벨기에, 대만 4개국에 불과하다. 그러나 스위스는 유리한 자연환경 덕분에 수력발전이 발달한 나라이고, 대만이나 벨기에는 인구도 적고 경제규모도 작아서 우리나라와는 비교 대상이 되기 어렵다고 보면, 유의미한 나라는 독일뿐이다.[16]

---

14) 김한수, 2017; Hummel, 2017.12.27
15) 강정화, 2015; 양세훈(에너지경제), 2015
16) Hummel(Spektrum.de), 2017.12.27

▎표 3▎ 세계 각국의 원전 정책 동향

국가 유형	원전 정책	해당 국가
기 존 원전운영국 (총31개국)	유지 및 확대	26개국: 중국, 러시아, 인도, 핀란드, 헝가리, 파키스탄, 멕시코, 남아공, 체코, 아르헨티나, 아르메니아, 브라질, 불가리아, 캐나다, 이란, 네덜란드, 루마니아, 슬로바키아, 슬로베니아, 스페인, 스웨덴, 우크라이나, 영국, 미국, 프랑스, 일본
	축소 · 폐지	4개국(독일, 스위스, 대만, 벨기에①) + **한국**
원전 도입 검토국 (총18개국)	기 존 도입유지	14개국: 방글라데시, 벨라루스, 이집트, 인도네시아, 이스라엘, 카자흐스탄, 요르단, 리투아니아, 말레이시아, 폴란드, 태국, 터키, UAE
	신규 도입국가	2개국: 칠레, 사우디아라비아
	도입 취소국가	2개국: 베네수엘라②, 베트남

① 벨기에: 2015~2025년 순차적 원전 폐쇄 예정

② 베네수엘라: 후쿠시마 사고 이후 원자력개발 프로그램 중단

*출처: WNA의 시계열 통계자료로 원전정책 방향 트랜드 분석이 어려운 국가의 경우, 최근 기사들을 반영

원전 최강국이라 불리는 미국의 경우 2017년 5월 기준으로 세계에서 가장 많은 99기의 원전을 운영 중이며, 2016년 10월 현재 20년 만에 신규 원전에 착수한 이후 4기의 원전이 건설 중에 있다. 전 세계 신규 원전의 절반가량이 '원전 굴기'를 꿈꾸는 중국에서 건설되고 있다. 영국의 경우 2017년 1월 기준으로 15기의 원전을 가동 중인데, 현재 에너지 믹스에서 21%를 차지하는 원전의 비중을 2030년까지 30%로 올린다는 '에너지 정책 신지침'에 따라 신규 원전 건설에 가속도가 붙을 전망이다. 작년 말 우리나라가 우선협상 대상자로 선정된 무어사이드 원전이 그 출발점이다.

프랑스는 2017년 6월 기준으로 유럽에서 가장 많은 58기의 원전을

가동하고 있는데 전력생산의 70% 이상을 원전으로 충당하는 전통적 원자력 강국이다. 후쿠시마 사고 후 원전 축소 정책을 결정했지만 2017년 문재인 대통령보다 한 달 늦게 집권한 마크롱 대통령은 취임 직후 원전 감축 속도 조절을 선포했다.

체르노빌에 가장 인접한 서방 국가로 1986년 사고 피해를 고스란히 입은 핀란드도 원전 유지정책을 지속하며 신규 원전을 건설했다. 심지어 후쿠시마 사고 당사국으로 사고 직후 '원전 제로'를 선언 했던 일본조차도 원전 재가동을 결정했다. 일본은 2011년 후쿠시마 사고 직전까지 원전 50기를 가동해 전체 전력의 29%를 충당하는 원전대국이었다. 2018년 여름에 확정될 〈제5차 에너지 기본계획〉 초안에는 아베 총리 내각의 '원전으로의 유턴 정책'이 담겨 있다. 이에 따르면 현재 2%인 원자력발전 비중을 2030년 까지 〈제4차 에너지기본계획〉과 동일한 수준인 20~22%로 늘리기로 했다. 2017년 6월 기준 42기의 원전 중 5기의 가동을 시작으로 9월 현재 20여 기의 원전이 재가동을 위한 안전심사 절차에 착수했으며, 2030년까지 30기의 원전을 재가동하는 방안을 적극 검토 중이다. 한 걸음 더 나아가 신규 원전 2기를 건설하는 외에 9기의 추가 건설을 계획하고 있다. 이러한 정책 전환의 이유는 스가 관방장관의 '전기요금 인상을 도저히 감당할 수 없었다'는 말에서 분명하게 드러난다.[17] 일본보다 국민소득도 낮고 내수시장 규모가 작아 수출의존도가 월등히 높은 우리나라가 반드시 귀담아 들어야 할 말이다.

---

17) 김수혜(조선일보), 2018.5.14; 자유한국당 정유섭 의원, 제352회 산업통상자원위원회 산자부 장관 인사청문회. 2017.7.19.

2장

독일 〈에너지 전환정책〉의 역사 : 번복에 번복의 역사

1. 원전의 태동에서 모라토리엄까지

독일에서는 1957~2004년 사이에 발전용과 연구용을 포함해서 모두 110기의 원전이 건설되었다. 독일 최초의 원전은 1957년 뮌헨 인근의 가르싱(Garsching)에서 가동되기 시작한 연구용 원전이다. 발전용 원전은 그로부터 약 5년 후인 1962년 운영을 시작한 마인강 유역의 칼(Kahl) 원전이 최초이다. 보통 규모의 화력발전소보다 훨씬 작고, 요즘의 풍력 터빈 3개 정도에 불과한 15MW 용량의 미니 원전이던 칼 원전은 25년간 운전된 후 1985년에 폐쇄되었고 2008년에 해체 완료되었다.

최초의 대형 원전은 바이에른 주에 있는 군트레밍엔 A호기로 1967년 4월 영업을 개시했다. 〈탈원전 정책〉을 선언한 독일에서 건설된 마지막 발전용 원전은 1989년 전력계통에 연결된 그라이프스발트(Greifswald) 5호기이고, 마지막 연구용 원전은 2004년 가동을 시작한 드레스덴 원전이다. 총 37기의 발전용 원전이 건설 가동되었으나 2017년 12월 31일 군트레밍엔 B호기가 폐쇄되면서 2018년 현재 남아 있는 원전은 모두 7기(약 10GW)이다. 세계에서 유례를 찾기 힘들 정도로 원전반대운동이 드셌던 독일에서는 건설계획서를 제출했으나, 허가가 나지 않은 원전이나 계획 변경으로 다른 곳에 대체 건설된 원전, 건설 도중에 중단된 원전, 또는 완공까지 해 놓고도 가동에 들어가지 못한 원전 등도 24기에 달한다. 대표적으로 슈텐달(Stendal)1호기는 공정률 85%에서 건설이 중단됐고, 그라이프스발트(Greifswald) 6호기는 완공됐지만 단 한 차례도 가동되지 못한 채 폐쇄됐다. 이처럼 파란만장한 독일의 원전산업은 전성기 시절 전원 믹스의 30% 이상을 차지하며 독일의 경제발전에 기여하였으며, 〈에너지 전환정책〉으로 재생에너지에 밀려서 발전 비중이 13%로 감소한 지금도 여전히 기저부하(基底負荷)의 약 50%를 담당하고 있다.[18]

▎그림 2▎ 독일의 원전 실태

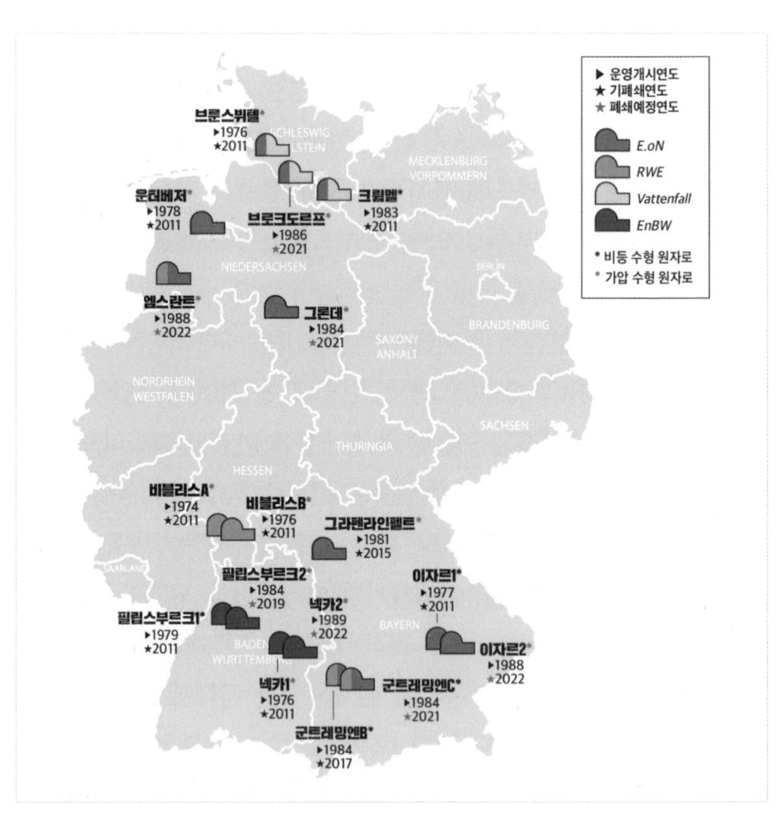

*출처: 〈연방환경성〉

18) 〈연방환경성〉, Atomkraftwerke in Deutschland

❙표 4❙ '원전-모라토리엄'에 따른 독일의 발전용 원전 폐쇄 일정표

폐쇄예정시기		원 전	발전용량	소재지
폐쇄	2011년	비블리스(Biblis) A	1.167 GW	헤센
		운터베저(Unterweser)	1.135 GW	니더 작센
		필립스부르크(Philippsburg) 1	0.890 GW	바덴-뷔르템부르크
		비블리스(Biblis) B	1.240 GW	헤센
		넥카베스트하임(Neckarwestheim) 1	0.785 GW	바덴-뷔르템부르크
		이자르(Isar) 1	0.878 GW	바이에른
		브룬스뷔텔(Brunsbüttel)	0.771 GW	슐레스비히 홀슈타인
		크륌멜 (Krümmel)	1.346 GW	슐레스비히 홀슈타인
	2015년	그라펜라인펠트 (Grafenrheinfeld)	1.275 GW	바이에른
	2017년	군트레밍엔(Gundremmingen) B	1.284 GW	바이에른
폐쇄예정연도	2019년	필립스부르크(Philippsburg) 2	1.392 GW	바덴-뷔르템부르크
	2021년	브로크도르프(Brokdorf)	1.410 GW	슐레스비히 홀슈타인
		군트레밍엔(Gundremmingen) C	1.288 GW	바이에른
		그론데(Grohnde)	1.360 GW	니더 작센
	2022년	이자르(Isar) 2	1.400 GW	바이에른
		넥카베스트하임(Neckarwestheim) 2	1.310 GW	바덴-뷔르템부르크
		엠스란트 (Emsland)	1.329 GW	니더 작센

*출처: 〈연방환경성〉 독일의 원자력발전소 리스트(Liste der Kernreaktoren in Deutschland)를 토대로 작성

2. 원전 붐

독일 원전산업의 육성 배경과 초기 원전 붐은 우리나라와 크게 다르지 않다. 석유자원이 전무한 점, 그라운드 제로에 가까운 전쟁 폐허를 딛고 경제부흥을 일으킨 점 등 환경 여건이 비슷한 측면도 있지만, 기술의 불모지였던 우리나라의 원전산업이 전적으로 해외기술에 의존해서 기술자립화의 신화를 이룩했다면, 독일은 비록 패전국이지만 이

미 1930~40년대에 세계 최고수준의 핵물리 기술을 보유했던 기반 위에서 처음부터 독자적인 원전을 개발·건설했다는 차이점이 있다.

2차 세계대전에서 패망한 뒤 1949년 분단된 서독지역에 수립된 〈독일연방공화국(Bundesrepublik Deutschland)〉의 초대 총리인 아데나워는 부국강병의 수단으로 원자력발전소 건설을 적극 추진하였으며, 1960년 1월 1일 발효된 일명 「원자력법[19]」이 그 토대가 되었다. 특히 1970년대 두 차례에 걸친 오일쇼크는 독일에서 원전산업 붐이 이는 직접적인 계기였다.

1973년 1차 오일쇼크 당시 불과 한두 달 사이에 유가는 4배 이상 뛰었고, 그 피해는 국민들의 일상생활까지 고스란히 파고들었다. 가솔린 가격 폭등으로 서민들은 주말 자동차 나들이를 자제해야만 했고, 심지어 기름을 덜 먹는 경제운전을 위해 아우토반에 '속도제한' 팻말이 나붙는 전무후무한 일이 벌어졌다.[20]

비단 독일 뿐 아니라 2차 세계대전 이후 줄곧 호황을 누리던 서방 국가들이 일제히 저성장기로 돌아서면서 수출의존도가 높은 독일 경제는 이중고를 겪었다. 전 세계는 에너지 위기가 글로벌 경제위기로 이어질 수 있다는 것을 처절하게 경험했다. 특히 2차 대전의 폐허 속에서 라인강의 기적을 일궈내고 초고속 경제성장을 구가하던 독일은 에너지 자립 없이는 언제라도 독일경제가 위험에 빠질 수 있다는 엄중한 사실을 뼛속 깊이 깨우치게 됐다.

산유국과 석유에 대한 의존도를 낮추면서 경제발전을 지속하기 위한 에너지 인프라를 구축하는 방안으로 독일 국민의 대다수가 원전 건

---

19) 독일어: Gesetz über die friedliche Verwendung der Kernenergie und den Schutz gegen ihre Gefahren(원자력에너지의 평화적 이용과 안전에 관한 법)
20) 독일의 고속도로인 아우토반(Autobahn)은 속도 제한이 없기로 유명하다. 최연혜, 2013, 112~113쪽

설을 지지했다. 오일쇼크 당시 사민당(SPD)/자민당(FDP) 연정 내각이 에너지 공기업들의 원전 투자를 적극 독려함에 따라 대형 원전들이 잇달아 건설되었고, 1980년대 말에는 원전이 독일 전력소비의 1/3을 담당했다. 국가의 적극적인 지원 하에 원자력 연구와 산업이 꽃피웠으며 많은 일자리가 창출되었다. 원자력발전은 독일이 경쟁력 있는 전기요금으로 세계 최고의 산업국가로 우뚝 서는 데 중추적 역할을 했다.

3. 독일의 원전반대운동

1970년대에 오일쇼크를 극복하고 에너지 위기를 벗어나기 위한 방안으로 대다수 국민들이 원전 건설을 지지했지만, 독일사회 저변에는 원전에 대한 불신의 싹이 내재해 있었다. 히틀러 파시즘을 경험하였고, 2차 세계대전의 패전국으로 히로시마 원폭 투하에 대해 남다른 트라우마를 가진 독일에서는 평화적 이용이라 할지라도 원자력 에너지를 이용하는 데 대해 강한 거부감이 상존해 있었기 때문이다.

특히 독일 국민들은 핵물리학계에 대해서도 강한 불신을 가지고 있었다. 1930~40년대에 독일의 과학기술, 특히 핵물리학은 세계 최고 수준이었다. 그러나 '도이체 피지크(Deutsche Physik)'를 앞세운 히틀러 치하에서 아인슈타인을 비롯한 유명 물리학자들이 해외로 추방되거나 망명하였고, 하이젠베르크 등 독일에 남은 물리학자들은 원자폭탄 제조를 위한 히틀러의 비밀 프로젝트에 가담했다는 의심을 받았다. 2차 세계대전 종전 후 나치전범 처벌 과정에서 핵물리학자들에게 '부역자'라는 비난이 쏟아졌다. 독일 핵물리학계의 이러한 '원죄'는 독일

사회에 세계에서 유례를 찾기 힘들 정도로 강한 원전 반대 기류가 형성되는 단초가 되었다고 볼 수 있다.[21]

이 밖에도 독일인들은 태어날 때 친환경 유전자를 타고난다는 말이 있을 정도로 독일인의 정신세계에는 문명 비판적 사고와 생태적 가치관이 깊이 내재해 있는데다, 1960~70년대에 테러와 요인 암살까지 서슴지 않을 정도로 과격하게 전개된 68학생운동 등으로 인해 사실 독일사회에는 1986년 체르노빌 사고 훨씬 이전부터 원전에 대한 여론이 양극단으로 분열될 조짐이 잠재해 있었다.

독일에서 원전 반대 운동이 대규모로 조직화, 대중화되기 시작한 것은 1975년 뷜(Wyhl) 원전 건설 때였다. 정부가 뷜 원전 건설계획을 발표하자 '원전-나인 당케(No Thank You)'라는 슬로건을 내걸고 지역 주민들과 농민, 환경운동가, 학생들이 주축이 되어 시위를 시작했다. 뷜 발전소 설립 부지를 점거한 시위대가 8개월 가까이 가두시위, 좌식 농성, 예배, 경찰과의 육탄전 등 온갖 수단을 다 동원한 과격한 반대 투쟁을 전개한 끝에 '건립계획 폐기'라는 독일 정부의 백기 투항을 이끌어 냈다.

그 후 모든 원전이나 방폐장(放廢場) 건설 계획에 대해 격렬한 반대 투쟁이 이어졌다. 대표적 예를 들자면 1976년의 브로크도르프(Brokdorf) 원전 반대 투쟁, 1977년의 칼카르(Kalkar) 원전과 고어레벤(Gorleben) 방폐장 건설 반대 투쟁 등을 꼽을 수 있다. 가장 치열했던 시위는 바이에른(Bayern) 주의 바커스도르프(Wackersdorf) 방폐장 건설 때 일어났다. 1985년 12월 11일 독일 시민들과 인접한 오스트리아 시민들까지 합세해서 10만 명 이상이 모인 대규모 시위가 벌어졌고, 이후 4년여의 격렬

21) 이러한 정서는 1977년 발간된 융크(Junck, Robert)의 『원자력국가(Atomstaat)』 등의 책에 리얼하게 묘사돼 있다.

한 반대 끝에 바커스도르프(Wackersdorf) 방폐장 건설계획 역시 백지화 되었다.

당시 원전반대 운동가들은 반전 시위, 프랑크푸르트 공항 활주로 증설 반대 등 사회적 갈등 이슈가 있는 곳이면 어디든 달려가서 투쟁을 조직하고 이끄는 전문시위꾼 역할을 했다. 이러한 시민운동, 환경운동의 소용돌이 속에 1981년 녹색당(Die Grünen)이 창당됐다. 처음에는 소수의 아웃사이더로 기득권 정당들의 주목을 받지 못하던 녹색당은 1985년 헤센 주정부를 시작으로 정치 제도권에 진입해 그들의 이념을 실현하는 데 성공했다. 녹색당이야말로 전후 독일사회를 가장 크게 변화시킨 정치세력 중 하나라 해도 과언이 아닐 것이다.[22]

1986년 4월 26일 체르노빌 원전사고는 독일사회에 국내 뿐 아니라 아주 먼 곳에서 발생한 원전사고도 큰 피해를 줄 수 있다는 것과 특히 '원전은 위험하다'는 인식을 각인시켰다. 어느 정도 팽팽했던 찬반 여론은 체르노빌 사고 이후 원전에 대한 신중론 쪽으로 기울었다. 많은 독일 국민들이 당장 원전을 중단하지는 않더라도 신규 원전의 건설에는 유보적인 입장으로 바뀌었다. 원전에 대한 찬반 논쟁이 '발전'이라는 과학적·기술적 접근보다는 이념논쟁 또는 신념논쟁으로 변질된 시기도 대략 이 무렵부터다. 체르노빌 이후 탈원전 운동가들은 '원자력발전소'라는 용어 자체가 원전을 미화한다는 이유로 '핵발전소'라고 이름을 바꿔 부르는 등, 독일 국민에게 선악구도의 탈원전 이념을 주입하는 데 전력을 기울였다.

독일에서 원전반대 시위가 광범위하고 지속적으로, 또 격렬하게

---

22) Kästner/Kießling, 2016, 60~61쪽

추진되었다고는 하지만, 〈탈원전 정책〉과 〈에너지 전환정책〉이 국가 정책으로 구현되는 데는 독일의 독특한 정치제도가 큰 역할을 했음을 부인할 수 없다. 환경 이슈가 정치화되고, 나아가서 제도권 정치에 진입하게 된 것은 독일 특유의 선거제도 덕분이다. 독일에서는 의원내각제와 중대 선거구제라는 독특한 선거제도에 힘입어 일찍이 다당제가 일반화되어, 1949년 서독 정부 수립 이후 거의 모든 정부가 연정 형태로 구성되었다. 양대 정당인 보수 성향의 기사련(기독민주당(CDU)/기독사회당(CSU) 연합) 또는 진보 성향의 사회민주당(SPD)이 다수석을 차지하더라도 과반의석에 미치지 못할 경우, 제3당과 연정을 통해 내각을 구성하는 것이다.

예컨대 서독 정부 수립 후 줄곧 제3당 자리를 지킨 보수성향의 자유민주당(FDP)은 기사련이든 사민당이든 누가 집권하더라도 단골 연정파트너로서 경제장관과 외교장관직을 독차지했다.[23] 그런데 1990년대 환경문제에 민감해진 독일에서 녹색당이 자민당을 누르고 제3당으로 부상하면서, 연방내각 파트너가 되는 데 성공한다.

녹색당은 연정파트너로서 결정적 시기에 수년간 환경 장관직을 독식하였고, 기민당/기사당 연합과 사민당 간의 대연정 시기에는 녹색당과 환경정책을 공유하는 사민당이 환경성[24]을 장악하면서, 다른 나라에서는 시민운동 수준에 머물렀던 수많은 환경 이슈들이 정부 정책으로 실현될 수 있었던 것이다. 이처럼 탈원전과 재생에너지 확대라는

---

23) 일례로 자민당의 겐셔(Genscher, Hans Dietrich)는 1974~1992 까지 18년 동안 줄곧 외무장관(부총리)을 역임해, 세계 최장수 외무장관의 기록을 수립했다. 1974~1982은 사민당 슈미트(Schmidt, Helmut)내각이었고, 1982~1992은 기민당 콜(Kohl, Helmut)내각이었다.

24) 환경성(Bundes Umwelt Ministerium)은 1986년 체르노빌 사고 이후 신설되었으며, 공식명칭은 연방 환경·자연보호·건설 및 원전안전성(Bundes Ministerium für Umwelt, Naturschutz, Bau und Reaktorsicherheit)

〈에너지 전환정책〉이 다른 어떤 나라보다 강력하게 추진될 수 있었던 것은 독일의 독특한 정치제도로 인해 가능했던 '특수 현상'이라고 할 수 있다.

한편 반대 관점에서 보자면, 독일에서 원전 찬반 논쟁이 이미 1970년대에 싹트기 시작했고, 1981년 창당한 녹색당이 환경정책을 주도하며 탈원전에 대한 대국민 여론전을 격렬하게 펼쳤음에도 독일 정부의 〈탈원전 정책〉이 결정된 것은 2011년 후쿠시마 원전 사고 이후이다. 다시 말해, 독일에서는 〈탈원전 정책〉이 채택되기까지 거의 30~40년 가까운 원전 논의 과정을 거쳤다는 점, 그리고 2010년 〈탈원전 정책〉의 번복과 후쿠시마 사고의 충격 등 우여곡절 끝에 결정되었

▌표 5▌ 독일 에너지 정책의 변천

총리	콘라드아데나워 (기민/기사연합)	헬무트 콜 (기민/기사연합)		게르하르트 슈뢰더 (사민당)		앙겔라 메르켈 (기민/기사연합)			
연도	1949~1963	1990~1994	1994~1998	1998~2002	2002~2005	2005~2009	2009~2013	2013~2017	2017~현재
원전 정책	원자력진흥정책	세계 최초 FIT 도입		탈원전정책		'에너지 구상' 원전 수명연장	2011 '원전-모라토리엄'		
내각 구성	기민/기사연합 + 자민당	기민/기사연합 + 자민당		사민당 + 녹색당		기민/기사 연합 + 사민당	기민/기사 연합 + 자민당	기민/기사 연합 + 사민당	기민/기사 연합 + 사민당
	보수 연정	보수 연정		진보 연정		대연정	보수 연정	대연정	대연정
환경 장관	-	기민당 : - Wallman - Töpfer - Merkel		녹색당 : Trittin		사민당 : Gabriel	기민당 : - Röttgen - Altmaier	사민당 : Hendricks	사민당 : Schulze
	1960년 : 원자력법	1991년 : 「계통연결법」		2000년 : 「재생에너지법」(EEG) 2002년 : 발전용 원전 폐쇄에 관한 법			2010년 : 원전 수명연장 2011년 : 원전-모라토리엄		
원전 현황				2003년 : 1기 폐쇄 2005년 : 1기 폐쇄			2011년 : 8기 폐쇄 2015년 : 1기 폐쇄 2017년 : 1기 폐쇄 현재 9기 운전중 : 2022년 말 폐쇄예정		

*독일 주요 정당의 독일어 표기: 기민당(CDU), 기사당(CSU), 사민당(SPD), 자민당(FDP), 녹색당(Die Grünen)

*출처: 여러 정보를 토대로 저자 작성

다는 점, 〈탈원전 정책〉이 시행되고 있는 지금도 원전 논쟁은 국론분열을 일으키는 핵심 이슈가 되고 있다는 점에 주목해야 한다.

한편 세계 최초의 재생에너지 지원법이라 할 수 있는 「계통연결법(Stromeinspeisungsgesetz)」이 1991년 보수정권인 헬무트 콜 정부에서 제정된다.[25] 독일사회에 원전 반대 기류가 강하다 보니, 재생에너지에 대한 관심도 그만큼 앞서 있었던 결과라 하겠다. 당시 대형발전사가 운영하는 송배전 계통에 재생에너지 접속을 거부하는 사례가 많다 보니 이를 법적으로 의무화하고 최소한의 보상을 해 줌으로써 당시 발전 비중이 3~4%에 불과한 재생에너지를 장려하기 위한 법이었다. 그러나 당시만 해도 태양광 패널이나 풍력터빈 등의 설비 가격이 워낙 고가였기 때문에 FIT(Feed In Tariff: 발전차액지원제도)기준 가격이 1998년 평균 14.4센트/kWh까지 올라갔음에도 불구하고 보상 지원금이 투자비를 커버하는 수준에는 미치지 못했다.[26]

4. 독일 좌파정권의 〈탈원전 정책〉

독일에서 가장 강력한 탈원전 전선이 형성된 시기는 1998년 슈뢰

25) 원문은 '재생에너지 전력의 공공전력계통 연결에 관한 법'(Gesetz über die Einspeisung von Strom aus Erneuerbaren Energien in das öffentliche Netz)으로 영어권에서 보통 German Feed In Law로 번역.

26) 2000년 제정된 「재생에너지법」과는 달리 「계통연결법」의 FIT 기준가격은 법정 고정가격이 아니라 전력 판매사가 최종 소비자에게 판매한 수익금의 일정 비율로 산정되었으며, 지원 대상도 수력, 태양광, 풍력, 폐기물로 한정되었다. Schwarz, 2004, 7쪽

더 총리의 사민당 – 녹색당 연립내각이 들어섰을 때였다. 1998년 9월 총선에서 기민당의 헬무트 콜을 물리치고 승리한 게르하르트 슈뢰더는 당시 처음으로 교섭단체 구성의 마지노선인 득표율 5%를 얻어 연방의회에 진출한 녹색당과 연정 내각을 구성했다. 녹색당이 일부 지방정부에 참여한 적은 있지만 연방정부에 참여한 것은 이때가 처음이다.

슈뢰더의 사민당 – 녹색당 정부는 2002년 초 「발전 부문 원자력에너지 이용 종식에 관한 법률」을 제정함으로써 탈원전 정책을 입법화 했다. 정부와 발전사들 간의 '원전합의'를 토대로 입법된 이 법안은 1960년 아데나워 정부가 제정한 원자력법을 대체하는 「탈원자력법」이다. 핵심은 일명 '잔여 발전량(Restmenge)'이라는 개념을 도입해서 신규원전 건설은 중단하되, 운전 중인 원전들은 기술적 수명이 다할 때까지의 잔여 용량만 가동한 후 폐쇄한다는 내용이다.[27)]

이러한 '탈원전' 합의에 대한 반대급부로 그동안 엄청난 사회적 갈등을 야기해 온 고어레벤 방폐장 부지 선정 검토 10년 간 유예와 핵폐기물 반입 및 보관 등에 관한 타협이 이루어졌다. 특히 운전 중인 원전에 대한 일체의 정치적 비난과 물리적 공격을 중지한다는 합의도 이루어졌다. 이러한 합의의 틀 속에서 함부르크의 슈타데와 넥카의 오비리히하임 원전 등 2기의 원전이 재가동될 수 있었다.

슈뢰더의 사민당–녹색당 연정 하에서 「탈원자력법」과 더불어 반드시 언급되어야 하는 것이 2000년 1월 1일 발효된 「재생에너지법」(EEG: Erneuernbare Energien Gesetz)이다. 이 법은 기민당/기사당연합

27) 당시 독일에서 가동 중이던 총 19기 원전의 잔여발전용량은 2000년 1월부터 소급해서 총 2,623TWh으로 합의되었고, 이것이 모두 소진되는 시점에 원전은 폐쇄되기로 했다. 총량적으로는 약 32년이 걸리고, 각 원전마다 개별적 잔여발전용량에 따른 폐쇄 시점이 결정되었다.

의 콜 정부에서 제정된 「계통연결법」을 대체하는 법으로, 특히 원전을 폐쇄하고, 기존의 발전소를 재생에너지 발전으로 '전환'한다는, 전력시스템의 패러다임을 근본부터 바꾸는 법이다. 또한 전기요금 인상으로 인해 생활방식, 생산방식의 변화 등 국민과 산업에 엄청난 파급효과를 가져왔다는 점에서 통일 후 독일사회 전반에 가장 큰 변화를 가져온 법이라 하겠다. 태양광, 풍력, 수력, 바이오매스 등 재생에너지에 대한 전폭적인 특혜를 담고 있는 이 법은 오늘날 까지도 독일 〈에너지 전환정책〉의 뼈대를 이루고 있다.

5. 독일 보수정권의 지그재그 〈탈원전 정책〉

2005년 총선에서 메르켈이 이끄는 기민/기사당 연합은 슈뢰더의 사민당에 승리는 했지만, 근소한 득표율 차이 탓에 1기 내각을 사민당과의 대연정으로 꾸릴 수밖에 없었다. 메르켈은 슈뢰더의 사회시스템 개혁안인 〈아겐다(Agenda) 2010〉을 비롯한 사민당 공약을 과감히 수용하는 절충노선을 걸었고, 특히 사민당 몫이었던 환경장관 하에서 에너지 정책은 슈뢰더 정부와 달라진 게 전혀 없었다.

그러나 2009년 총선에서 압승한 메르켈 총리의 2기 내각은 전통적 보수정당인 자민당과의 연정으로 구성된다. 2010년 말 메르켈은 전기요금 인상, 온실가스 감축목표 달성이 불가능한 점 등 그동안 좌파정권의 〈탈원전 정책〉에 대해 제기되던 문제점과 비판의 목소리를 수렴해 원전의 수명연장을 결정한다. 일명 〈에너지 구상〉을 통해 2002년 '잔여발전량'에서 정한 것보다 원전 사용 기간을 평균 12년 연장하기로 한 것이다.

신규건설로 원전을 확대하는 것도 아니고 다만 수명연장에 불과한데도 야당은 '탈원전 정책의 번복'이라며 엄청난 공세를 펼쳤다. 2011년 2월 28일 야당인 사민당 소속의 주지사 및 시장[28] 들이 무효 소송을 제기하는 등 독일 사회는 다시 원전 논쟁의 소용돌이 속으로 걷잡을 수 없이 빠져 들었다. 심지어 원전 수명연장을 환영해야 마땅할 것 같은 민간 발전사들도 반발했다. 정부의 <탈원전 정책>에 맞춰 투자 전환을 했는데, 10년도 안 돼서 에너지 정책이 번복되면 고스란히 투자손실로 이어진다는 게 그 이유였다.[29]

이처럼 원전 갈등이 첨예화되던 와중인 2011년 3월 11일 후쿠시마 원전사고가 발생한 것이다. 특히 후쿠시마 사고가 독일 원전산업에 치명타가 된 것은 바로 선거철이라는 정치적 변수 때문이었다. 사고로부터 불과 9일 뒤인 3월 20일부터 9월까지 베를린을 비롯한 6개 주에서 한 달에 한 번꼴로 줄줄이 이어진 지방선거는 야당의 총공세로 이미 '원전 선거'가 되어 있던 참이었다.

그런데 때마침 일본에서 원전사고마저 터지자 졸지에 독일의 지방선거가 '메르켈의 원전정책에 대한 심판'이 된 꼴이다. 시간적, 정서적으로 원전에 대한 합리적 이성적 논의가 불가능한 상황에서 메르켈 총리는 당장의 흥분한 민심에 영합하는 정치적 돌파구를 선택했다. 그리하여 후쿠시마 사고가 있은 지 불과 4일 만인 2011년 3월 15일, 문자 그대로 전광석화와 같이 '원전-모라토리엄'을 선언한다. 기민당(CDU)이 완전 수세에 몰렸던 지방선거에서 절반 이상의 승리를 거둘

---

28) 베를린, 브란덴부르크, 브레멘, 노르크라인-베스트팔렌, 라인란드-팔쯔 등 5개 주.

29) 실제로는 정부가 수명연장과 동시에 신설한 핵연료세(약 23억 유로: 2조 9,900억 원) 때문에 수명연장의 실익이 사라진 것도 한 몫 했다는 후문이다.

수 있었다는 점에서 메르켈의 정치 공학적 승부수는 어느 정도 효과가 있었다고 하겠다.[30)]

후쿠시마 사고 3개월만인 2011년 6월에는 노후 원전 7기와 안전성 조사 중이던 크륌멜(Krümmel) 원전 등 8기를 즉각 폐쇄하고 나머지 원전들도 2022년까지 모두 폐쇄한다는 '원전-모라토리엄'이 담긴「탈원자력법」개정안과 패키지 법안들이 연방의회에서 가결되었다.[31)]

엄청난 사회·경제적 의미와 파장을 담고 있음에도 불구하고 이 법안은 독일 의회 역사상 가장 신속하게, 또한 연방의회 의원 600명 중 513명이 찬성표를 던진 초당적 합의로 의회를 통과했다. 이에 따라 2011년 8월 8기의 원전이 즉각 폐쇄되었다. 폐기 대상 원전 중 한 기를 예비발전소로 유지하자는 제안도 〈연방 네트워크청(Bundesnetzagentur)〉이 거부함에 따라 그라펜라인펠트(Grafenrheinfeld)원전은 2015년 6월 28일, 군트레밍엔(Gundremmingen) B호기는 2017년 12월 31일에 폐쇄되었다.

메르켈의 '원전-모라토리엄' 선언은 지금까지도 졸속성과 함께 법적 절차적 정당성에 대해 많은 비판이 제기되고 있다. 우선 이 결정이 원전 폐쇄에 관해 어떠한 법적 권한도 없는 소위 〈윤리위원회

---

30) 2011 독일 지방선거 결과 : 3월 20일 작센안할트 주: CDU+SPD, 3월 27일, 라인란트-팔쯔: SPD, 3월 27일, 바덴-뷔르템부르크: CDU+FDP, 5월 22일, 브레멘: SPD+녹색당, 9월 4일, 메클렌부르크 포어폼머른: SPD+CDU, 9월 18일, 베를린: SPD+Linke

31) 당시 처리된「에너지패키지」법안 :
개정 탈원자력법(Atomgesetz Novellierung 2011), 전력망확대촉진법(NABEG), 에너지산업법(EnWG), 개정 재생에너지법(EEGNovellierung), 에너지 및 기후기금법(Gesetz zur Errichtung eines Sondervermögens "Energie- und Klimafonds"), 광역시 및 지자체의 친환경개발강화법(Gesetz zur Stärkung der klimafreundlichen Entwicklung der Städte und Gemeinden), 공공계약수여 개선에 관한 조례(VergRModVO: Vergaberechtsmoderni-sierungsverordnung).

(Ethikkommission)〉[32]에서 내려졌다는 점이다. 후쿠시마 사고 10여일 만인 2011년 3월 22일 급조된 〈윤리위원회〉는 명칭 자체가 말해 주듯이 과학과 기술에 근거해야 할 에너지 정책을 이념이나 종교 차원에서 심판하는 식으로 접근했다는 문제점을 드러내고 있다. 17명으로 구성된 〈윤리위원회〉의 공동의장직에는 환경장관을 역임한 퇴퍼(기민당 소속)와 독일연구재단(DFG: Deutsche Forschungsgemeinschaft)이사장인 클라이너가 임명되었다. 기업인 한 두 명을 제외하면 성직자, 정치인, 사회과학분야 교수들이 주를 이룬 윤리위원회에는 노조 인사까지 포함되었다. 반면에, 원전의 과학 기술적 문제를 정확하게 판단할 능력을 갖춘 원자력 전문가는 단 한 명도 포함되지 않았다.[33]

〈표 6〉의 인적 구성만 보더라도 〈윤리위원회〉의 목적이 처음부터 에너지 정책에 대한 제대로 된 공론화보다는 〈탈원전 정책〉에 대한 비판을 무력화하는 데 초점이 맞춰졌다는 합리적 의심이 제기된다. 〈탈원전 정책〉을 반대하면 그 자체가 '비윤리적'인 것으로 치부되는 구조 하에서 제대로 된 공론화 자체가 불가능했을 것이기 때문이다.[34]

더 큰 문제는 '원전–모라토리엄'의 탈법적, 위법적 요소이다. 우선 의회가 제정한 법을 정부가 일방적으로 '무효 선언' 하는 것은 사법질서에도 맞지 않을 뿐 아니라, 3권분립 원칙에도 위배된다는 견해다. 이런 사유로 줄 소송이 이어졌다. 2011년 4월 1일, RWE의 비블리스A 원전 폐쇄에 대한 피해보상 소송을 시작으로 4개 원전 운영사(RWE, EnBW, E.ON, Vattenfall Europe)가 제기한 소송건수는 가처분소송, 무효소송, 피해보상소송 등을 포함하여 30여 건에 달한다.[35]

---

32) 정식 명칭은 〈안전한 에너지공급을 위한 윤리위원회(Ethikkommission für eine sichere Energieversorgung)〉.
33) Hengst, 2011; Böhret, 2011; Beppler, 2013, 36쪽
34) Tichy, 2017, 134쪽

▌표 6▌ 2011년 윤리위원회 위원 명단

성명			경력
공동 위원장	퇴퍼, 클라우스	Klaus Töpfer	경제학, 전 환경장관(CDU)(1987~1994), UNEP소장
공동 위원장	클라이너, 마티아스	Matthias Kleiner	기계공학, 독일연구재단(DFG) 이사장
폰 도나니, 클라우스		Klaus von Dohnanyi	법학, 정치인(사민당), 전 교육장관
벡, 울리히		Ulrich Beck	사회학자
피셔, 울리히		Ulrich Fischer	신학자, 주교
글뤽, 알로이스		Alois Glück	신학자, 독일 카톨릭 중앙위원장
하커, 요르크		Jörg Hacker	미생물학, Leopoldina대표
함브레히트, 위르겐		Jürgen Hambrecht	화학, BASF CEO
하우프, 폴커		Volker Hauff	신학자, 경제학자, 전 과학기술부 장관
히르혜, 발터		Walter Hirche	역사/프랑스어 교사, 독일 UNESCO 대표
휘틀, 라인하르트		Reinhard Hüttle	산림학자, 독일 공학 아카데미 대표
뤼베, 바이마(여)		Weyma Lübbe	철학자
마르크스, 라인하르트		Reinhard Marx	신학자, 대주교
라이쉬, 루시아(여)		Lucia Reisch	경제학자
렌, 오르트빈		Ortwin Renn	사회학자
슈로이어스, 미란다(여)		Miranda Schreurs	정치학자
바실리아디스, 미하엘		Michael Vasiliadis	화학회사 노조원, 독일광산노조(IG Bergbau)

*출처: Deutscher Bundestag (독일연방의회)

35) 원전 4사의 피해보상 소송 규모: E.oN, 3억 8천만 유로, EnBW 9억 유로, RWE, 2억3천만 유로 등. Vattenfall이 워싱턴에 제기한 피해보상 규모는 47억 유로. BZ-Redaktion, 2015.1.16; Dehmer(Tagesspiegel), 2015.9.4

〈탈원전 정책〉의 헌법 합치성 여부도 법률 전문가들 사이에서 논쟁거리다. 공기업이라서 국가를 상대로 한 소송권한이 없는 EnBW을 제외한 나머지 3개사는 위헌소송을 제기했다. 스웨덴의 공기업인 화텐팔(Vattenfall)은 워싱턴 소재의 국제중재재판소에 외국인투자자보호조항을 들어 제소했다. 2016년 말 원전사들과 연방정부 간에 고준위방폐장 및 핵폐기물 부담금 관련 빅딜이 성사되면서 원전사들은 피해보상 소송을 취하했다. 4대 원전사는 약 240억 유로(약 31조 2천억 원)의 핵폐기물 부담금을 지불하는 것을 끝으로 방폐장 부지 선정, 건설 및 운영 등 핵폐기물에 관한 모든 책임을 국가가 떠맡기로 합의했다.[36)]

물론 이 빅딜에서 남는 장사를 한 것은 원전사들이며, 결국 핵폐기물 처리에 국민 혈세를 쏟아 붓게 되었다는 비난이 쇄도했다. 그러나 원전사들 입장은 전혀 다르다. 특히 2010년 말 원전 수명연장 결정 이후 원전에 엄청난 재투자를 했는데, 갑작스런 '모라토리엄' 선언으로 막대한 손실을 입었다는 주장이다. 실제로 독일 원전사업자 RWE, E.oN, Vattenfall 등이 제기한 2011년 개정 「탈원자력법」에 따른 손실, 원전 긴급 정지명령의 위헌성, 핵연료세의 위법성 소송에 대해 연방헌법재판소는 개정 「탈원자력법」에 의한 정부의 재산권 침해를 인정(2016. 12. 6)했고, 2011년부터 2016년까지 전력회사들이 납부한 핵연료세 역시 위헌이며 이를 소급해 무효화한다고 판결했다(2017. 6. 7). 언론의 추정에 의하면 개정 「탈원자력법」에 의한 발전사들의 손해금액은 190억 유로(약 24조 7천억 원), 핵연료세는 약 63억 유로(약 8조 1,900억 원)에 달하며, 발전사들은 이 판결들에 의해 보상, 환급을 받을 수 있게 되었다.

---

36) Jung/Bünder, 2016

6. 독일 원전산업의 붕괴

독일사회에서는 여전히 〈탈원전 정책〉에 대해 많은 비판이 제기되고 있지만, 대다수의 독일인들은 독일이 〈탈원전 정책〉을 다시 한 번 번복하기는 불가능하다고 보고 있다. 설령 번복을 원한다고 해도 이 분야의 전문가가 사라지고 산업 생태계가 해체된 상태여서 상당한 비용과 노력 없이는 되살리기 어렵기 때문이다.[37]

실제로 독일 원자력산업계의 인력난은 심각한 수준이다. 독일에서 원전 논란이 거세던 1997~2002년 사이에 독일 대학의 원자력공학과에서 디플롬(Diplom)학위[38]를 취득한 학생은 단 두 명뿐이었다. 현재 독일 대학 중 원자력공학과 또는 과정이 개설돼 있는 대학(일반대학교: Universität와 전문대학교: Fachhochschule)은 아헨 공대, 아헨/율리히 전문대학교, 드레스덴 공대, 칼스루에 공학연구소, 뮌헨공대, 슈투트가르트 공대 등 5개 정도에 불과하다.[39] 학과 운영 예산의 절반 이상을 지원하던 원전 운영사들이 지원을 중단하는 사례가 이어지면서 근심은 더욱 깊어지고 있다. 학과 정원을 채우지 못하는 건 다반사이고, 그나마도 독일 학생은 찾을 수 없고 대부분 이탈리아와 구 동구권 국가 출신 학생들이다. 경력자 은퇴 시기와 맞물려 원전 관련업계의 구인난이 심각한 상황으로, 독일 산업계 수요의 1/3, 최대로 잡아도 절반

---

37) Hassel, 2009

38) 우리나라의 석사학위에 해당함. 독일의 학제는 4년제 학사과정 없이 학 · 석사 통합과정으로 운영되며, 대졸자는 디플롬 학위를 취득함. 최연혜, 2013, 84~92쪽.

39) Uni-Online.de; 참고로 독일에는 약 340여개의 대학교(전문대학교 포함)가 있으며, 2011년 원전-모라토리엄 당시 원전공학과가 개설된 대학은 약 30여 개였다. Horstkotte, 2011.3.25.

정도밖에 구하지 못하는 실정이라고 한다.[40]

원전산업 생태계의 붕괴와 전문가의 부족은 현재 가동 중인 원전의 안전성 측면에서도 큰 문제이지만, 원전이 폐쇄된 후에도 최소 10~15년이 걸린다는 원전의 해체작업을 위해서도 많은 문제를 야기한다. 원전의 해체작업에는 건설작업 못지않게 고도의 전문성과 숙련도를 갖춘 인력이 필요하기 때문이다. 게다가 원자력 기술은 발전 분야뿐 아니라 의료분야 등 다양한 산업에서 광범위하게 쓰이고 있다는 점에서도 엄청난 국가적 퇴행이 초래되는 심각한 문제이다. 전성기 시절 세계에서 가장 안전하고 앞선 기술로 평가받던 독일형 원전 중의 일부는 중국으로 넘어가서 맥을 이어 가고 있다지만,[41] 〈탈원전 정책〉시행 10년도 안 돼서 독일 원전산업의 기술도 인재도 대부분 사라졌다. 우리나라에서도 문재인 정부가 탈원전을 선언한 지 불과 몇 개월 만에 카이스트의 2017년도 2학기 신입생(94명) 중 원자력 공학을 전공으로 선택한 학생이 단 한 명도 없는 것으로 나타나 큰 충격을 주고 있다.[42] 공든 탑을 쌓기는 어려워도 무너뜨리는 것은 순식간이라는 세상의 이치가 새삼 뼈저리다.

---

40) 1980~90년 대 원전산업을 등한시했던 미국도 이와 비슷한 상황이다. 〈Center for Energy Workforce Development〉의 추산에 따르면 1970년대에 1백만 명에 달했던 원자력산업 종사자가 현재는 10만 명 정도에 불과하며, 2014년 은퇴자 숫자만도 1만5천명에 달했다. 2012년 원자력분야 일자리 중 절반 가량이 구인난으로 인해 공석인 것으로 나타났다. 부품산업 와해와 더불어 경험 있는 전문가와 근로자 부족이 미국 신규원전 사업의 핵심 리스크이자 가격 상승 요인으로 꼽힌다. 미국 원전의 발전원가가 우리나라 보다 2배 이상 높은 것도 이런 이유 때문이다. Hassel, 2009.7.11

41) 독일에서 1985~1989년 개발된 토리움 쿠겔하우펜 원자로(THTR-300)는 4중 안전장치를 갖춘 세계에서 가장 안전한 원자로로 평가되었지만, 당시 독일의 사회 분위기로 인해 상용화되지 못하자, 남아공과 인도, 중국에 이전됐다.

42) 이희권(문화일보), 2018.6.27

3장

독일 〈에너지 전환정책〉의 기본법 「재생에너지법」

독일 〈에너지 전환정책〉의 법적 토대는 2000년 사민당/녹색당 연정 내각에서 제정된 「재생에너지법」이다. 이 법은 2050년까지 재생에너지 발전 비중을 80% 이상으로 확대하는 것을 목표로 재생에너지에 대한 각종 지원규정들을 포괄적으로 담고 있다.

2017년 독일의 전원믹스에서 재생에너지 발전 비중이 36%를 넘는 등 엄청나게 증가한 배경에는 「재생에너지법」의 지원체계가 절대적 역할을 했다는 것은 누구도 부인할 수 없다.

동시에 「재생에너지법」은 현재 드러나고 있는 독일 〈에너지 전환정책〉의 모순점과 문제점의 근본원인이라는 비판의 목소리도 적지 않다. 심지어 재생에너지 확대와 〈에너지 전환정책〉을 적극 지지하는 계층에서조차도 「재생에너지법」이 치솟는 전기요금 상승의 주범이라는 불만이 쏟아지고 있다. 독일의 「재생에너지법」을 꼼꼼히 분석해서 타산지석(他山之石)으로 삼아야 하는 이유이다.

1. 입법과정

「재생에너지법」은 독일의회 역사상 매우 특이한 입법 사례로 손꼽힌다. 「재생에너지법」의 내용은 어떠한 정당 프로그램이나 선거 공약에 포함됐던 적도 없었고, 공론 과정도 없이 법안으로 발의되고 의결되어 곧바로 정책으로 집행되었기 때문이다.

이 법안은 1999년 가을 '쉬어(Hermann Sheer)'를 비롯한 사민당 2명과 녹색당 2명 등 연방의원 4명에 의해 공동 발의됐다. 「재생에너지법」이 발의됐을 때, 당시 경제장관이던 무소속 출신 '뮐러(Müller,

Werner)'가 과도한 특혜 법안이라며 강력 반대하는 등 법안의 통과 여부조차도 불투명했다고 한다. 여야 간 협상 과정에서 패키지 법안으로 우여곡절 끝에 통과됐다고 하는데, 분명한 것은 당시에는 찬성자도 반대자도 이 법안의 파괴력을 정확하게 인지하지 못했던 것으로 보인다.

이러한 정황은 법안 제안 설명에서 '작은 틈새시장에 불과한 재생에너지산업을 보호하는 인큐베이터 역할을 하기 위한 법'이라고 표현하고 있는 데서도 드러난다. 실제로 1999년만 해도 재생에너지의 발전 비중은 6%정도에 불과해 존재감이 없었고, 이 법안 하나로 상황이 그렇게 빨리 변할 것이라고는 누구도 예측하기 어려웠을 것이다.

특기할 사항은 이 법안을 주도한 '쉬어' 의원과 태양광 사업자협회 성격을 띈 〈오이로솔라(Eurosolar)〉라는 단체 간의 특수 관계다. '쉬어'는 1988년 단체 창립 때부터 2010년 10월 사망할 때까지 이 단체의 회장직을 줄곧 역임했다. 부인 '포트나겔(Irm Portnagel)'은 오랜 동안 이 단체의 사무총장직을 수행했고, 사민당 소속 연방의원인 딸 '니나 쉬어' 역시 지금도 〈오이로솔라〉의 회원으로 활동하고 있다. 녹색당의 신임 당대표이며 전 자를란트(Saarland)주 환경 및 에너지 장관을 역임한 페터(Simone Peter)도 〈오이로솔라〉의 정책위원 출신이다. 이 단체는 지금까지도 '재생에너지 100%'를 주장하며 재생에너지 전도사 역할을 톡톡히 하고 있다. 특히 '쉬어'가 발의한 「재생에너지법」에서 독일의 기상여건 상 가장 불리한 태양광 패널에 가장 높은 FIT 기준가격이 책정된 것을 두고, 자신이 몸담고 있는 〈오이로솔라〉에 특혜를 준 것이라는 의혹과 함께 〈오이로솔라〉야말로 독일 역사상 가장 성공한 로비단체라는 비아냥이 수그러들지 않고 있다.[43] 사실 여부를 떠나 아마 우리나라에서라면 절대 용납되지 않았을 일이다.

---

43) Wendt, 2014, 9~15쪽

어쨌든 2000년 4월 1일자로 발효된 이 법과 함께 사실상 독일의 〈에너지 전환정책〉은 시작됐다. 그리고 많은 사람들의 예상을 뛰어넘어 불과 십 여 년 만에 유럽 최대이며 세계 5대 산업국가인 독일의 전력시스템에 천지개벽이 일어났다.

2017년 36%로 태양광, 풍력 등 재생에너지의 발전 비중 목표는 초과달성 중이고, 2015년 「재생에너지법」에 의거한 누적 지원금이 1,500억 유로(약 195조 원)를 넘어섰으며, 동 법의 직접 수혜자만 해도 수 십만 명이 넘는다. 무엇보다 가파른 전기요금 인상과 함께, 〈에너지 전환정책〉의 시행 전에는 마치 공기처럼 당연한 것으로 세간의 큰 관심 대상이 아니던 전력 문제가 지금은 정치권과 시민, 기업, 그것도 독일뿐 아니라 EU 국가들 사이에서까지 최대의 논쟁과 정쟁 거리가 된 것만 보아도 「재생에너지법」과 〈에너지 전환정책〉이 얼마나 큰 정치적, 사회적, 경제적 평지풍파를 일으켰는지 알 수 있다.

2. 「재생에너지법」 지원체계의 개요와 문제점

「재생에너지법」은 통일 총리인 헬무트 콜 내각에서 1991년 제정된 「계통연결법」의 대체 법안이다. 「재생에너지법」은 각종 지원체계를 통해 재생에너지의 발전 비중을 확대하는 데 목적을 두었다. 즉, 원전이나 석탄, 가스 발전소에 비해 턱없이 높은 재생에너지 발전 비용을 정부 보조금으로 메워줌으로써 인위적으로 경쟁력을 갖춰주려는 취지이다. 「재생에너지법」은 지난 20여 년 동안 수차례에 걸쳐 크고 작은 개정을 거쳤지만, 2000년 입법 당시의 기본 틀에는 큰 변함이 없다. 그동안 「재생에너지법」의 과도한 특혜성 지원체계가 독일 〈에너지 전환정책〉 과정에서 발생하는 다양한 비효율의 근원이라는 비판이 강하게 제기되고 있다.

우리나라도 2002년 「신에너지 및 재생에너지 개발·이용·보급 촉진법」을 제정하여 시행해 왔다. 2006년 개정안을 보면 에너지원에 상관없이 지원금을 15년간 보장하는 등 독일법과 상당히 유사하다. 2002년 법제정 당시 도입된 재생에너지에 대한 발전차액 지원제도(FIT)는 2010년 개정안에 따라 2011년 종료됐다. 이후 〈고정가격계약 경쟁입찰제도(이하 공개경쟁입찰제도)〉가 시행되고 있는데, 현 정부와 여당은 과거의 발전 차액 지원제도를 부활시키는 법 개정을 시도하고 있다. 오랜 동안 FIT제도를 시행해 온 독일은 이 제도의 폐해를 인식하여 수많은 이해관계자들의 거센 반발에도 어렵사리 공개경쟁입찰제도로 전환을 추진하고 있다.

그런데 우리나라는 오히려 많은 부작용이 드러난 제도로 다시 돌아가려고 하는 것이다. 무엇이 문제인지, 총 104개의 조항(제정 당시에는 66개 조항)으로 구성된 독일의 「재생에너지법」의 핵심 개요와 문제점을 살펴보도록 한다.

1) '친환경'에 치우친 전기사업

「재생에너지법」 제1조 제1항과 2항에 법의 목적이 명시되어 있다. 제1항에서는 "특히 기후 보호와 환경 보호의 관점에서 지속가능한 전력공급, 장기적 외부효과를 반영하여 전력공급의 국민경제적 비용 절감, 그리고 화석연료 에너지원의 절감과 재생에너지 발전기술 촉진"을 목적으로 제시했고, 제2항에서는 재생에너지 발전 비중을 2025년 40~45% 이상, 2035년 55~60% 이상, 2050년 최소 80% 이상으로 달성한다는 목표가 제시되었다.44)

이와 같이 법의 목적에서부터 전기사업의 무게 중심이 완전히 바뀌었음을 알 수 있다. 독일 역시 전통적으로 에너지 정책의 3대 목표는 수급(需給) 안정성, 경제성, 환경 친화성 등이었다. 그런데 「재생에너지법」에서는 전력시스템의 핵심요소인 전력공급의 안정성은 완전히 배제되었고, 경제성 역시 뒷전으로 밀려났다. 더구나 법 제1조 1항의 목적은 우선순위도 구체성도 없이 나열되어 있어 선언적 성격에 그친 반면, 2항의 재생에너지 발전 비중은 구체적인 목표 수치가 제시됨으로써 실행에 강제성이 부여되어 있다.

이처럼 주야간, 계절적 기후 조건과 기상 여건에 따른 간헐성이 매우 큰 태양광과 풍력 등 재생에너지 확대가 전력계통의 안정성에 치명적 위협요인이 될 수 있다는 사실을 도외시하고, 오로지 재생에너지

❙그림 3❙ 전기사업 목적의 변화

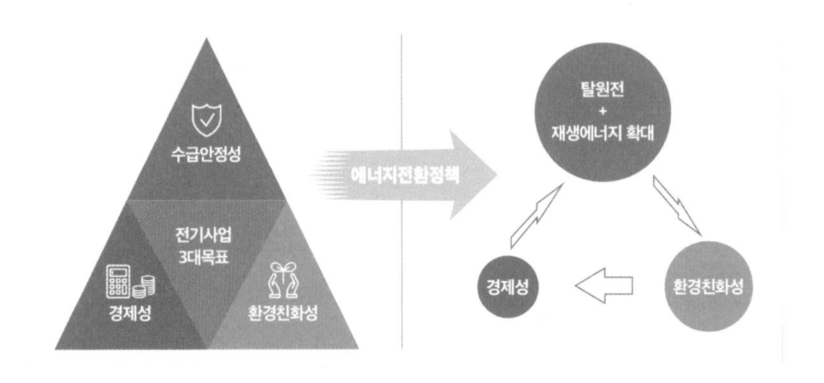

44) '2020년까지 18% 이상'이라는 목표는 조기 초과 달성됨으로써 2008년 개정안에서 30%로 상향조정됐다.

설비 확대만을 목표로 삼다 보니 많은 문제들이 초래되었다. 이에 대해서는 다음 장에서 상세하게 다루겠다.

2) 재생에너지의 최우선적, 무조건적 접속 의무

「재생에너지법」 제2조 제1항은 송배전 사업자들에게 재생에너지 전력을 '수요와 무관하게 지체 없이' 그리고 원전 및 화석연료발전소 전력에 앞서 '최우선적' 급전(給電) 의무를 명시했다. 또한 동법 제9조는 생산된 재생에너지 전기를 모두 접속(接續)할 수 있도록 송배전망을 확충할 의무를 부과하고, 제19조 제1항에는 이러한 의무를 해태할 시에 피해를 보상하는 규정도 담았다. 「재생에너지법」 이전에는 발전원가가 저렴한 발전기부터 순서대로 접속되는 '경제급전(Merit Order)'이 원칙이었다면, 이제는 '재생에너지는 무조건 전량 급전' 원칙으로 바뀌다 보니 경제성은 아예 도외시된 것이나 다름없다. 또한 송배전망 확충 의무를 규정해 놓고도 「재생에너지법」의 지원체계는 재생에너지의 설비확장에만 집중되어 있고, 재생에너지 전력을 실제 전력 수요와 연결하기 위해 필수적인 송배전망 확충이나 에너지 저장장치 등에 대한 지원제도는 거의 반영되지 않았다.

그러다 보니 수요도 없는 전력, 또는 소비자에게 송배전되지 못하는 막대한 양의 잉여전력이 발생하고 있으며, 소비자는 제19조의 피해보상 의무에 따라 그 비용을 꼬박꼬박 지불하는 실정이다.

그나마 독일은 유럽 통합전력망에 연결되어 있어서 남아도는 전력 일부를 주변 국가들에 수출하기도 한다. 독일 정부는 해마다 엄청난 양의 전력을 수출하고 있다면서 〈에너지 전환정책〉이 성공한 증거라고 자랑하지만, 실상을 알면 자랑은커녕 욕을 먹을 일이다.

그 실상은 이렇다. 2017년 독일의 소비자들은 전기요금으로 kWh당 29.16센트를 냈는데, 평균 수출가격은 그것의 12%에 불과한 3.4센트/kWh로 완전히 밑지는 장사를 했다. 독일의 소비자들이 kWh당 6.88센트나 되는 재생에너지 지원금까지 주어가며 생산된 전력이 이렇게 헐값에 수출되는 것을 알면 과연 수출을 많이 해서 잘됐다고 할까?

그런데 헐값 수출도 모자라서 웃돈까지 얹어주면서 수출하는 일도 벌어지는가 하면, 심지어는 그나마도 수출을 못해서 그냥 버려지는 전기도 해마다 엄청나다고 한다.[45] 수요에 대한 고려 없이 무조건 재생에너지 설비 확장에만 집중한 「재생에너지법」으로 인해 초래되는 이러한 국가적 낭비는 모두 소비자가 전기요금으로 부담하고 있다.

3) 20년 간 보장되는 재생에너지 지원금

재생에너지에 대한 독일의 지원체계는 태양광 패널이나 풍력 터빈 등 재생에너지 발전설비의 설치비용을 직접 지원해주는 게 아니라, 설비에서 생산된 전기를 kWh당 고정가격, 일명 법정 FIT 기준가격으로 구입해 주는 방식이다.

발전 원가가 원전, 석탄 등 화석연료 발전보다 월등히 비싼 재생에너지에 지원금을 주어서 경쟁력을 높여주자는 원리인데, 그 지원금은 국민이 내는 세금이나 전기요금에 포함되어 있다. 재생에너지의 kWh당 FIT 기준가격은 매년 조금씩 감액되기는 하지만 고정되어 있으며,

---

45) 여당(CDU/CSU)의 수석 부대표인 Michael Fuchs에 따르면, <연방경제성> 추산 2015년 10억 유로(약 1조 3천억 원) 상당의 전기가 폐기됐다고 한다. Bild, 2015.10.6

태양광이나 풍력 등 전원의 종류, 설치 지역과 설비 규모에 따라 세분화되어 있다.[46] 가장 놀라운 특혜는 이러한 고정가격을 20년 간 보장해 주는 것이다.

재생에너지 전력의 FIT 기준가격이 고정된 것만도 문제인데, 그 가격을 20년이라는 장기간 동안 보장해 주다보니 여러 가지 문제가 발생할 수밖에 없다. 우선 태양광 패널이나 풍력 터빈의 수명 자체가 기껏해야 20년 정도인데, 그것도 요즘 같이 급변하는 세상에서 정부가 앞으로 20년 후의 가격까지 미리 정해 놓는다는 발상 자체가 반시장적이다.

생산된 전기의 전량을 국가가 충분한 수익률이 보장된 법정 고정가격으로 무조건 구매해 주기 때문에, 재생에너지 사업은 어떠한 리스크도 없는 '누워서 떡 먹기' 사업이 되었다. 다시 말해, 누구라도 태양광 패널이나 풍력터빈을 설치해 놓기만 하면 아무런 걱정 없이 20년 간 매월 월급 타듯이 수익을 챙길 수 있다.

국가 전체적으로 발전량이 남아도는지 부족한지 챙기는 사람도 없다보니, 주택이나 토지 소유자들 입장에선 '안 하면 바보'라는 식으로 설치 붐이 일었다. 게다가 연방국가인 독일의 각 지자체에서는 재생에너지 지원금 따오기 경쟁이 붙은 양상이다. 선거 때마다 '얼마나 많은 지원금을 따왔느냐', 또는 '따오겠다'가 단골 공약이 되는 바람에, 각 주의 주지사, 주 환경장관이 팔 걷고 나서서 유치경쟁에 뛰어들고 있다.[47]

바람이 없어 가동률이 4~5%에 불과한 풍력 터빈이 독일 남부 천혜의 알프스 숲 속에 우후죽순처럼 설치되는 것이나, 위도가 높아 햇

---

46) 「재생에너지법」 제20조, 당초에는 5%씩 체감하다가 1%로 조정됨.
47) Sauga (Spiegel Online), 2014.4.8.

볕도 나지 않는 독일 북부에 태양광 패널이 뒤덮이는 이유가 바로 이 때문이다. 독일 농촌도 몸살을 앓기는 마찬가지다. 재생에너지 보상금 때문에 에너지 작물의 수익성이 농산물을 앞지르다 보니, 경작지들은 온통 바이오매스용 옥수수로 뒤덮이며, 생태계 파괴라는 부작용이 심각하다.[48)]

20년이라는 장기지원이 초래하는 문제는 더욱 심각하다. 우선 설비 한 개당 총 보상 규모가 20년간 장기채무로 분산되다보니 한 눈에 파악하기조차 어렵다. 독일 정부가 「재생에너지법」 도입 초기에 앞으로 지원금이 얼마나 불어날지를 제대로 예측하지 못한 것도 바로 이 때문이다. 상황 파악이 안 되니 지원금이 눈덩이처럼 불어날 때까지 적절한 대응책이 마련되지 못한 것이다. 기술개발과 설비 증가로 인한 가격인하 요인, 설비의 노후화 등 20년이라는 긴 세월 동안 변화되는 다양한 요인들이 전혀 반영될 수 없어서 지원제도가 현실과 괴리되는 문제도 심각하다.

몇 차례 법 개정을 통해 kWh당 FIT 기준가격이 인하되었지만, 오히려 법 개정 이전에 설치된 더 노후한 설비들에 더 높은 보상금이 지급되는 모순적 상황이 발생할 뿐이다. 사업자의 입장에서는 효율성이 떨어지는 노후 설비라도 법으로 보장된 20년 동안 유지하는 게 수익성이 더 크기 때문에, 산업의 역동성에도 부정적 영향을 미친다.

인큐베이터 역할을 자처한 「재생에너지법」의 취지에도 어긋나는 이러한 장기 보장제도로 인해 재생에너지 산업이 혁신보다는 지원금에만 안주하는 상황이 초래되었다. 독일에서는 최근 들어 재생에너지 전력의 구입가격 책정에 경쟁을 도입하는 등, 제도 변화가 시도되고 있지만, 이해관계자들의 반발로 '20년 보장' 조건에는 손도 대지 못하고 있다.

---

48) Beppler, 2013, 61쪽 이하

4) '결과의 평등' 원칙에 입각한 지원제도의 비효율

「재생에너지법」의 지원체계는 모든 재생에너지원들이 최대한 균등한 기회를 가질 수 있도록 설계되었다. 효율성이 높은 설비에 더 많은 지원금을 주는 방식이어야 전체 시스템의 효율성이 높아지는데, 「재생에너지법」은 그 반대로 한 것이다. '결과의 평등' 원칙에 입각해서 모든 재생에너지원의 발전 원가를 동일하게 만들어 주려다 보니 발전 원가가 높은 전원일수록 더 많은 지원금을 주는 방식이 되어 전체 시스템에는 엄청난 비효율이 초래되었다. 마치 모든 학생이 똑같은 점수를 받도록 선생님이 성적이 더 나쁜 학생일수록 점수를 더 많이 올려주는 식이다. 그러나 투자자 입장에서는 지원금이 높은 발전원을 선호하는 게 당연지사이다 보니, 발전원가가 높은 비효율적인 발전원에 오히려 투자가 몰리는 현상이 벌어지는 것이다.

▌그림 4 ▌ 재생에너지원별 발전 차액 지원금 (2012년~2015년)

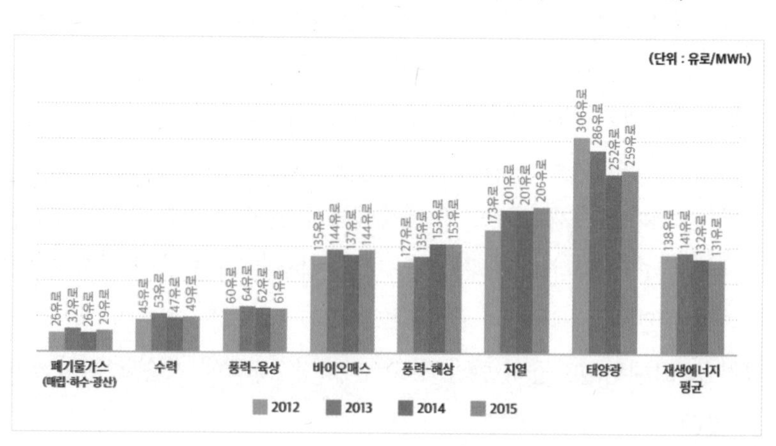

*출처: 연방 에너지 · 수력발전 협회(BDEW)

독일의 경우에는 태양광 패널이 그런 케이스다. 태양광 패널은 가동시간이 1년 8,760시간 중 고작 900시간 정도로 1,500시간인 풍력발전에 비해서도 효율이 크게 떨어지지만, 〈그림 4〉처럼 태양광 설비에 가장 많은 지원금이 책정되었다. 그러다 보니 너도 나도 태양광 설치에 뛰어들었고, 결과는 독일의 기후 여건과 지형 조건에 가장 비효율적이고 부적합한 태양광 패널이 가장 널리 확산되고, 이는 다시 지원금의 증가로 이어지는 악순환에 빠진 것이다.

이처럼 성과가 낮을수록 더 많은 지원금을 주어 하향평준화시키는 시스템 하에서 기업의 혁신 동인이 살아날 수 없다는 것은 동서고금을 통해 입증된 사실이다. 더 효율적이고, 더 경제적인 제품을 만들어 내려고 노력할 필요가 없는 환경에 안주하여, 지원금에만 의존한 재생에너지 산업이 국제경쟁에서 살아남을 수 없다는 것은 당연한 이치다.

이러한 진리는 2000년대 초까지만 해도 세계에서 가장 앞선 기술력을 자랑하던 독일의 태양광업계에 지금은 살아남은 업체가 단 한 개도 없다는 사실이 웅변해 준다. 2004년 중국제 태양광 패널의 공습으로 줄 폐업이 시작되었으며, 마지막까지 버티던 솔라월드(Solarworld)가 2014년에 도산하면서 지금은 독일에 중견급 이상의 태양광 모듈 제작 업체가 단 한 개도 없다. 요즘 독일에서 설치되는 태양광 패널의 약 10% 정도만이 독일제이고 나머지는 모두 수입된 것이라고 한다.[49)]

2010년 독일의 대 중국 태양광 설비 수출액은 1억 3,800만 유로(약 1,794억 원)에 그친 반면, 중국으로부터의 수입액은 59억 유로(약 7조 6,700억 원)에 달해 무려 40배가 넘었다. 그러다 보니 독일의 「재생에

49) Q-Cells는 2012년 우리나라 한화에 인수되었음. Conergy와 Solon의 폐업에 이어, Bosch 역시 태양열(Solarthermie)사업부를 26억 유로(약 3조 3,800억 원)의 적자를 떠안은 채 2013년 파산했다.

너지법」에 따른 태양광 지원금의 상당 부분이 중국으로 흘러 들어갔다. 결국 독일 정부의 태양광 지원금은 독일이 아니라 중국의 태양광 산업 발전과 중국의 일자리 창출에 기여한 꼴이다.[50]

5) 「재생에너지법」 지원체계의 복잡한 구조

「재생에너지법」은 2000년에 제정된 이래 6차례 개정되었다. 재생에너지 FIT 기준가격이 발전원별로 차등화 되어 있고, 재생에너지 발전량이 정부의 계획 이상으로 폭증하는 상황에서 법 개정을 할 때마다 주목적이 재생에너지원 간의 형평성을 높이고, 재생에너지 사업자들의 불이익이 최소화 되도록 보전해 주는 데 두어졌다.[51]

그러다 보니 재생에너지 지원금이 지나치게 높다는 소비자들의 아우성에도 불구하고 지원금이 줄어들기는커녕 법 개정을 할 때마다 오히려 늘어나는 실정이다. 가장 큰 이유는 재생에너지 사업자들의 손실을 보전해 주기 위해 새로운 항목의 추가 요금이 계속 신설되기 때문이다. 예컨대 2009년 「재생에너지법」 개정안에서는 재생에너지사업자가 송배전망이 미처 구축되지 못해 전력생산을 감축하거나 중단할 경우 보상해 주는 일명 〈마이너스 발전-부과금〉이 도입됐다. 재생에너지 설비 구축 속도를 송전망 확충이 따라잡지 못해 전력계통에 접속되지 못하는 전력에 대한 피해보상인데, 2011~2013년에 약 1%, 2014년 2,4%, 2015년 5.2%로 해가 갈수록 늘고 있다. 2016년에도 〈마이너스 발전-부과금〉으로 3.7GW에 대해 3억 7,300만 유로(약 4,849억

50) 많게는 전체 지원금의 2/3(Roth, 2013)에서 적어도 1/3이상 (Wirth, 2018, 27쪽)이 중국에 흘러간 것으로 추산됨.

51) Erneuerbare-Energien-Gesetz, Wikipedia

원)가 보상되었다. 2012년 개정안에서는 전력 다소비 기업의 면제 기준이 연 사용량 10GW 이상에서 1GW 이상으로 대폭 낮춰졌다. 이처럼 계속 신설되는 다양한 추가요금들은(〈표 7〉) 모두 소비자들의 전기요금으로 청구된다.

그동안 거듭된 개정으로 더욱 복잡해진 「재생에너지법」의 지원체계는 전문가들조차 이해하기 어렵게 된 실정이다. 믿기 어렵겠지만, 현재 「재생에너지법」의 법정 FIT 기준가격에 연동되어 세분화되는 지원금의 종류만도 5,000가지에 달한다고 한다.[52]

▌표 7▌ 「재생에너지법」에 근거한 부과금 사례

재생에너지-부과금	「재생에너지법」에 의거한 발전차액지원금
해상풍력발전 책임-부과금	해상풍력설비 건설시행자(송전계통사업자)에게 지급하는 보조금으로 해상풍력설비의 계통 접속에 필요한 송배전망이 제 때에 연결하지 못했을 때 지급.
열병합발전소-부과금	열병합발전소 지원금
양허-부과금	전력계통 사업자가 송배전선로의 설치 및 운영을 위해 통과 지자체에 지불하며, 액수는 지자체 주민 수에 따라 차등 지급[53]
19조-부과금 (40조 1항)	전력 다소비기업에 대한 「재생에너지법」-부과금 면제 혜택, 2003년 처음 도입
예비부하-부과금	전력계통 안정성 확보를 위한 예비부하 유지 비용. 2014년 도입
마이너스 발전-부과금	재생에너지사업자가 계통접속 미비로 전력생산을 감축하거나 중단할 경우 지급

*출처: Erneuerbare-Energien-Gesetz, Wikipedia

52) Haukap, 2017, 120쪽.
53) kWh당 요금: 주민 수 25,000명 이하=1.32센트, 10만 명 이하=1.59센트, 50만 명 이하=1.99센트, 50만 명 이상=2.39센트.

실제로 독일에는 재생에너지 지원금 관련 전문 컨설팅 업체들이 우후죽순으로 늘어나고 있다. 독일에서는 마치 자영업자들이 세금 신고시 세무사의 도움 없이는 안 되는 것처럼, 〈재생에너지법-부과금〉의 신청뿐 아니라 일반 소비자들이 전력 판매사와 전기요금 사양의 선택을 위해 전문 컨설팅을 받는 게 일상이 되었다. 이런 걸 두고 〈에너지 전환정책〉으로 '에너지 신산업'이 생겨나고 일자리가 창출되었다고 좋아해야 할 일인지 머리가 갸웃거려진다. 결국 이 모든 것은 전력 생산과 유통 비용의 상승으로 이어지고, 이는 전기요금 인상으로 나타날 것이 뻔하기 때문이다.

3. 〈재생에너지법-부과금〉[54]의 산정방식과 문제점

독일에서 〈에너지 전환정책〉의 시행 이후 전기요금 인상 추세가 지속되자 그 주요 원인 중의 하나로 〈재생에너지법-부과금〉이 지목되고 있다. 실제로 〈재생에너지법-부과금〉의 가파른 인상 추이가 전기요금 상승을 견인하는 모양새를 보이는 것도 사실이다. 비판의 내용을 구체적으로 살펴보면 「재생에너지법」의 지원체계가 전력거래소의 전기가격 인하를 반영하지 못한다는 구조적인 문제와 〈재생에너지법-부과금〉의 부담이 주로 일반 서민이나 영세사업자들에게 전가된다는 형평성 문제가 지적된다.

54) 독일어로는 EEG-Umlage: Erneuerbare Energien Gesetz-Umlage

▍그림 5▍ 가정용 전기의 〈재생에너지법-부과금〉 추이 (2000년~2018년)

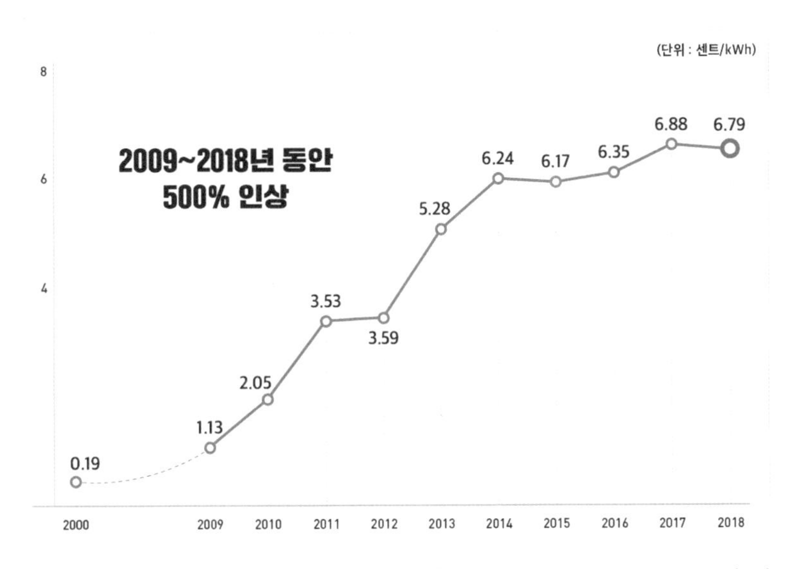

*출처: STROM-REPORT.DE 토대로 재구성

1) 〈재생에너지법-부과금〉의 끝없는 인상 추이

재생에너지로의 전환을 지원하기 위해 도입된 〈재생에너지법-부과금〉은 끝없는 인상 추세를 이어가고 있다. 〈그림 5〉에서 드러나듯이, 2009~2018년의 10년 동안 5배(500%)가 증가했고, 2017년에도 0.53센트 인상된 6.88센트/kWh로 2016년 대비 8.3%가 인상되어 사상 최고치를 기록했다. 「재생에너지법」이 처음 시행된 2000년의 0.19센트/kWh와 비교하면 35배가 인상된 것이다. 2018년 〈재생에너지법-부과금〉이 소폭 낮아졌지만, 그 대신 2019년에 또 한 번의 큰 폭의 인상이 이미 예고되어 있어 추세 자체가 하락세로 돌아섰다고 볼 수는 없는 상황이다. 〈재생에너지법-부과금〉을 가구당으로 환산해 보면 연 5천kWh 이하를 사용하는 4인 가족의 경우 부과금만으로 2017년 409유로(약 53만 1,700원)를 부담했다.[55]

〈재생에너지법-부과금〉이 실제로 독일 국민들에게 얼마나 큰 부담이 되는지 이해를 돕기 위해 다음과 같이 비교해 볼 수 있다. 2017년 한 해에 재생에너지 분야에 지급된 부과금은 총 250억 유로(약 32조 5천억 원)였으니, 독일 국민 한 사람당 연 약 300유로(약 39만 원)씩 부담한 셈이다. 또 독일의 원전 및 화석발전소의 발전비용이, 10만 여 명의 근로자 임금까지 모두 합해도, 연 200억 유로(약 26조 원) 정도면 충분하다고 하니[56], 재생에너지 지원에 얼마나 많은 돈이 투입되고 있는지 이해가 될 것이다.

❙그림 6❙ 재생에너지법–부과금과 주요 영향 요인의 변동 추이

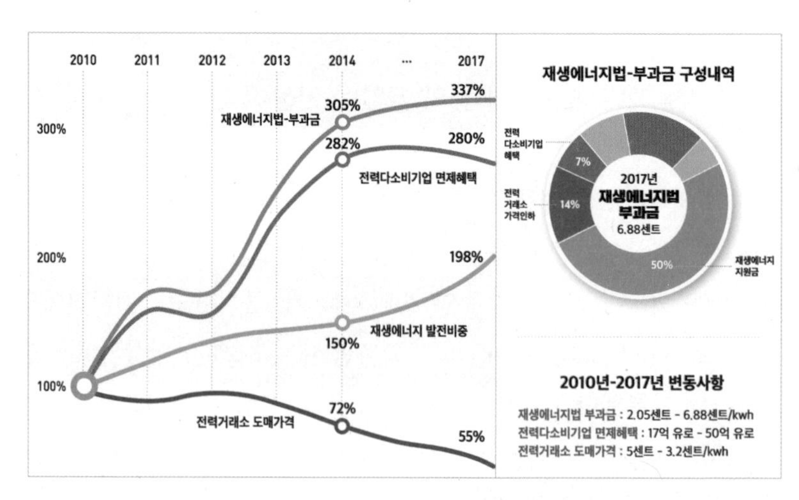

*출처: STROM–REPORT.DE 토대로 재구성

55) 동일 기준 가구당 부담은 2013년 314유로, 2014년 371유로, 2015년 367유로, 2016년 378유로로 매년 증가

56) NAEB.e.V.

〈재생에너지법-부과금〉이 전기요금 상승의 주범이라는 비난이 끊이지 않자 메르켈은 2013년 연방 총선 당시 「재생에너지법」을 획기적으로 개정하겠다고 공약했다. 이후 2014년 사민당과 구성된 대연정내각의 경제·에너지장관인 사민당 출신 가브리엘이 일명 '전기요금 브레이크'로 명명한 개혁안을 제출했다. 이름만 거창했지 '지원금 20년간 보장' 이라는 가장 치명적인 독소 조항은 아예 건드리지도 않았고, 이미 설치된 설비의 FIT 기준가격 kWh당 1~1.5센트 감액, 태양광 사업자의 자가 소비전력에 대한 지원금 일부 삭감, 전력 다소비 기업 면제 규모 삭감 등 대부분은 사소한 내용들이었다. 다만 진일보된 내용인 일정 규모 이상의 태양광 사업에 대한 공개경쟁입찰제도의 시범 도입과 시장 프리미엄 제도 도입에 대해 재생에너지 관련 협회들이 거세게 반발했다.

메르켈 총리가 「재생에너지법」의 수혜자가 너무 많기 때문에 지원금 삭감은 정치적으로 불가능하다고 실토했던 말이 과연 빈말이 아니었다.[57] 2015년부터 시행된 〈시장 프리미엄 제도〉란 그 때까지는 태양광패널 설치자들이 생산된 전기 전량을 송전사업자들에게 넘겨주고 법정 지원금(FIT)을 받던 방식에서 이제는 일정 규모 이상의 패널 사업자들은 생산한 전력을 전력거래소에서 자가 판매하도록 의무화한 제도이다.[58]

---

57) Hennig, 2017, 13쪽

58) 「재생에너지법」 제37조(2014년 개정안), 「재생에너지법」 제21조(2017년 개정안): 2015년 이후 신규설비 500kWp 이상, 2016년부터는 100kWp 이상. 기존 사업자는 선택 사항.

시장 프리미엄(Markt Prämie) = FIT 기준가격 - 전력거래소 도매가격 + 운영프리미엄(Management Prämie).

FIT 기준가격은 거래 시점 당시 신규 전원에 적용되는 FIT 기준가격, 운영프리미엄은 행정비용 등에 대한 지원금

❙표 8❙ 2014년, 2017년 「재생에너지법」 개정안 주요 골자

2014년 개정안 주요내용	○ 재생에너지 사업자에 대한 FIT지원 축소 및 자가발전소비자 및 부과금 면제대상 기업 축소 (감면대상 기업 1GW까지는 전액부담, 1GW초과 소비량에 대해 15% 감면) ○ 10kW이상 신규 자가발전 소비자 〈재생에너지법-부과금〉 감면제도 단계적 폐지 ○ 10kW~1MW 태양광 생산전력의 최소 10% FIT지원 없이 자가소비 및 직접거래 의무화 ○ 500kW이상 신규 재생에너지사업자 직접거래(시장프리미엄제도) 의무화
2017년 개정안 주요내용	○ 직접거래(시장프리미엄제도) 100kW이상 신규재생에너지사업자로 확대 ○ 공개경쟁입찰제도의 확대

*출처: Erneuerbare Energien Gesetz, Wikipedia 토대로 작성

2017년에는 시범운영하던 공개경쟁입찰제도의 확대를 담은 개정안이 통과됐다. 거센 반발에도 불구하고 개정안이 통과될 수 있었던 것은 독일 정부의 의지라기보다는 전적으로 유럽연합(EU)이 회원국에 내린 경쟁을 왜곡하는 국가지원금 대신 경쟁체제를 도입하라는 지침 때문이다.[59)]

이처럼 최근 들어 전적으로 국가지원금에 의존하던 체제에서 시장 요소를 반영하는 체제로 바뀌어 가는 것은 바람직한 방향임에 틀림없다. 하지만 기존 설비에 대한 지원제도에는 전혀 손을 대지 못하고 신규설비에만 적용하는데다 시장 프리미엄도 기존 FIT에 준하는 안정적인 수익을 보장해 주고 있어서 소비자가 체감하기에는 〈재생에너지법-부과금〉 제도의 개선 속도가 더디기만 하다. 그럴 수밖에 없는 것이 전체 〈재생에너지법-부과금〉 중 신규설비에 대한 지원금은 3.1%에 불과하기 때문이다. 나머지 96.9%가 기존 설비에 지급되고 있다. 따라

59) 일명 Market Coupling 지침

서 개편된 지원체계를 신규 설비에만 적용하는 방식으로는 〈재생에너지법-부과금〉 인하, 전기요금 인하라는 제도개혁의 효과가 나타나기까지는 요원하기만 하다.

2) 〈재생에너지법-부과금〉 인상을 견인하는 〈발전차액지원제도〉

태양광 패널이나 풍력터빈의 제작 운영 기술이 지속적으로 향상되고, 학습효과의 축적과 특히 엄청난 설비 확대로 '규모의 경제효과'가 실현 가능한 점 등을 고려하면, 상식적으로 재생에너지 지원금은 해가 갈수록 감소되어야 마땅할 것 같은데, 실상은 그와는 반대다. 그 원인은 무엇보다 〈재생에너지법-부과금〉이 소위 〈발전차액(發電差額)〉을 지원하는 방식으로 설계되어 있기 때문이다. 〈발전차액〉이란 「재생

▌그림 7▌ 재생에너지 신규설비 비중과 재생에너지법-부과금의 전원별 배분

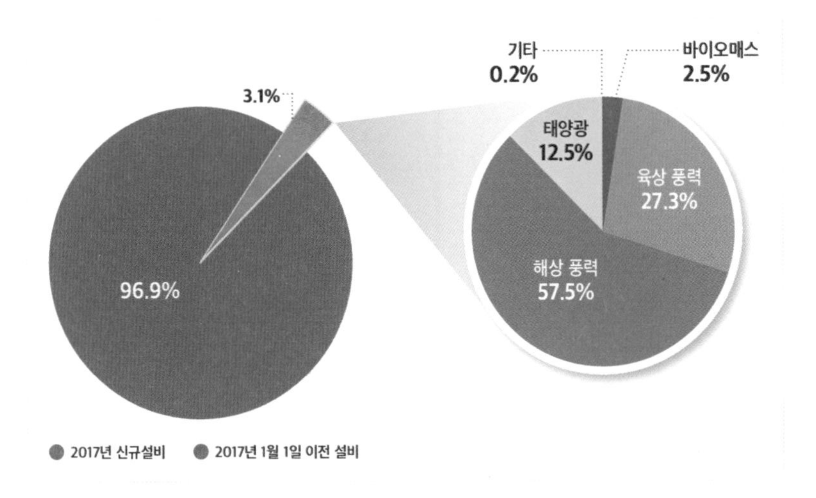

*출처: netztransparenz.de

에너지법」에 20년간 보장된 법정 구입가격(FIT 기준가격)과 전력거래소의 전력가격 간에 발생하는 차액을 말하는데, 소비자들이 이 차액을 〈재생에너지법-부과금〉으로 전기요금에 포함시켜 보상해 주고 있다. 「재생에너지법」에 따라 송전사업자는 태양광이나 풍력 등 재생에너지 전력을 '수요와 무관하게 무조건' 그리고 '최우선적으로' 법정 가격으로 구입할 의무가 있다. 이때 송전사업자는 재생에너지 생산자들에게 FIT 기준가격에 의거해 산정된 구입대금을 선지불한다. 그리고 이후 전력거래소에서의 판매 시점에 형성된 전력가격에 따라 회수된 수입금 간의 차액이 〈재생에너지법-부과금〉으로 소비자에게 청구되는 것이다. 〈그림 8〉에서 볼 수 있듯이, FIT 기준가격을 토대로 선지급한 구입대금에 대한 이자 및 일체의 행정 비용 까지도 함께 청구되는 것은 두말할 필요가 없다.

▌그림 8▌ 재생에너지법-부과금 산정방식

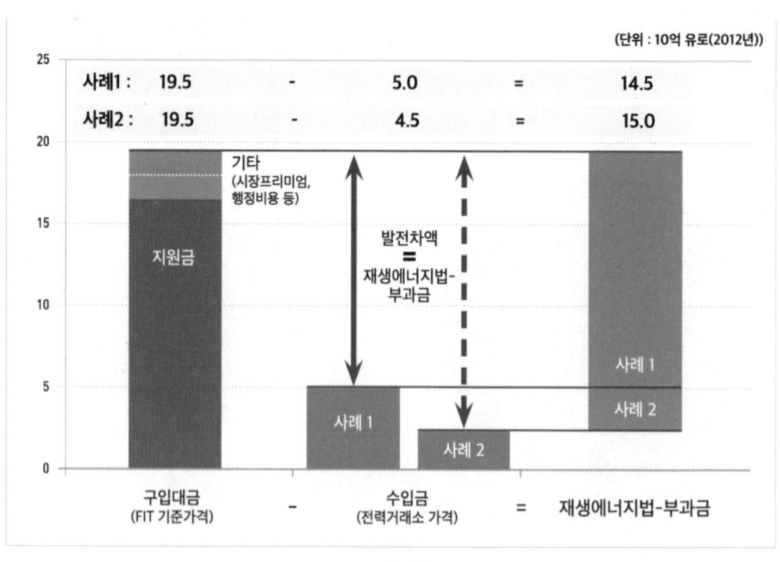

*출처: Erneuerbare–Energien–Gesetz, Wikipedia

▌그림 9▌라이프찌히 유럽전력거래소(EEX)의 전력 도매가격 추이

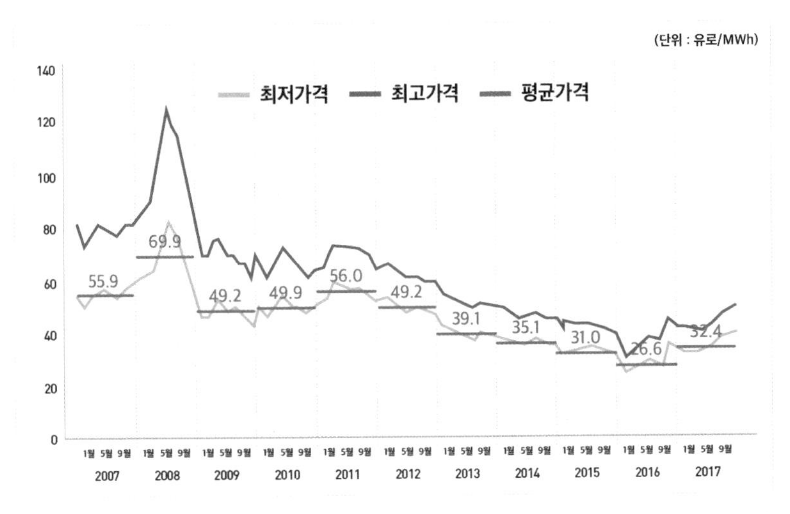

*출처: Agora Wnergiewende, 2018, 35쪽

〈그림 9〉에 나타나듯이, 수입금의 결정 요소인 독일 전력거래소의 전력 가격은 재생에너지 설비 확대로 급격히 늘어난 발전량과 학습효과 등으로 인해 지난 20여 년간 30%나 인하되었으며, 계속 떨어지는 추세이다. 그런데 〈그림 8〉의 사례 비교에서처럼 전력 도매가격이 떨어질수록(사례2) 송전사업자가 회수하는 수입금은 적어지고, 소비자가 보전해 주어야 하는 차액은 더 커지는 구조이기 때문에, 전력가격 인하가 소비자들의 전기요금 인하로 이어지지 못하는 것이다. 전력거래소에 변동비가 '0'인 재생에너지 발전량이 확대되면 전력시장의 한계가격은 변동비가 더 낮은 발전기가 결정하게 되어 전력도매가격은 내려갈 수밖에 없고, 그에 따라 소비자들이 부담해야 하는 부과금은 오히려 더 높아지는 악순환이 반복되는 것이다.

2010년 「보상메커니즘 조례(Ausgleichsmechanismus verordnung)」 개정으로 〈재생에너지법-부과금〉은 지역독점으로 운영되는 4개의 송전사업자[60]가 매년 10월 15일 차기 연도의 부과금 액수를 공지하고, 9월 말에 정산하는 방식으로 위탁 운영되고 있다.

3) 형평성 문제: 서민에 전가되는 재생에너지 지원금

「재생에너지법」 지원체계에서 짚고 넘어가야 할 또 한 가지 문제점은 서민들의 부담을 가중시키고 부의 양극화를 심화시키는 반사회적 제도라는 사실이다. 독일정부는 2017년 기초생활수급자인 하르츠(Hartz) IV 대상자에게 지급된 복지예산보다 더 많은 250억 유로(약 32조 5천억 원)를 〈재생에너지법-부과금〉으로 지출했다. 그런데 문제는, 재생에너지 지원금의 수급자는 저소득층이 아니라 고소득 자산가들이라는 점이다. 정부는 재생에너지는 '시민 누구나 참여할 수 있는 시민에너지'다, '지역 주민에 우선권을 준다'는 등 달콤한 말을 하지만, 결국은 재생에너지 사업 역시 재원의 투자 없이는 불가능하다는 것을 잊어서는 안 된다.

실제로 〈그림 10〉에 나타난 독일 재생에너지 설비의 소유 구조를 보면, 설비의 절반가량을 일반 개인과 농업인들이 소유하고 있고, 4대 발전사와 전력판매사, 기업의 소유를 합하면 85%에 육박한다. 결국 경제적 약자인 임차인, 영세사업자, 서민들이 상대적 재력가인 임대인이나 토지 소유자들이 자기 집 지붕이나 토지에 태양광 패널이나 풍력터빈을 설치 · 운영하는 비용에 수익까지 얹어서 지원해 주는 구조임을 부정할 수 없다.

---

60) Tennet, 50Hertz, Amperion, EnBW

❙그림 10❙ 독일 재생에너지 설비 소유구조 (2012년 기준)

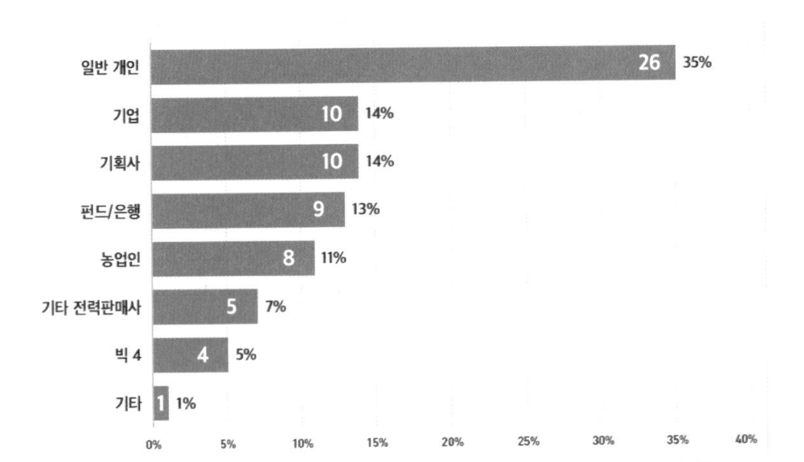

*빅4: RWE, E.oN, Vattenvall Europe, EnBW 등 4대 발전사

*양수발전, 해상풍력, 지열 및 바이오 폐기물 제외

*출처: trend research, Statista 2018

이처럼 태양광 패널을 지붕이나 밭에 설치한 건물주나 땅주인들은 어떠한 리스크도 없이 국가가 법으로 보장해 주는 수익금을 20년 동안 꼬박 꼬박 챙기는 동안, 서민들의 부담은 날로 커지고 있다. 〈그림 11〉에서 드러나듯이, 전기 소비량에서는 19%를 차지하는 일반 가계가 전체 〈재생에너지법-부과금〉의 36%에 해당하는 88억 유로(약 11조4,400억원)를 부담하고 있다. 특히 2012년 법 개정으로 부과금 면제 혜택이 주어지는 전력 다소비 기업의 기준이 '연간 10GW 이상'에서 '1GW 이상'으로 대폭 완화되는 바람에 면제혜택을 받는 기업이 엄청나게 늘었다. 그런데 전력 다소비 기업들과 철도사업자에 대해 면제해 주는 〈재생에너지법-부과금〉도 결국에는 가정용전기 소비자들에게 전가되고 있어 형평성 논란과 불만이 커지는 것이다.

일부에서는 독일 가정이 지불하는 전기요금은 전체 에너지 전환비용의 1/3에 불과하고, 나머지 2/3는 기업, 유통업, 농업 등에서 부담하기 때문에 형평성 문제가 크지 않다고 항변하지만, 이 역시 제품이나 서비스 가격에 반영되어 최종적으로는 소비자들이 부담하게 된다고 봐야 한다.61)

이런 가운데 전기요금을 체납하는 저소득 가구의 숫자는 해마다 늘고 있다. 한때 세계 최고수준의 에너지 복지를 자랑하던 독일에서 에너지 빈곤층이 다시 급격하게 증가하자, 독일의 「재생에너지법」이야말로 매우 불공정하고 반서민적인 법이라는 지탄이 터져 나오고 있는 것이다.

❙그림 11❙ 전기소비자그룹별 재생에너지법–부과금의 분담

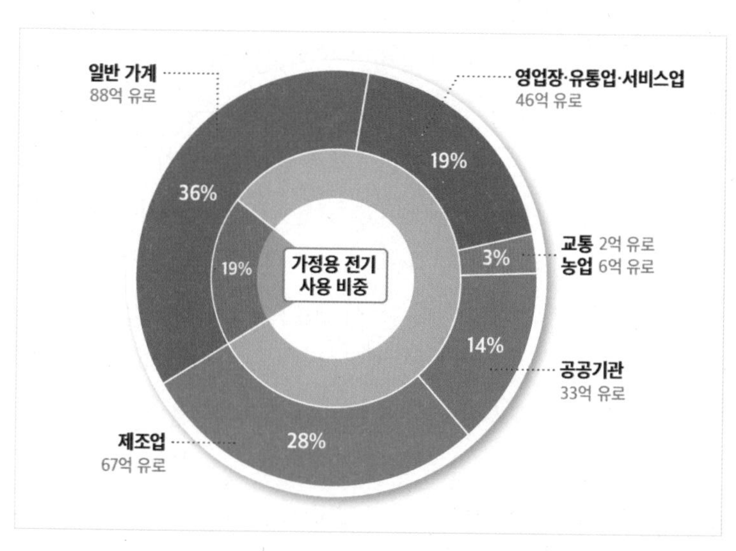

*출처: STROM-REPORT.DE, 2016년

61) Haucap, 2017, 118쪽

한편 〈재생에너지법-부과금〉의 끝없는 인상 추세를 보면서 동서양을 불문하고 정치인들의 약속을 곧이곧대로 믿어서는 안 된다는 진리가 새삼 떠오른다. 특히 가격인상은 없다는 말은 더욱 믿을 게 못된다. 그동안 독일 국민들이 〈재생에너지법-부과금〉이 전기요금 인상의 주범이라는 불만을 터뜨릴 때마다 메르켈 총리를 필두로 장관들이 나서서 더 이상의 인상은 없다는 말을 수 없이 반복했지만, 그 약속은 지켜진 적이 없다.

예컨대 「재생에너지법」 제정 당시 전기요금 인상은 거의 없을 것이라고 했던 녹색당 출신 환경성 장관 트리틴은 2004년 〈재생에너지법-부과금〉은 kWh당 0.38센트 수준에 머물 것이라고 장담했다. 메르켈은 2011년 3.53센트 선이 유지될 것이라 했고, 2012년에는 환경장관 뢰트겐이 3.75센트 선에서 멈출 것이라고 약속했다.

하지만 이로부터 5년도 안 돼서 〈재생에너지법-부과금〉은 2배 가까이 인상되어 고공행진을 이어가고 있다. 지금도 독일 정치인들은 〈재생에너지법-부과금〉 인상 추세가 조만간 완화될 것이라는 말을 쉽게 하고 있다. 하지만 전문가들에 따르면, 2017년 292억 유로(약 38조 원)이던 〈재생에너지법-부과금〉 총액은 2020년 320억~330억 유로 규모로 계속 증가할 것이며, 2023년 무렵 감소세로 접어들기는 하겠지만 소비자가 체감할 수 있는 감소는 2035년 이후에나 가능할 것으로 전망하고 있다.[62] 2015년까지 독일 국민이 〈재생에너지법-부과금〉으로 부담한 누적 지원금은 1,500억 유로(약 195조 원)에 달했으며, 2022년이면 5,000억 유로(약 650조 원)가 넘을 것으로 전망된다고 한다. 독일의 〈에너지 전환정책〉이 완성된다는 2050년까지 얼마만큼의 국민 고혈이 더 지원금으로 퍼부어질 것인지 지켜볼 일이다.

62) Agora Energiewende, 2017. 46쪽.

4장

독일의 재생에너지 현황

독일의 재생에너지 산업에는 풍력, 태양광, 바이오매스, 수력, 폐기물 에너지 등이 있다. 특히 독일의 바이오매스 에너지는 발전량 기준으로 풍력에 이어 두 번째를 차지하는 중요한 분야이지만, 수력발전과 함께 우리나라의 지형, 자연환경 조건상 설치에 제약이 있기 때문에, 여기서는 풍력과 태양광을 중심으로 고찰하기로 한다.

1. 재생에너지의 발전 비중

전원믹스란 생산된 전력을 에너지원별 비중으로 나타낸 것으로, 〈그림 12〉는 1990년 이후 독일의 전원믹스의 변화를 나타내고 있다. 다양한 발전원으로 구성된 전원믹스에서 특히 2000년 이후 전원믹스의 중심축이 지속적으로 재생에너지 쪽으로 옮겨가는 것을 볼 수 있다. 또한 재생에너지의 확대 속도는 「재생에너지법」(EEG)에 규정된 것보다 훨씬 빠른 속도로 진행되고 있다. 원래 2020년까지 달성하려던 '총발전량의 30% 이상'이란 목표치를 이미 2015년에 넘어섰고, 재생에너지의 총 발전량은 2014년에 그동안 줄곧 1등을 차지하던 갈탄을 앞지르고 1위 자리로 올라섰다. 2017년에는 재생에너지의 전원믹스 비중이 36.1%를 차지함으로써, 2010년(17.0%) 이후 재생에너지 발전 비중이 2배 이상 증가되었다. 앞으로도 지금까지처럼 연평균 2.5%의 성장률을 유지한다면 「재생에너지법」에 제시된 2025년의 목표치인 '40~45% 이상'을 2020년에 조기 달성할 수 있을 것으로 전망된다. 〈연방네트워크청〉에 따르면, 독일 총 가구(약 4,000만 가구)의 약 22%

❙그림 12❙ 독일의 전원별 발전량 추이 1990년~2017년 (총발전량 기준, %)

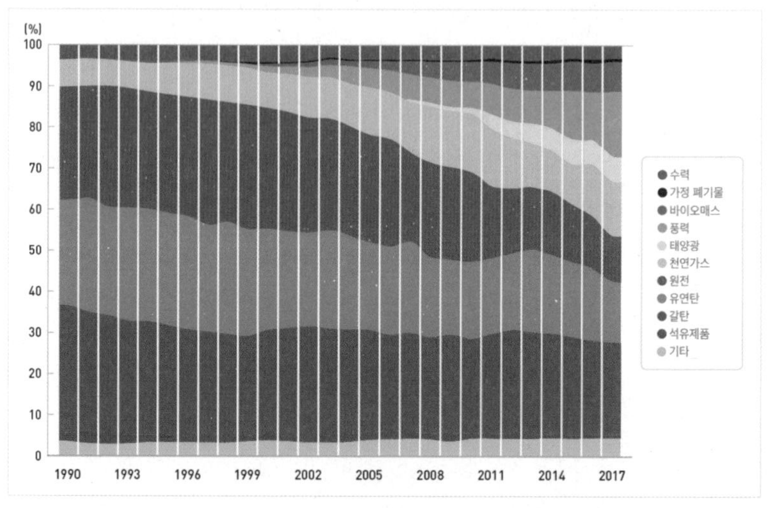

*출처: Erneuerbare-Energien-Gesetz, Wikipedia 참조

에 해당하는 880만여 가구가 재생에너지발전 시스템에 연결되어 있다. 현재 재생에너지 전기요금의 22%가 가정용 전기에서 발생하는데, 이 비중은 앞으로 계속 증가할 것으로 전망된다.63)

〈표 9〉에는 2017년 독일의 총 발전량과 순 발전량이 전원별로 제시되어 있다. 총발전량은 독일에서 생산된 전기에너지 전체를 말하고, 순발전량은 실제로 소비자가 사용한 전력을 말한다. 우선 총발전량과 순발전량 사이에 107TWh라는 큰 차이가 있다는 사실에 주목해야 한다. 최소한 이만큼의 잉여(剩餘)전력이 발생했다는 것이고, 실시간 출력된 발전량과 실제 사용된 전력량(需要負荷) 간의 미스 매치는 이보다 훨씬 더 클 것으로 짐작할 수 있다. 실제 수요를 나타내는 순 발전량은 2017년 548TWh로 전년 대비 0.9% 증가한 숫자다. 이 중에서 원

63) 독일가구수: statista, 2017; BNA/Bundeskartellamt, 2017, 252쪽

전, 갈탄·유연탄 발전 및 가스발전이 순 발전량의 61.5%, 그리고 재생에너지가 38.5%를 차지했다.

공공전력 계통에 유입된 재생에너지의 순 발전량은 2017년 총 210TWh로 전년(181TWh) 대비 16.1% 증가한 양이다. 이러한 증가는 설비 확대와 기상 여건, 특히 일조(日照)시간 증가로 태양광 발전이 기대 이상의 성과를 낸 덕분이다.

증가율이 가장 큰 분야는 설비가 대폭 증가한 풍력발전으로서 사상 처음으로 100TWh를 넘었고, 2017년 한 해에만 33%증가했다. 이

❙ 표 9 ❙ 독일의 전원믹스 (2017년)

에너지원		총 발전량 기준		순 발전량 기준			
		10억 kWh (TWh)	비중(%)	10억 kWh (TWh)			비중(%)
원전 및 화석연료 에너지	갈탄	148	22.6	134	40%	100%	24.4
	유연탄	94	14.4	83	25%		15.2
	천연가스	86	13.1	46	14%		8.4
	원전	76	11.6	72	21%		13.2
	석유제품	6	0.9	-	-		-
	기타	28	4.3	-	-		-
	합계	*438*	*66.9%*	*335*			*61.5%*
재생 에너지	풍력 육상	87	13.3	104	49%	100 %	18.8
	풍력 해상	18	2.8				
	수력	20	3.0	21	10%		4.0
	바이오매스	46	7.0	48	23%		8.7
	태양광	40	6.1	38	18%		7.0
	가정용폐기물	6	0.9	-	-		-
	합계	*217*	*33.1 %*	*210*			*38.5%*
합계		655	100 %	548			100%

*출처: Fraunhofer ISE, AGEB e; Strom Report Deutschland

로써 독일에서 풍력은 갈탄 다음으로 발전량이 많은 제2의 전원이 되었다. 풍력발전량이 최대치를 기록한 2017년 10월과 12월에는 갈탄발전보다 28%나 많은 양을 발전했다. 재생에너지에서 차지하는 비중도 육상과 해상 풍력은 도합 49%로 가장 높았다.

2위는 48TWh를 생산한 바이오매스(biomass)이다. 바이오매스는 재생에너지원 중에서 발전 출력량과 시점을 통제할 수 있다는 장점이 있지만, 농작물 경작지가 에너지 작물 재배로 전환됨에 따른 다양한 부작용도 나타나고 있다.

그동안 가장 많은 FIT 지원금이 쏟아져 들어간 태양광 발전은 38TWh로 전체 전원믹스에서 7%를 차지했다. 수력발전도 약 2TWh가 증가한 21TWh를 생산했다. 그러나 독일도 지형 여건 때문에 수력발전의 확대에는 한계가 있다.

재생에너지의 증가와 함께 기존 발전소의 발전 비중은 계속 줄고 있다. 가장 큰 감소는 원전이다. 2017년 원전은 전년 대비 10%나 감소한 72TWh로 전원 믹스의 13.2%를 차지했다. 2017년 12월 31일자로 1.2GW의 군트레밍엔 B호기가 폐쇄되었기 때문에, 2018년에는 더 줄어들 것이다. 2017년 6기의 유연탄 발전소가 폐쇄된 탓에 유연탄발전량도 전년 대비 16% 감소하여 83TWh에 그쳤다. 가스발전의 비중은 2017년에는 전년 대비 소폭(1.3%) 줄었지만, 2016년에 큰 폭으로 증가했다는 사실에 주목해야 한다. '기후온난화를 초래하는 CO_2배출 감축'이라는 〈에너지 전환정책〉의 기본 목적을 달성하려면 석탄발전보다는 가스발전 비중을 늘리는 것이 바람직함에도 불구하고, 그동안 독일에서 가스 발전은 계속 답보 상태를 면치 못했다. 그러다가 2016년 78.5TWh를 생산하여 전년 대비 26.6%나 증가한 것이다. 이처럼 갑자기 가스발전 비중이 증가한 것은 독일 정부가 특별한 정책을 시행해서도 아니고, 또한 갑자기 환경 의식이 강화돼서 그런 것도 아니다. 오로지 국제 천연가스 가격이 큰 폭으로 하락하였기 때문이다. 우리나라처럼 천연가스를 전량 수입해야 하는 독일에서도, 가스발전은 국제가격 인하로 석탄발전보다 발전 원가가 낮아지면 발전량이 늘고, 반대로 가격이 인상되면 발전량은 주는 등 국제 가스가격에 따라 왔다 갔다 한다. 다시 말해, 앞으로 가스가격이 인상되면 즉각 다시 갈탄이나 유연탄발전으로 옮겨갈 수밖에 없다는 말이다.

끝으로, 독일 국내에 엄청난 매장량을 자랑하는 갈탄 발전은 전년 대비 0.5% 줄기는 했지만 134TWh의 발전량으로 독일 전원믹스의 24.4%를 차지함으로써 2017년에도 부동의 1위 자리를 지켰다.[64]

2. 독일의 태양광 발전

태양광 산업은 독일에서 〈에너지 전환정책〉이 시행되던 초기에 가장 각광을 받았던 재생에너지원이다. 무엇보다 「재생에너지법」상 가장 많은 지원금이 보장되다 보니 불리한 기후여건 등과 상관없이 2013년까지 재생에너지원 중에서 가장 많은 투자가 집중되었다.

현재 160여만 개의 패널에서 발전된 태양광 전기는 독일의 전원믹스의 약 7%를 차지하고 있다. 그러나 2014년 법 개정으로 재생에너지 지원제도가 일정 규모 이상의 신규 태양광사업부터 공개경쟁입찰방식으로 바뀌면서 급속도로 열기가 식는 양상이다.

2017년 공개경쟁입찰제도가 10MW 이상 중형설비까지 확대 적용

64) Strom-Report Deutschland, 2017, 3쪽

되자 2000년 kWh당 50센트, 2004년 57.4센트까지 올라갔던 태양광 모듈의 「재생에너지법」 기준가격은 2017년 2월 초 입찰시 6센트/kWh까지 떨어졌다. 태양광 분야의 투자규모 역시 2010년 194억 유로(약 25조 2,200억 원)를 정점으로 2016년에는 15억 8천만 유로(약 2조 540억 원)로 급격히 감소되었다. 기술 발전 등으로 패널 가격은 분명히 인하되는데도 지원금이 줄어드니 투자자들이 나서지 않기 때문이다. 이런 현상만 보더라도, 재생에너지에 대한 지원금이 없다면 태양광 발전은 시장에서 살아남을 수 없다는 것을 알 수 있다.

▎표 10▎ 태양광 및 풍력 발전 실태

	태양광	풍력		
설비용량	158만개 패널	28,217개	육상	27,270개
			해상	947개
	41 GW	50 GW		
발전량	38 TWh	80 TWh①		
	5.9%	12.3%		
국민1인당 발전량	502 W	604 W		
신규설비(2016년)	1.5 GW	5.4 GW		
투자비 (유로)	15억 8천만	91억 8천만②	육상	65억 7천만 유로
			해상	26억 1천만 유로
㎢ 당 최고효율	164.9 kW	-		
고용인원(2015년)	31,600명	142,900명③	육상	122,400명
			해상	25,000명
CO_2감축	2,450만 톤	7,120만톤		

① 독일 전체 가구(4,000만 가구)의 절반을 넘는 2,280만 가구의 전력수요에 해당
② 2016년 재생에너지 전체 투자비는 142억 유로로, 이중 풍력설비 투자 비중 64.8%
③ 지난 10년간 풍력산업 고용 74% 증가
*출처: STROM-REPORT.DE 2016, 2017; BWE(Bundesverband Windenergie), 2017 등을 토대로 작성

3. 독일의 풍력 발전

풍력발전은 발전량 기준으로 재생에너지원 중에서 제1위 자리를 굳건히 지키고 있다. 특히 독일 북부지역과 북해(Nordsee)는 풍력발전에 유리한 풍속 조건을 갖추고 있다고 한다. 지금까지 발표된 설치 계획들을 종합해 볼 때, 2025년까지 총발전량의 40% 목표는 무난히 달성할 수 있을 것으로 전망된다. 독일은 풍력 터빈 설치에서 시장점유율 10%로 세계 3위를 기록하고 있다. 1위는 시장점유율 43%의 중국이고, 2위는 15%의 미국이다. 유럽만 놓고 보면 독일은 32.5%의 점유율로 유럽 최대의 풍력발전 국가이다.

2017년 〈공개경쟁입찰제도〉 도입을 앞두고 2016년에 또 한 번 풍력터빈 설치 붐이 일어 2015년 대비 25%나 증가했다. 그에 따라 풍력발전량은 2016년 6개월 간 원전의 발전량을 앞질렀으며, 2월에는 유연탄 발전보다도 많았다. 현재 독일에 설치된 풍력설비 용량 50GW는 오스트리아의 모든 발전용량을 합한 것보다 많을 정도로 엄청난 증가세를 보였다.

풍력발전 산업에서의 기술발전도 빠르게 진행되고 있다. 설비 최적화를 위한 다양한 기술들도 개발 중이다. 예컨대, 터빈 날개의 직경도 커지고 높이도 높아졌으며, 한 개당 발전용량도 크게 증대되었다. 최신형 터빈 중에는 고드름 방지를 위해 터빈 날개에 난방장치가 된 것도 있고, 바람의 속도에 따라 자동으로 켜지거나 꺼지고, 발전량 조절을 위해 터빈의 날개가 알아서 방향을 바꾸도록 설계된 것도 있다.[65]

이러한 상황을 투자와 비용의 관점에서 보자면, 풍력분야의 기술 발전이 빠르고 다양한 만큼 엄청난 연구 개발비가 투자되어야 하고, R&D의 리스크도 매우 크다는 것을 의미한다. 기술의 수명주기가 단축되고 제품의 기술적 노후 속도가 빨라짐에 따라 기기의 빠른 세대 교체가 불가피하며, 이는 결국 투자수익률의 대폭 감소로 이어진다. 10~15년에 불과한 풍력터빈의 수명주기를 감안하면, 석탄발전소 한 기가 건설 운영되는 동안 풍력터빈은 서너 번이나 교체되어야 하기 때문이다. 독일의 경우 풍력발전은 태양광에 비해서는 상당히 효율이 높아서 연 평균 가동시간이 1,477시간으로 조사되지만, 이는 원전 및 화석연료발전소 가동률에 비하면 1/6 수준에 불과하다. 여전히 설비 이용률이 매우 낮다는 것으로 이 역시 투자수익률을 떨어뜨리는 요인이다.

풍력은 발전량의 편차가 매우 크다. 그리고 기상 여건 때문에 주로 독일 북부 지역에 설치돼 있다 보니 북부의 풍력 전기를 수요가 있는 독일의 남부 지역으로 전송하는 것이 큰 과제이다. 독일 정부는 대규모 송전 선로 건설계획을 수립했지만, 주민 수용성 문제와 인허가 등의 행정 소요시간, 그리고 막대한 비용 때문에 지지부진한 상황이다.

그럼에도 독일 정부는 노르트제(Nordsee: 북해)에 45GW의 해상풍력단지를 추가로 조성할 계획이다. 해안가에서 10km 정도에 설치되는 영국이나 덴마크와 달리, 독일의 해상 풍력단지는 50~100km 떨어진 먼 바다에 조성되다 보니 수심도 깊고 극복해야 할 기술적, 경제적

---

65) 터빈 날개의 지름은 2,000년 58m에서 현재는 평균 109m로 2배 이상 커졌고, 높이도 2,000년 71m에서 128m로 높아졌다. 터빈 한 개당 발전용량도 2~3MW급에서 업그레이드 되어 현재는 최소 3~5MW급이 보급되고 있다.

난관도 더 많다.

〈그림 13〉에서 보듯이, 노르트제의 해상 풍력단지는 4개의 대형 클러스터로 조성되며, 클러스터 중심에 설치된 전력계통 접속 포인트에서 해저케이블과 연결된다. 해상 풍력의 설비 이용률이 육상 풍력이나 태양광에 비해 높은 것은 사실이지만, 설치비용이 보통 육상 터빈의 최소 2배 이상이고, 무엇보다 수요지까지의 전송에 엄청난 송전망이 건설되어야 하기 때문에 막대한 투자비용이 요구된다.

풍력단지와 송전망 사업 등이 동시다발적으로 진행되면서 자금난이 가중되는데다, 초대형 클러스터를 해상에 구축하는 초유의 프로젝트이니만큼 기술적 리스크도 적지 않다. 실제로 지멘스가 해상 풍력 플랫폼 건설에 뛰어 들었다가 기술적인 실패로 수 억 유로(수천억 원)를 날린 후 사업에서 철수한 바 있다.[66]

따라서 민간사업자들은 자발적 투자는 고사하고, 정부가 수익률을 보장해 주어도 적극 나서지 않는 형편이다. 송전선로 건설사업의 경우, 독일 정부가 세전 9.29%의 수익률을 보장해 준 끝에 겨우 투자를 유치했다고 한다.[67]

해상 풍력단지와 연결되는 송전케이블이 갯벌 등 자연보호구역을 통과하다 보니 주민들과의 갈등도 해결해야 한다. 또한 해상 풍력터빈을 유지 보수하기 위해서는 특수선박과 특수 항만 시설이 필요하다면서, 노르트제 연안의 지자체와 선박업자들이 정부에 선박 및 항만 개조비용과 운영비용을 요구하고 나섰다.

---

66) Roth, 2013; Sauga (Spiegel Online), 2014.4.8.
67) Berberich(Focus Online), 2011.11.28; Beppler, 2013, 48쪽. 현재 독일 북부 지역의 송전망 독점 사업자인 네덜란드 공기업 텐네트(Tennet)사가 노르트제의 풍력단지를 육지로 연결하는 8개의 송전선로 사업을 추진 중이다.

▌그림 13▌ 독일의 해상풍력단지 (노르트제와 오스트제)

*출처: Stiftung Offshore-Windenergie

*그림: 독일 노르트제(Nordsee)의 해상풍력단지 Global Tech 1;
독일 오스트제(Ostsee)의 해상풍력단지 Baltic 1[68]

---

68)

풍력단지 예	위치	운영사	면적	설비용량	터빈 개수	건설비 (유로)	건설기간
Global Tech 1	노르트제	OffshoreWind	약 41㎢	400MW	80개	1억7,500만	2006.5.24.~2015.9.2
Baltic 1 (독일최초)	오스트제	EnBW	약 7㎢	48.3MW	21개	2억	2010.7 ~2011.5.2

이처럼 해상 풍력은 총체적으로 얼마나 많은 비용과 시간이 들어갈지 누구도 장담할 수 없는 프로젝트이다. 반면에 정부가 해상풍력사업자들에게 지나치게 많은 특혜를 주고 있다는 비판도 쇄도한다. 2018년에야 가동을 시작하는 해상 풍력단지들은 초기 8년 동안 2017년 개정 「재생에너지법」 이전의 유리한 FIT 기준가격인 20센트/kWh를 보장받는데다 해상 풍력단지 완공 후 송전망이 미처 건설되지 못해 발전을 못할 경우, 정부가 〈해상 풍력발전 책임-부과금〉까지 약속했기 때문이다.[69)]

4. 장밋빛 환상에 그친 재생에너지 산업의 일자리 창출

일자리 창출은 어느 나라에서든 매우 중요한 국민경제적 목표다. 특히 기술과 자본 중심의 경제 패러다임으로 고용 없는 성장이 일상화 되다 보니 세계 각국 정부는 일자리 창출에 사활을 걸고 있다. 〈그림 14〉의 홍보 포스터에서 볼 수 있듯이, 독일 정부도 〈에너지 전환정책〉을 추진하면서 가장 앞세운 논리가 바로 재생에너지산업의 일자리 창출 잠재력이 엄청나다는 것이었다. 특히 〈에너지 전환정책〉의 시행 초기에 독일 정부는 재생에너지 산업은 '잡-엔진'이 될 것이며, 일자리 1백만 개가 만들어질 것이라는 장밋빛 전망들을 쏟아냈다.[70)]

---

69) 공개경쟁입찰제도가 도입된 후 최근의 풍력단가는 kWh당 8.5센트 수준. Prognose AG, 2017
70) Wendt, 2014, 6쪽

▎그림 14▎ 독일 정부의 재생에너지 홍보물 (2015년)

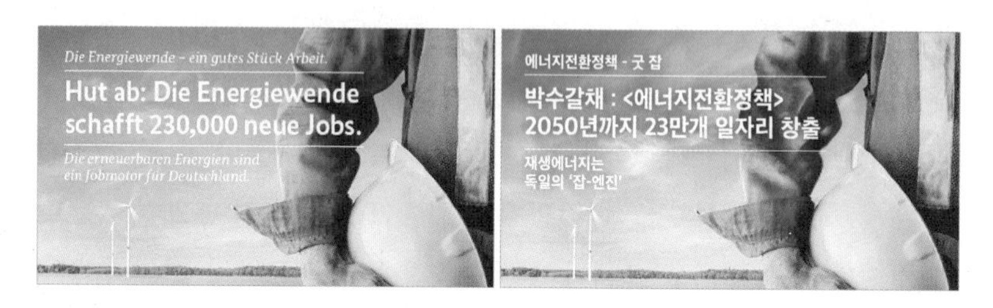

*출처: 독일 연방경제 · 에너지성(BMWi)

그렇다면, 지난 20여 년의 〈에너지 전환정책〉으로 실제로 얼마만큼의 일자리가 창출되었는지, 정부가 약속한 대로 재생에너지 산업이 고용창출의 엔진 역할을 했는지 살펴보도록 하자.

〈그림 15〉를 보면, 재생에너지 관련 일자리는 재생에너지 정책 시행 초기부터 2012년까지는 증가세를 보이다가, 이후에는 감소세로 돌아선 것으로 나타난다. 특히 태양광 산업은 매우 드라마틱한 반전을 보인다. 정점이던 2011년 재생에너지 분야의 일자리 중 38%(145,000명)를 차지하던 태양광 산업은 2016년에는 전체의 13%(45,200명)로 줄었다. 그동안 막대한 정부지원금이 쏟아져 들어간 태양광 산업의 이러한 반전은, 정부가 세금으로 만든 일자리는 지원금이 없어지는 순간 함께 사라진다는 것을 여실히 보여준다.

한때 전 세계 시장의 20% 이상을 차지했던 독일의 태양광 산업은 2000년대 초 중국의 태양광 산업이 등장한 후 급속도로 경쟁력을 상실했다. 2012년부터 2014년 단 2년 동안에 태양광 패널 제조업의 일자리는 반 토막이 되었다. Conergy, Solon, Q-Cells 등의 회사들이 도산하면서 10,200명의 일자리가 함께 사라졌던 것이다. 이 인원은 2014년에는 5,000명 미만으로 준 것으로 조사되었다.[71]

▌그림 15▌ 독일 재생에너지 산업의 일자리 추이

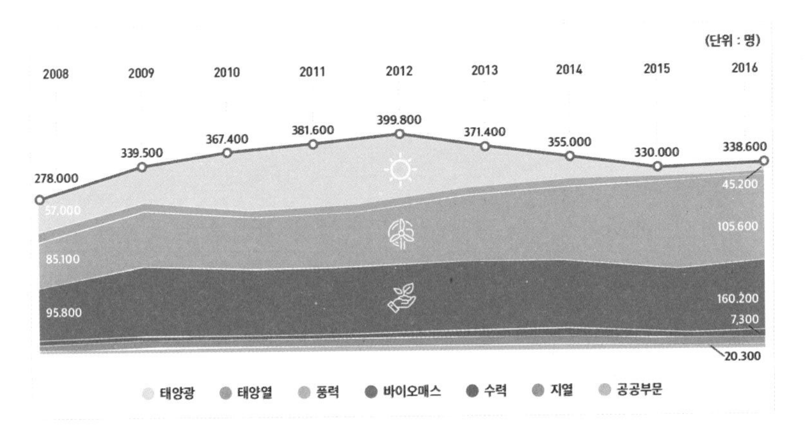

*출처: STROM-REPORT.DE

한편 〈에너지 전환정책〉의 고용효과는 재생에너지 산업에서의 일자리 증가만 가지고 판단할 수는 없다. 막대한 정부투자와 정책지원금이 집중되는 마당에 재생에너지 분야의 일자리가 느는 것은 당연한 일이며, 원전이나 석탄발전 분야 등에서 감소하는 일자리 등 국민경제적 차원에서 고용의 순증(純增) 효과가 있는지를 따져 보아야 정확한 판단이 가능하다.[72] 예컨대 〈에너지 전환정책〉의 직격탄을 맞은 원전이나 화석연료 발전소에서 감축되는 일자리만 해도 수 만 개가 넘는다. 2000년 101,480명이던 유연탄 산업(광업+발전) 근로자 수는 2016년 11,485명으로 거의 90%가 줄었다. 갈탄발전소 역시 같은 기간 31,400명에서 19,400여 명으로 줄었다.

---

71) NNoN, 2014

72) 국민경제적 차원에서의 일자리 순증효과 분석에는 대체효과(代替效果)와 소득효과(所得效果)를 감안해야 한다. 원전 및 석탄발전 분야 등의 고용감축이 대체효과라면, 소비자와 기업이 부담하는 전기요금이 높아지면서 소비자의 구매력 감소 또는 기업 경쟁력이 감소하는 효과가 소득효과이다. 이 밖에도 재생에너지에 투자된 돈이 다른 산업에 투입되었을 경우의 기회비용(機會費用)도 고려되어야 한다.

독일경제연구소(DIW Econ)가 국민경제적 관점에서 재생에너지 산업의 고용창출 효과를 분석한 자료들을 살펴보면(〈그림 16〉 참조), 2020년까지 〈에너지 전환정책〉으로 인해 매년 평균 약 18,000개의 신규 일자리가 창출된다고 추정했다.[73] 이 숫자는 독일 전체 경제활동인구(약 4,300만 명)의 1%도 안 되는 극히 미미한 규모다. 같은 보고서에서 〈연방경제 · 에너지성〉은 재생에너지 산업의 경기부양 효과를 144억 유로(약 18조 7,200억 원)로 추산했다. 이 중에서 재생에너지 설비 제작, 운영 및 유지보수 부문의 경기부양 유인효과는 78억 유로(약 10조 1,400억 원)로 분석됐다. 재생에너지 설비 구축에만 20여 년 가까이 매년 200억 유로(약 26조 원) 이상을 현금 지원하는 것을 감안하거나 에너지 전환비용이 눈덩이처럼 불어나는 것을 감안할 때, 이는 너무 초라한 성적표라는 생각을 지울 수 없다.

▎그림 16 ▎ 독일 에너지 전환정책의 일자리 순증 효과 (2014~2020년)

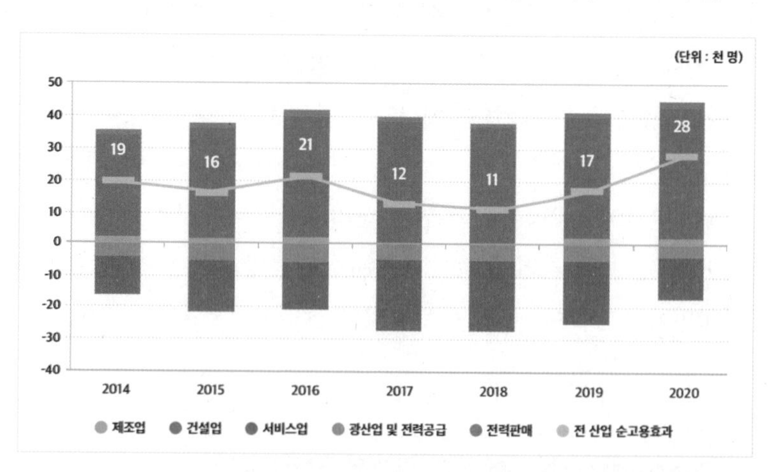

*출처: DIW Econ: BMWi (2014), GWS, Prognos 및 EWI (2014)

73) Wolf, 2015; Eisenring, 2017; BWE, Deutsche Messe 참조

이처럼 재생에너지 산업이 정부가 기대한 것만큼 '잡-엔진' 역할을 하지 못했다는 사실과 함께, 더욱 주목해야 할 관점은, 국민경제적 관점에서 볼 때 발전산업의 노동생산성을 현저히 낮추는 결과를 가져왔다는 사실이다.

2016년 총 발전량의 약 30%를 차지하는 재생에너지 산업에서 33만 8,600명이 일했다면, 70%의 전력생산을 담당한 원전 및 화석연료 발전 분야는 35만 명이 해냈다. 단순 어림잡아도 재생에너지 산업의 생산성은 절반에도 못 미친다. 2016년 아직 태반이 전력생산을 시작하지도 않은 해상 풍력에 일자리가 27,200명이었는데, 유연탄 산업에서 11,840명, 갈탄 산업에서 19,413명이 재생에너지 전체보다 많은 전력을 생산했다. 과연 이런 식의 고용 창출을 정말 〈에너지 전환정책〉의 성공 요인으로 꼽아도 좋은지 의문이 생길 뿐이다.

마찬가지로 재생에너지 산업의 일자리가 과연 고부가 가치의 좋은 일자리인가도 중요한 포인트다. 재생에너지 산업의 일자리로는 태양광 패널, 풍력 터빈 등의 제작과 시공, 운영과 유지·보수 업무 등 직접적인 일자리가 있고, 자금조달이나 대출업무 등 은행이나 변호사, 보험회사들의 업무도 늘어난다.

그러나 특히 재생에너지를 지원하는 행정업무와 감독·규제업무로 인한 공무원 숫자가 늘어난다. 항상 관치가 늘면 관료들 숫자만 늘게 마련이고, 공무원 수는 한 번 늘어나면 다시는 줄지 않는다. 이와 같이 재생에너지의 일자리가 대부분 로-테크(Low-Tech)라는 지적과 함께, 독일 정부도 재생에너지 일자리의 70%가 지원금과 관련된 일자리, 즉 세금 일자리라고 실토한 바 있다.[74]

---

74) Wetzel(DieWelt), 2014

정리하자면 독일에서 재생에너지 부문의 일자리 창출 효과는 당초의 기대만큼 크지 않다는 게 정설이다.[75] 재생에너지 사업이 '잡-엔진'이 되어 엄청난 일자리가 만들어질 것이라던 정부의 장밋빛 슬로건도 더 이상 찾아보기 힘들다. 독일 정부가 매년 발간하는 〈통계로 본 에너지 전환정책(Energiewende in Zahlen)〉이라는 홍보물에서도 고용통계가 사라졌다. 한술 더 떠서, 이제는 재생에너지 산업의 일자리를 보존하기 위해 〈에너지 전환정책〉을 고수해야 한다는 적반하장식(賊反荷杖式)의 주장이 나오고 있는 실정이다.

그러나 정부가 국민 혈세를 들여 만든 일자리는 지원금이 없어지는 순간 함께 사라진다는 것을 특히 독일의 태양광 산업이 생생하게 보여준다. 고부가 가치의 좋은 일자리를 창출하고 유지하기 위해서는 재생에너지 설비 확대로 인해 신기술이나 혁신이 촉진되느냐가 매우 중요한 관점인데, 통계에 따르면, 재생에너지 분야의 일자리 중 R&D 인원은 고작 2%에 불과하다.[76] 단순히 설비확대에 현금을 쏟아 붓는 지원방식으로는 혁신을 촉진할 수 없다는 것이 입증된 셈이다.

결론은 매년 수백억 유로의 엄청난 정부 지원금이 투입되는 만큼 재생에너지 부문의 일자리는 당연히 명목상 증가는 하겠지만, 다른 분야에서의 소비감소와 투자감소로 인한 경제활동 위축, 전기요금 인상에 따른 구매력 저하와 기업경쟁력 감소 등의 기회비용(機會費用)을 종합적으로 고려할 때, 재생에너지 산업이 엄청난 일자리 창출을 할 것이라는 기대는 장밋빛 환상에 불과하다는 게 현실이다.

---

75) Wolf, 2015; Ockenfels/Wambach, 2015; Eisenring, 2017; Krause, 2017
76) Wetzel(DieWelt), 2014

5. '에너지 전환' 없는 〈에너지 전환정책〉

독일의 전력수요는 발전량 기준으로 시간당 최대 80GWh에서 최저 수요인 40GWh 사이에서 움직인다. 2017년까지 독일에 구축된 재생에너지 총 설비용량이 약 113GW(태양광 43GW, 풍력 56GW, 기타 13GW)라고 하니, 이미 재생에너지 설비만으로도 독일의 기본적 전력수요를 모두 감당하고도 남을 만큼의 능력을 갖춘 셈이다. 그렇다면 기존 발전소를 재생에너지로 대체한다고 했던 〈에너지 전환정책〉의 약속에 따라 원전은 물론이고 석탄발전소나 가스발전소들까지 모두 없애야 하는 것 아닌가?

그러나 실상을 보면 전혀 그렇지 못하다. 〈그림 17〉에서 볼 수 있듯이, 재생에너지의 설비용량이 가히 폭발적으로 증가하고 있음에도 불구하고 화석연료 발전소의 설비용량은 재생에너지 증가분만큼 감축

▌그림 17 ▌ 독일 발전설비용량과 총 발전량의 추이

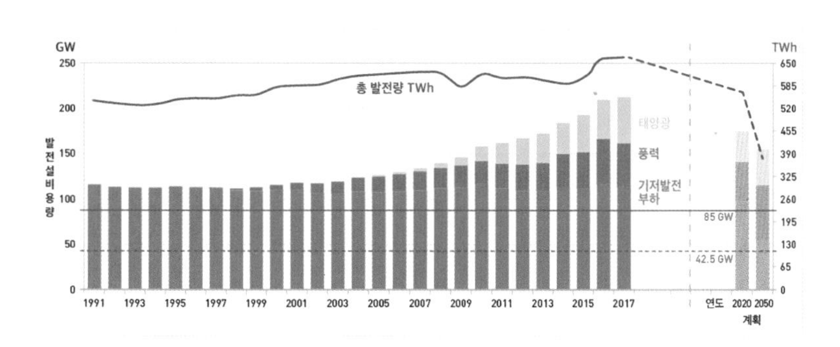

*출처: BMWI-Energiedaten, Strom-Report.de 토대로 보완

되지 못하고 있다. 재생에너지 증가분만큼 감축되기는 고사하고 〈그림 17〉에서 거의 변하지 않는 자주색 막대그래프의 높이가 말해 주듯이, 1991년부터 2017년까지 화석연료 발전 설비 용량은 큰 차이가 없다. 게다가 정부의 계획 자체가 2020년에는 물론이고 〈에너지 전환정책〉의 완성 시점인 2050년에도 화석 발전소의 설비 비중을 35% 이상 유지한다는 것이다.

〈그림 17〉에서 주목해야 할 또 한 가지 매우 중요한 사항은 〈에너지 전환정책〉이 '완료'되는 시점인 2050년 발전 설비용량의 대폭 감소가 계획되어 있다는 점이다.

계획대로라면 이미 2020년에 상당한 규모의 설비용량이 감축되어야만 한다. 이러한 설비용량의 감축은 2050년까지 발전량을 50% 감축한다(2050년=337TWh)는 독일 〈에너지 전환정책〉의 목표에 따른 것이다. 이 중에서 25%는 재생에너지 전력을 수입해서 충당하고, 나머지 25%는 에너지 효율화와 에너지 절약을 통해 달성한다는 계획이다.(〈표 13〉참조) 그러나 어떤 나라에서 25%나 되는 전기를 수입할 수 있을지 여부도 불명확할 뿐더러, 4차 산업혁명 등 에너지 집약적인 기술발전을 고려할 때, 전력소비가 감소한다는 목표 자체가 현실성이 없다는 게 에너지 전문가들의 평가다.

오히려 만일 이 계획대로 전력생산이 실제로 감축될 경우 독일이 세계 최고의 산업국가라는 위상을 지켜낼 수 있을지가 더욱 큰 우려 대상이다. 적어도 전력 다소비 기업들은 전기의 25%를 수입해서 쓰는, 게다가 전력 품질의 안정성이 전혀 보장되지 않는 재생에너지만 사용하는 나라에서 생산 활동을 지속하기는 어려울 것이라는 게 업계의 시각이다.

지금까지의 실상을 보더라도 독일정부의 계획과는 달리 전력소비는 전혀 줄어들지 않고 있다. 줄기는커녕 매년 증가세가 이어지고 있다. 2012년부터 매년 12~14개의 지표를 통해 독일 〈에너지 전환정책〉의 목표 달성률을 평가하고 있는 〈맥킨지 보고서〉에 따르면, 독일의 전력소비는 2017년에도 2016년의 593TWh에서 600TWh로 증가했다. 이는 2017년도 정부 목표치인 569TWh를 훨씬 상회하는 숫자이다. 전체적으로 전력수요 감축 목표의 계획 대비 달성률은 32%에 불과하여 매우 저조한 실적을 나타내고 있다. 지금대로라면 2020년에는 전력수요를 553TWh까지 낮춘다는 목표는 달성될 가능성이 전혀 없어 보인다.[77] 많은 전문가들은 애초부터 현실성도 실현가능성도 전혀 없는 25%라는 큰 폭의 전력수요 감축을 대전제로 설계되었다는 점 하나만 보더라도 독일의 〈에너지 전환정책〉은 실패할 수밖에 없다고 지적하고 있다.

그렇다면 재생에너지 설비가 증가하는 만큼 원전 및 화석연료 발전소들을 없애지 못하는 이유는 무엇 때문인가? 그 이유는 재생에너지의 설비용량과 발전출력이 아무리 증가하더라도 '햇볕도 바람도 없는 날'에는 전력 부족사태, 최악의 경우 전력생산이 '0'가 되는 상태를 막을 수 없기 때문이다.

반대로 기상여건이 좋은 날에는 쓰고도 남을 만큼의 재생에너지가 생산되지만, 전기의 저장기술이 없는 상태에서 남아도는 전기를 처리하는 것이 오히려 골치 덩어리다. 전력의 부족상태도 문제지만, 잉여전력도 블랙아웃을 촉발할 수 있기 때문이다. 이러한 전력 수급의 불균형을 해결하고 전력계통의 안정성을 유지하기 위해서는 인위적 통제가 가능한 원전과 화석연료 발전소가 반드시 유지되어야만 한다. 그래서 태양광 패널과 풍력 터빈이 아무리 많이 증축되더라도 석탄이나

77) Vahlenkamp 등, 2018

가스 발전소를 없애지 못하는 것이다.

이런 관점에서 재생에너지 발전량을 총량적으로 고찰하는 것은 상당한 문제가 있음을 지적하지 않을 수 없다. 원전이나 석탄발전소, 가스발전소 등 기존의 발전소들은 설비 가동률이 높고 인위적인 통제와 계획이 가능하기 때문에 설비의 정격(定格) 용량과 실효(實效) 용량을 딱히 구분할 필요가 없다. 설비의 정격 용량이 그대로 실효 용량으로 이어지기 때문이다.

그러나 발전량과 발전 시점을 인위적으로 조절할 수 없는 재생에너지는 발전 총량이 많다고 해서 무조건 좋아할 게 아니라, 발전된 시점과 발전량이 수요의 시점과 수요량에 정확하게 일치하느냐를 따져봐야 한다. 재생에너지는 1년에 발전 총량이 얼마가 되든, 날씨에 따라 전력이 수요를 충당하고도 남는 경우도 있지만 반대로 모든 설비들이 전혀 가동되지 않는 경우도 허다하다. 그런데 한 순간에 전력이 남아도는 것이나 다른 순간에 전력이 부족한 것 모두 전력계통의 부하(負荷) 유지에는 치명적인 위험 요소이다.

물론 전력이 석탄이나 가스처럼 저장해놓을 수 있는 것이라면 이 문제는 완화될 수 있다. 그러나 아직까지 전력의 경제성 있는 저장 기술이 없다는 게 문제의 핵심이다. 그러다 보니 전력계통 안정성 확보의 절대적 전제조건인 정격 부하를 유지하기 위해서는 인위적 통제가 가능한 화석 발전소가 반드시 백업발전소로 유지되어야 하는 것이다.

여기서 다시 한 번 현황을 되짚어 보면(〈표 9〉 참조), 독일은 2017년 총 202GW의 발전설비를 보유했고, 이 중에서 원전 및 화석연료발전소가 106GW로 53%, 재생에너지가 나머지 47%를 차지한다. 설비 측면에서는 원전 및 화석연료 발전소와 재생에너지가 거의 비슷한 수준이지만, 발전량은 전체 655TWh 중에서 원전 및 화석연료 발전소가 67%인 438TWh를, 그리고 재생에너지가 33%인 217TWh를 생산해서 여전히 원전 및 화석연료 발전소가 전력 공급의 주축을 담당하는 것으로 나타났다.

총량적으로 보면 재생에너지 발전 출력인 217TWh는 독일의 모든 가정용 전기 사용량을 커버하고도 남는 막대한 양이다.

그런데 여기서 한 가지 중요한 사실을 놓쳐서는 안 된다. 독일 최대 전력이 80GW 수준이고, 원전 및 화력의 설비용량이 106GW이므로, 재생에너지 용량을 제외하고도 예비율은 30% 이상이 된다. 이는 우리나라 전력수급계획의 기준예비율 22%보다 높은 수준이다. 그리고 독일의 순 전력수요는 어림잡아 연간 약 600TWh 수준인데, 원전 및 화석연료 발전소 106GW를 연 8,760시간 중 2/3만 가동해도 619TWh를 발전할 수 있다는 계산이 나온다. 즉, 현재 남아 있는 원전과 화석 발전소만 제대로 가동해도 독일의 연간 전력수요를 모두 커버하고도 남는 전력이 생산될 수 있다는 것이다.

더 직설적으로 말하자면, 지금 당장 독일의 모든 재생에너지 설비를 없애 버린다고 해도 전력수급에는 아무런 문제가 없다는 말이 된다. 더욱이 기저(基底) 발전소의 역할은 여전히 원전과 갈탄 및 유연탄 발전소가 담당하고 있다. 독일이 지난 20년 동안 재생에너지에 쏟아부은 막대한 돈과 노력이 무엇 때문이었는지 의아해지는 지점이다.

요약하자면, 거의 20여 년 가까이 재생에너지 분야에 엄청난 설비 투자와 지원금을 쏟아 부었음에도 불구하고 독일 전체의 전력수요를 충당하고도 남는 용량의 원전 및 화석연료 발전소가 여전히 유지되고 있다는 점에서, 사실상 '에너지 전환'은 전혀 이루어지지 못했다. 즉, 독일은 '에너지 전환' 없는 〈에너지 전환정책〉을 추진하고 있는 셈이다.

5장

독일의 전기요금

에너지 정책에서 환경 친화성과 안전성도 중요한 관점이기는 하지만 가장 중요한 것은 역시 전기 요금이다. 현대사회에서 전기는 쌀에 비유될 정도로 기본적 생활인프라일 뿐더러, 생산원가를 좌우하는 요소로 기업들의 경쟁력과도 직결되기 때문이다.

잘못 알려진 사실관계 때문이든 어떻든, 많은 국민들이 비용을 조금 더 부담하더라도 재생에너지를 수용하겠다는 선의를 가지고 있다 해도, 전기요금이 통제 불능으로 천정부지 솟구친다면 이야기는 달라진다. 산업과 문명의 기본 인프라인 전기요금이 인상되면 다른 모든 물가도 따라서 오르게 된다는 점에서 전기요금 인상의 최우선적 피해자는 항상 서민들이라 하겠다.

독일에서도 탈원전과 재생에너지 확대 정책으로 전기 소비자들이 막대한 비용을 부담하고 있다. 2000년 이래 전기요금은 2배 이상 인상되었고, 에너지 빈곤층은 매년 늘고 있다. 이에 관해 상세히 알아보기로 한다.

1. 독일 전력시장의 구조

독일 전기요금의 추이를 살펴보기에 앞서 전력시장 구조 개편에 관해 살펴볼 필요가 있다. 독일 전력시장의 구조 개편은 동서독 통일 후에 진행된 유럽통합 과정에서 회원국들의 서로 다른 전력시장을 하나로 결합하고, 게다가 소규모 분산형 발전 형태인 재생에너지의 확대에 따른 시장 주체의 다양화 등을 소화하기 위한 EU 통합정책의 일환

이었다.[78)]

1996년 유럽연합의 지침(996/92/EG)에 따라 회원국들의 '전력시장 자유화'가 의무화됐다. 발전과 배전을 분리하는 일명 상하분리 정책(unbundling)은 EU- 통합전력망 구축을 위한 전제조건으로, 회원국의 전력시장에 신규사업자의 시장진입 장벽을 제거하고 경쟁을 도입한다는 명분에서 추진되었다.

전력시장의 자유화는 전력 시스템에도 천지개벽 수준의 변화를 가져왔다. 상하분리 이전에는 대부분 국가 공기업 형태였던 하나의 운영주체가 발전, 송·배전, 판매에 이르기까지 전력산업의 가치사슬을 통합적으로 수행하였고, 안정적 전력공급에 대해서도 전적으로 책임졌다. 이러한 운영방식은 전력산업의 '자연 독점적 성향' 때문에 통합운영이 효율성 측면에서 더 유리했기 때문이다.

전력회사를 대부분 국가 공기업 형태로 운영한 것도 전력산업이 국가 기간산업으로서의 역할과 기능을 해야 하고, 발전소와 전력계통 건설 및 관리에 막대한 투자와 시간이 필요하며, 이를 위해 국가 차원의 계획과 조율이 필요하다는 인식 때문이었다.

❙그림 18❙ 독일 전력시장 자유화와 전력산업 가치사슬의 분화

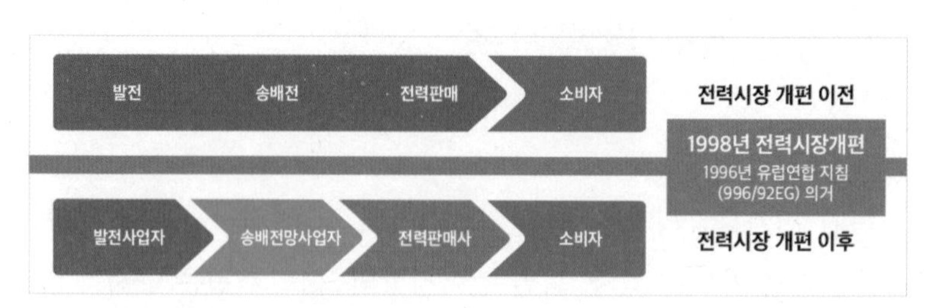

78) 우리나라에서 2000년 시행된 발전 산업을 분리하는 전력시장 구조개편은 유럽(영국) 모델을 상당 부분 벤치마킹한 것이다.

그러나 전력시장의 자유화 이후 전력의 생산에서 소비에 이르는 가치사슬의 전 단계에서 수많은 업체들이 경쟁하고 있다. 발전분야 통폐합 과정을 거치면서 2002년 말 이후에는 대형 발전사업자인 RWE, E.oN, Vattenvall Europe, EnBW 등 4개 회사만이 살아남았다. 이들 4개 대형발전사를 비롯하여 현재 300여 개의 발전사업자가 있는데, 대부분이 재생에너지 발전사들이다.[79]

계통사업 분야는 더욱 세분화되어, 2016년 말 현재 모두 887개 회사가 경쟁 중이다. 이 중에서 약 35,000km의 초고압 송전선로를 담당하는 송전망(ÜNB)사업자는 4개사이다. 암프리온(Amprion), 50헤르츠(50Hertz Transmission), 텐넷(TenneT), 트란스넷 바덴-뷔르템부르크(TransnetBW) 등 4개사가 지역독점 형태로 활동한다.

나머지 883개 회사는 광역 및 로컬망을 관리하는 배전망(VNB)사업자들로, 대부분이 전력시장 구조개편 이후 설립됐다. 이처럼 전력시장 자유화 이후 민간영역으로 넘어간 전력계통에 대한 감독과 규제, 그리고 송배전망 확충계획 등을 담당하는 기관이 〈연방경제 · 에너지성 산하〉의 〈연방네트워크청〉이다.[80]

유럽연합의 다른 회원국들과 비교해도 독일의 송배전망 시장은 지나치게 세분화되고 중소업체들이 난립하는 양상이다. 독일에서는 전기요금의 20~25%를 차지하는 계통 사용료가 전기요금 인상의 주범이라는 지적과 함께, 4개 송전사업자들도 하나로 통합하고, 특히 배전망

---

79) 4대 발전사가 전체 설비보유량의 73%(76.5GW), 총 발전량의 80% 이상을 차지한다. Grave 등, 2015

80) 〈연방네트워크청〉은 전력산업 뿐 아니라 민영화된 5대 네트워크 산업(전력, 가스, 통신, 우편 및 철도)에서의 경쟁 촉진을 담보하기 위해 설립됐다. 네트워크에 대한 공정하고 자유로운 액세스 보장을 비롯해, 계통사용료에 대한 규제와 승인 등이 주 업무이다.

시장에서도 통폐합을 통해 효율성을 높여야 한다는 비판의 목소리가 힘을 얻고 있다.

전력판매사 숫자도 1,100여 개에 달한다. 회사별로 전기요금도 천차만별이어서 일반 소비자들은 전문 컨설팅업체의 도움 없이는 선택에도 어려움을 겪고 있다. 상황이 이렇다 보니 실제로 독일 소비자의 50%가 전력판매사를 한 번 이상 교체한 경험이 있으며, 소수이긴 하지만 5번 이상 바꾼 경우도 있다고 한다.[81] 소위 에너지 신산업이라고 해서 수많은 컨설팅 회사들이 우후죽순으로 생겨나고, 재생에너지원에 대해 에코(Öko)마크를 발급해 주는 인증기관까지 생겼다. 기상에 따라 변화무쌍한 재생에너지가 확대되다 보니, 일기예보 정보를 제공하는 업체들이 상종가를 치고 있다.

과거에는 우리나라의 한전과 같은 하나의 회사가 발전, 송배전 및 판매와 소비에 이르기까지의 전 가치사슬을 총괄하면서 전력수급의 안정성과 전력품질을 보장했지만, 이제는 그런 역할을 하는 주체가 사라졌다. 〈연방네트워크청〉은 안정성을 감독하는 권한만 있을 뿐, 송배전계통 사업자들이 전력계통 관리와 부하관리의 책임을 떠맡고 있다.

하지만 과거에 하나의 회사가 총괄할 때와는 큰 차이가 있다. 과거에는 어차피 모든 기능을 총괄 수행하는 전력회사가 전력수요와 경제성에 의거해 시스템 최적화의 책임까지 졌다면, 지금은 발전사, 송배전사, 전력판매사들이 각자 독자적·독립적으로 활동하는 비즈니스 주체이다 보니 상호간에 유기적 연계나 조율 자체가 불가능하다.

각자의 이해관계나 비즈니스 목적도 완전히 달라서 전력의 생산에서 소비에 이르는 가치사슬의 최적화 자체도 어렵거니와, 특히 전력망

81) Statista1, 2017

의 안정성 확보는 더욱 어려운 과제가 되었다. 예컨대, 시장의 수많은 전력 판매사들은 전기가 어디서 얼마만큼 생산되는지, 소비자에게 연결된 송배전망에 부하(負荷) 여유가 있는지 등에 대해 알려고 할 필요도, 또 알 필요도 없다. 그들의 유일한 판단 기준은 수익성이고, 시장에서 그들의 역할은 전기를 판매하는 데 국한되어 있기 때문에, 전력망의 안정성에 신경 쓸 이유도 능력도 없다.[82)]

앞서 말했듯이, 독일의 전력시장 개편은 유럽통합의 산물로서 불가피한 것이었다. 전력시장의 자유화에 따라 다양한 시장주체들이 경쟁을 통해 효율성을 높이고 소비자에 대한 서비스를 개선한다는 장점이 있다고 하지만, 전기와 같은 자연독점 산업에서 매우 중요한 '규모의 경제효과'가 사라질 뿐 아니라, 무엇보다 계통 안정성의 유지비용이 높아져서 결국 비용상승과 전기요금 인상으로 이어질 수밖에 없다는 것이 독일의 경험에서도 드러나고 있다.[83)]

2. 가정용 전기요금의 구성요소

독일의 전기요금 고지서에는 전기요금 내역이 세세히 기재되어 있다. 〈그림 19〉는 2017년 연간 전기사용량 3,500kWh 이하의 가정용 전기요금의 구성 내역을 담고 있다. 발전원가, 계통사용료, 그리고 공과금이 전기요금을 구성하는 3대 요소임을 알 수 있다.

82) Köchy, 2017, 39~42쪽
83) von Roon 등, 2014, 21~22쪽

❙그림 19❙ 독일 가정용 전기요금 구성 내역 (2017년)

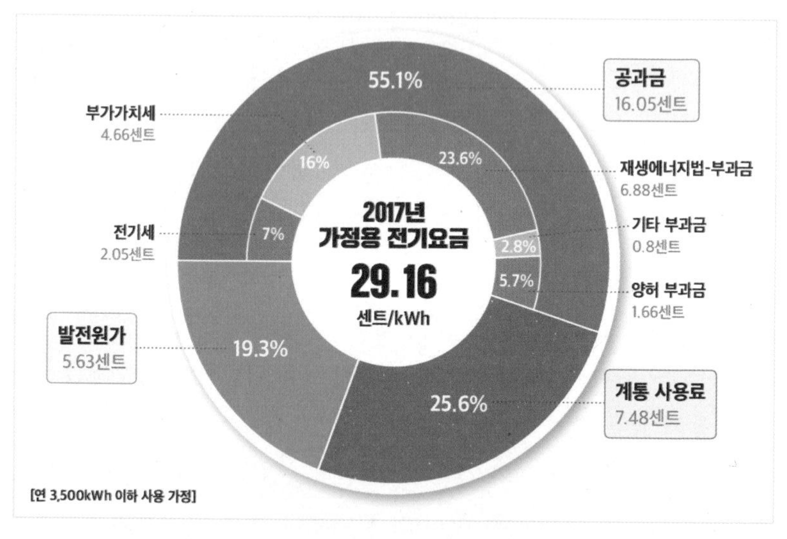

*기타부과금: 해상 풍력발전 책임보조금, 열병합발전소 보조금, 19조-부과금(40조 1항), 예비부하 부과금 등.

*출처: STROM-REPORT.DE

2017년 kWh당 29.16센트의 전기요금 중에서 발전 및 판매에 드는 비용인 발전원가는 5.63센트로 전체의 19.3%에 불과했다. 발전원가는 지난 10년 동안 27% 인하되었고, 지금도 인하 추세를 유지하고 있다. 송전사업자가 가져가는 계통사용료는 7.48센트로 25.6%를 차지했다. 계통사용료는 지속적으로 인상되는 추세로, 전기요금 상승을 주도하는 요인으로 지적되고 있다. 전년과 대비해서는 6.7%나 인상되었고, 지난 10년 동안 27% 인상되었다. 계통사용료의 인상 원인은 일차적으로는 재생에너지, 특히 풍력설비가 주로 독일 북부에 설치되어 있는 반면에 전력수요는 독일 남부에 집중되어 있어 엄청난 규모의 송전선로 건설이 요구되기 때문이다.

이처럼 증가하는 재생에너지 발전량을 흡수하기 위해 대규모의 송배전망을 건설해야 함에 따라 계통사용료의 증가가 불가피한 측면이 있다. 그러나 더 직접적인 원인은 발전량의 변동 폭이 큰 재생에너지 확대로 전력계통의 불안정이 심화되면서 이를 제어하는 데 드는 비용이 치솟기 때문으로 분석된다. 주파수와 전압을 정격(定格) 범위 내에서 유지하기 위하여 전력망에 개입하는 조치들을 의미하는 리디스패치(redispatch) 비용이 해마다 수억 유로에 달한다.[84)]

한편 재생에너지 전력 공급은 지역에 따라 차이가 있으며, 독일에서 전기요금이 전력 판매사에 따라 상당한 차이가 나는 이유 역시 대부분 계통사용료의 차이에 기인한다.[85)] 재생에너지 설비가 주로 시골이나 산간벽지에 설치되다 보니 송배전선로가 엄청나게 확충되어야 한다. 과거에는 인가가 없어 전력망이 아예 없었거나, 인구도 전력수요도 적어서 부하용량이 낮은 선로만 깔려 있던 지역까지 송배전망이 연결되고 개량되려면 전력망 건설비가 올라갈 수밖에 없다. 현재 송전사업이 독일 전역을 4개로 나눈 지역독점 형태로 운영되기 때문에, 전력망 구축비용도 지역별로 분담된다. 인구가 적은 지역일수록 일인당 더 많은 전력망 건설비가 배분되고 계통사용료가 더 비싸지는 구조에서 옛 동독 농촌지역의 부담이 가장 큰 것으로 나타난다.[86)]

나머지 55.1%가 공과금(公課金)이다. 세금과 공과금이 전체 전기 요금의 절반 이상을 차지하는 것이 매우 특이하고 이해하기 어렵기도 하

---

84) Strom-Report/Netzentgelte

85) 연 5000 kWh 이하 사용 가구의 전기요금은 지역에 따라 연 1,150유로~1,000유로 사이로 판매사에 따라 큰 차이가 난다.

86) Strom Report Deutschland, Netzentgelte, 2017; 「계통사용료현대화법」(NEMoG: Netzentgeltmodernisierungsgesetz)개정으로 2019~2023년에 걸쳐 단계적으로 계통사용료의 지역차등 부과제를 폐지키로 했다.

다. 많은 독일인들이 전기요금이 오를수록 재정수입이 느는 구조에서 가장 큰 수혜자인 정부가 전기요금을 인하하려는 의지가 있겠냐는 의혹을 제기하는 배경이다. 유럽 국가들 간의 전기요금 차이도 발전원가보다는 세금 및 공과금 차이에서 비롯된다. 세금 및 공과금의 비중은 유럽 평균이 32%인데, 덴마크가 57%로 가장 높고, 독일이 2위이다. 예컨대 영국의 전기요금에는 세금과 공과금 비중이 16%에 불과하다.

독일의 가정용 전기요금 중 공과금은 지난 10년 동안 78% 인상되었고, 독일에서 전력시장 민영화가 단행된 1998년에 비하면 294%, 즉, 거의 3배 가까이 인상되었다. 공과금 중에서 가장 큰 몫을 차지하는 것이 23.6%를 차지하는 〈재생에너지법-부과금〉이다. 이 밖에도 「재생에너지법」 규정에 따른 다양한 부과금 및 추가요금이 공과금에 포함되어 있다.

앞에서도 설명했듯이 「재생에너지법」에 따라 보전해 주는 부과금들이 계속 새롭게 발굴되고 있어 공과금의 인상과 전기요금 인상 추세 역시 지속될 것이라는 전망이다.

한편 재생에너지 지원금을 독일처럼 직접 전기요금에 부과하는 것이 요금체계의 투명성 측면에서는 더 바람직할 수도 있다. 우리나라에서는 재생에너지에 대한 보조금을 〈전력산업 기반기금〉(FIT)과 전력시장을 통하여 지출(RPS)하다 보니, 소비자들은 자신이 전기요금으로 지불하는 것 외에 추가되는 비용이 얼마인지 잘 알 수 없을 뿐더러, 어떤 항목에 얼마가 지원되는지도 전혀 알 수 없다. 따라서 언젠가 기금이 모두 고갈되어 소비자의 전기요금이 인상될 때까지는 소비자가 요금인상 요인을 전혀 눈치챌 수 없다는 점에서 또 다른 국민 기만행위가 될 수 있음을 지적하고 싶다.

▎그림 20▎ 가정용 전기요금 3대 구성요소 추이

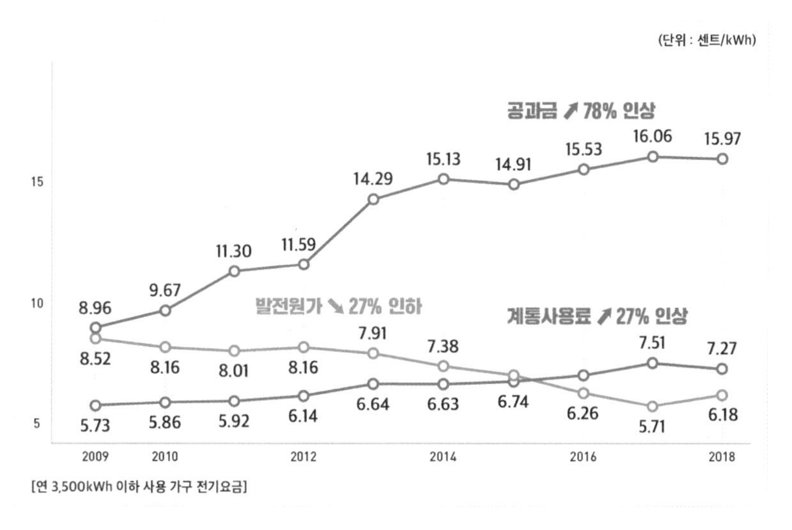

*자료: BDEW, BMWi

3. 독일 가정용 전기요금 인상 추이

독일이 탈원전과 재생에너지 확대를 골자로 하는 〈에너지 전환정책〉을 시작한 이래 독일의 가정용 전기요금은 지속적으로 인상되고 있다. 2017년에는 2016년 대비 6% 인상된 29.16센트/kWh로 사상 최고 수준을 다시 한 번 경신했다. 〈에너지 전환정책〉이 시작된 2000년과 비교하면 전기요금 인상율은 109%로 2배 이상 인상된 것이다. 그리고 불행히도 이러한 전기요금의 인상 추세는 앞으로도 멈추지 않을 것 같다. 〈맥킨지 보고서〉에 따르면, 독일의 전기공급 비용은 2010년

❙그림 21❙ 독일의 가정용 전기요금 추이 및 단전 건수

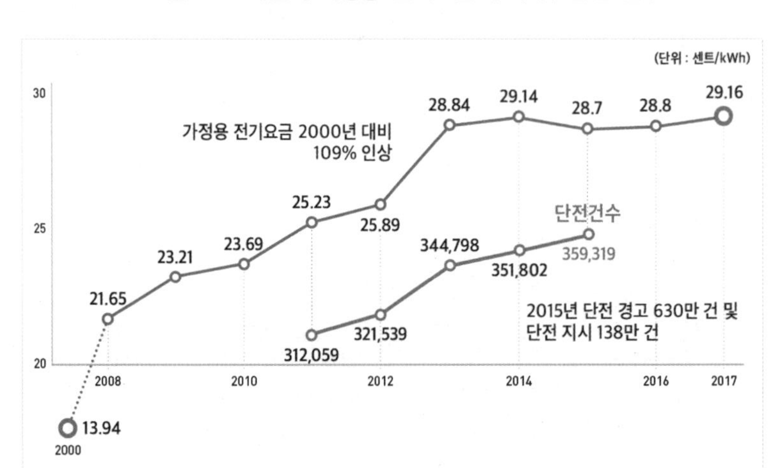

550억 유로, 2015년 630억 유로에서, 2025년 770억 유로 수준으로 계속 인상될 것으로 분석되기 때문이다.[87)]

〈그림 21〉은 2000년 이후 지속되고 있는 전기요금 인상 추이를 보여준다. 이로써 2000년 〈에너지 전환정책〉 도입 당시 녹색당 소속 환경성 장관인 트리틴(Trittin)이 〈에너지 전환정책〉으로 인한 전기요금 상승은 가구당 월 1유로 정도가 될 것이라며, 마치 선심이라도 쓰듯이 '아이스크림 한 스쿱(scoop: 스푼) 값' 정도 오를 것이라고 했던 말은 새빨간 거짓말로 드러났다. 그런데 독일 장관은 어쨌든 조금이라도 오른다고는 했으니 그나마 더 양심적이라고 해야 하나? 문재인 정부의 백운규 장관은 탈원전도 모자라 탈석탄까지 포함한 〈에너지 전환정책〉을 밀어붙이면서도 아예 '전기 값 인상은 절대 없다'고 호언장담하고 있으니 말이다.[88)]

---

87) Vahlenkamp 등, 2017
88) 2017년 7월 19일. 제352회 〈산업통상자원부 중소벤처기업위원회〉 인사청문

▌그림 22▌ 가구당 월 전기요금

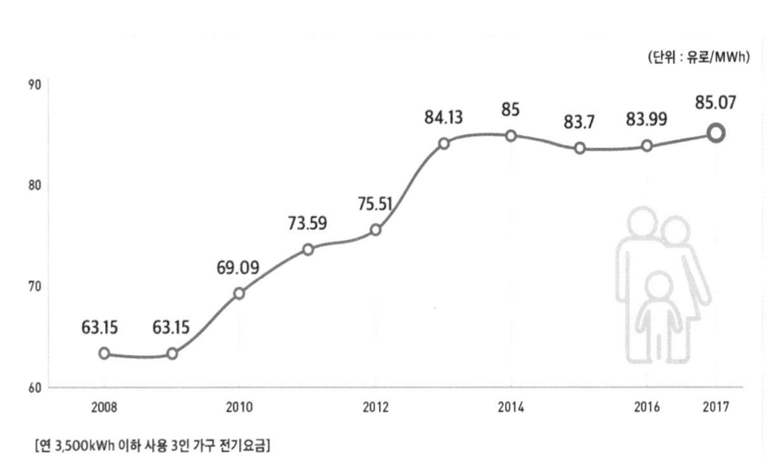

*출처: STROM-REPORT.DE

2018년 벽두부터 한전이 1,200억 원이 넘는 큰 폭의 영업적자를 기록하는 등 조만간 전기요금 인상이 불가피하다는 조짐은 벌써부터 분명히 드러나고 있는데 '백 장관의 호언장담'이 언제까지 유지될 수 있을지 두고 볼 일이다.

전기요금의 국제적 비교도 의미가 있다.[89] 〈에너지 전환정책〉의 시행 이전에는 국제적으로 낮은 수준이던 독일의 가정용 전기요금이 지금은 세계 최고 수준이 되었다. EU 국가들 중에서도 단연 톱으로, 2017년 30.5센트/kWh로 덴마크와 공동 1위를 차지했다.[90]

독일의 가정용 전기요금은 유럽 평균보다 50% 이상 비싸고, 프랑스의 두 배이다. 우리나라보다는 2.8배 높다. 더 큰 문제는 인상률이다.

회, 2017년 7월 26일 제352회 〈산업통상자원부 중소벤처기업위원회〉 전체회의 때 백운규 장관의 발언.

89) 이하 Strom-Report, 2017 참조

90) 〈표 11〉의 2017년 독일의 가정용 전기요금이 〈그림 24〉와 차이가 나는 것은 조사 대상 기준(총 발전량 vs 순 발전량)의 차이 등에서 비롯된 것임.

EU의 가정용 전기요금 평균은 20.4센트/kWh로 2004년에 비해 44.61% 인상되었다. 같은 기간 동안 독일의 가구당 전기요금 인상률은 73.79%를 기록해서, 다른 나라들보다 1.7배나 급격하게 인상됐다. 절대적 액수로는 훨씬 저렴하지만, 인상률 면에서 독일을 앞지른 영국의 경우 지난 10년 간 전기요금이 2.5배 올랐다. 이 숫자를 보면 영국이 최근 원전 건설을 서둘러 재개한 이유를 어렵지 않게 유추할 수 있다.

전기요금의 큰 폭 인상이 연례화(年例化) 되면서, 독일에서 에너지 빈곤 문제가 점차 사회문제로 되고 있다. 에너지 빈곤층이 60만~80만 가구에 달한다는 통계도 있다.[91]

위 〈그림 21〉에서 볼 수 있듯이, 2015년 전기요금 체납으로 인한 단전 경고가 630만 회, 실제 단전 건수도 35만 9319건에 달하는 것으

❙ 표 11 ❙ 유럽 주요국 전기요금

국가	2017년 가정용 전기요금 센트/kWh (조세 및 공과금 포함)	2004년 대비 인상율 %	소득 대비 비중 % (2014년)
덴마크	30.5	35.63	1.9%
독일	30.5	73.79	2.0%
영국	17.7	141.46	1.3%
오스트리아	19.5	41.88	1.6%
프랑스	16.9	36.01	1.6%
체코	14.4	57.74	2.1%
EU 평균	20.4	44.61	1.9%

*출처: Strom-Report: Strompreise in Europa 2017

91) Roth, 2013

로 조사되었다. 더 큰 문제는 단전 가구 수가 계속 늘고 있는 것으로, 「재생 에너지법」이 도입된 2000년과 비교하면 두 배 이상이 되었다. 2차 세계대전 이후 '라인강의 기적'으로 에너지 복지를 달성했다고 자부하던 독일이 탈원전과 재생에너지 확대정책을 시행하면서 전기요금을 제때에 내지 못해 단전 당하는 서민층이 속출하고 있는 것이다.

그런데 더 어처구니없는 것은 정부의 대책이다. 독일 정부는 전기요금을 인하할 대책을 찾는 대신, 에너지 빈곤층에 대한 사회적 요금제도(Sozialtarif) 또는 부자들에게 더 높은 요율을 적용하는 차별적 전기요금제도 도입을 만지작거리고 있다. 관치(官治)는 항상 또 다른 관치를 불러온다는 악습(惡習)이 여기서 또다시 입증되는 것이다.

4. 산업용 전기요금의 구성과 추이

독일의 산업용 전기요금은 전기 사용량과 기업의 소재지에 따라 큰 차이가 있다. 즉, 단일한 전기요금이 존재하지 않기 때문에 산업용 전기요금에 대한 일률적인 평가가 어렵다는 말이다. 독일 〈연방네트워크청〉이 700여 개 전력판매사의 가격을 토대로 매년 발표하는 평균 산업용 전기요금에 따르면, 2016년 연간 사용량 5만 kWh 이하인 소규모 사업장의 전기요금은 21.2센트/kWh였으며, 200만~2,000만 kWh를 사용하는 중형 사업장은 15.6센트/kWh였다. 중형 사업장의 전기요금이 더 낮은 이유는 무엇보다 공과금과 계통사용료가 더 저렴했기 때문이다.

▎그림 23▎ 독일 산업용 전기요금 구성 내역 (2016년)

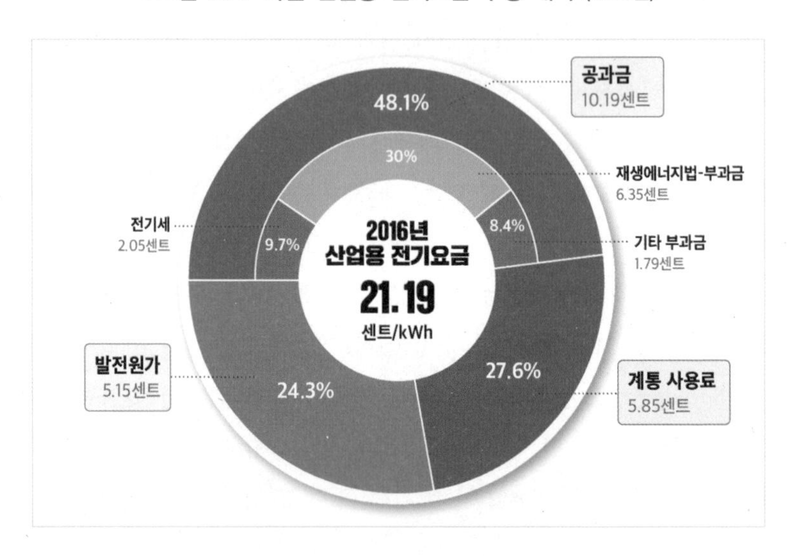

▎그림 24▎ 산업용 전기요금 추이

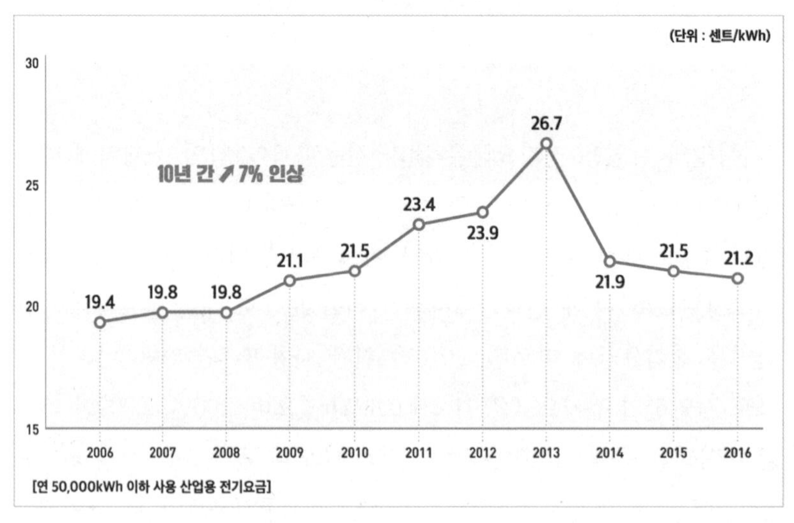

*출처: Strom Report Deutschland, Strompreis Gewerbe

〈그림 24〉의 산업용 전기요금 추이를 보면, 지난 10년 동안 7% 인상된 것은 사실이지만 가정용 전기요금이 계속 상당 폭의 인상추세를 이어가는 것과는 사뭇 다른 양상을 나타낸다. 2013년 26.7센트/kWh로 정점을 찍은 후 2016년에는 21.2센트/kWh로 거의 20% 이상 하락했다. 물론 이 숫자는 평균치일 뿐, 각 기업이 내야 하는 실제 전기요금은 어느 전력판매사와 계약되어 있는가에 따라 큰 차이가 날 수 있다. 특히 기업들에 대해 맞춤형 요금제를 제공하는 업체들도 많아서, 독일 기업들도 가정용 소비자들과 마찬가지로 전력판매사 선택에 전문기관의 컨설팅을 받는 등 심혈을 기울이고 있다.

글로벌 경쟁에 내몰린 기업들을 보호해야 한다는 명분에도 불구하고, 〈에너지 전환정책〉의 부담이 대부분 가정용 및 소규모 사업장의 전기요금에 전가되고 있어서 형평성에 어긋난다는 불만의 목소리가 높다. 2003년 「재생 에너지법」 개정으로 기업에 대한 부담금 면제 제도가 처음 도입된 이후 2012년 개정안에서 전력 다소비기업의 면제 기준이 연간 사용량 10GWh 이상에서 1GWh 이상으로 대폭 낮춰지면서 이런 불만은 더욱 큰 공감을 얻고 있다.[92]

실제로 전력 다소비기업에 대한 〈재생 에너지법-부과금〉 면제규모가 2006년 4억 유로(약 5,200억 원)에서 2017년 약 50억 유로(사용총량 107억 KWh, 약 2,200개 기업)로 대폭 증가하였다. 반면에 중소기업의 경우 2005년~2015년 사이에 전기요금 인상률이 57%에 달한 것으로 조사되어, 산업용 전기요금의 경우에도 인상 부담이 중소 영세업자들에게 집중되었다는 것이다.

기업에 주는 전기요금 혜택에 대해 일반 소비자들은 불만이 많지

92) Naumann, 2018

만, 기업은 기업대로 〈에너지 전환정책〉에 따른 전기요금 인상에 대해 우려의 눈길을 보내고 있다. 더구나 독일의 산업용 전기요금이 미국이나 유럽의 다른 경쟁국가들에 비해 비싸다는 데는 이견이 없다.[93)]

산업용 전기 요금은 기업의 경쟁력, 특히 입지(立地) 경쟁력을 좌우하는 요인이라는 점에서 큰 관심의 대상이 되고 있는데, 게다가 독일에서 전력을 가장 많이 사용하는 주체는 기업이다. 제조업만도 전체 전력 수요의 약 45%를 차지하며, 유통업, 서비스업 등 소규모 영업장까지 포함하면 기업들이 전력수요의 70% 이상을 사용하고 있다.[94)]

앞서 언급한 대로, 전력 다소비 기업에 대해 〈재생에너지법-부과금〉을 면제하는 등 혜택이 주어지는 상황에서 독일의 산업계가 아직까지는 〈에너지 전환정책〉으로 인한 피해를 드러내놓고 호소하지는 않고 있다. 독일의 총 부가가치의 90% 정도를 차지하는 정밀기계, 자동차 산업 등 독일이 전통적으로 강세를 보이는 분야에서는 생산원가에서 전기요금이 차지하는 비중이 낮다 보니 아직까지는 충격이 덜하다는 점도 작용한다.

그러나 철강, 알루미늄, 시멘트, 제지산업 등 전력 다소비 기업들의 상황은 다르다. 이들은 면제혜택에도 불구하고 연간 약 160억 유로(약 20조 8천억 원)를 전기요금으로 지출하고 있는데, 전기요금이 더 인상될 경우 버틸 여력이 없다는 게 업계의 의견이다.[95)]

---

93) Dice Consult의 2016년 조사에 따르면 독일의 산업용 전기요금 (kWh당)은 프랑스나 미국의 1.5~2배에 달할 정도로 매우 비싼 편이다. 연방경제 · 에너지성(BMWi), 2016; Eisenring(Neue Züricher Zeitung), 2017.5.4

94) 노르트라인-베스팔렌주 환경성(Ministerium für Klimaschutz, Umwelt, Landwirtschaft, Natur-und Verbraucherschutz des Landes Nordrhein-Westfalen), 2016

95) DW, 2015; Kempermann/Bardt, 2014, 34~35쪽

게다가 유럽연합 집행부가 이 조항을 공정거래 위반 사항으로 지목하고 있어 〈재생에너지법-부과금〉 면제 혜택이 언제까지 유지될 수 있을지도 미지수다. 실제로 독일의 전력다소비 기업들은 전기요금 인상에 대비해 대책 마련에 부심하고 있는 것으로 파악된다. 기업들에 대한 설문조사 결과, 전력 다소비 산업의 순 투자규모는 2000년 이래 지속적으로 줄고 있는 것으로 나타나 기업들의 '탈 독일 러쉬'가 이미 시작되었다는 관측도 나왔다.[96]

뿐만 아니라 산업계에서는 재생에너지 확대로 인한 전력의 품질저하에 대한 우려도 크다. 소규모 분산형 전원이 늘어나면 대규모 발전단지에서 생산되는 것과 같은 고품질 전기를 얻기 어려워지는 것은 과학적 원리이다. 분산형 전원의 증가는 전기 발전원가를 상승시키는 요인도 되지만, 전력계통이 복잡해지면서 효율적 안정적 관리를 어렵게 만들기 때문이다. 보통 전력계통 안정성을 평가하는 정전(停電)통계는 3분 이상의 정전만을 반영하다 보니 잘 드러나지 않지만, 알루미늄 산업 등 전력의 고품질이 생명인 산업에서는 일반 가정 등에서는 눈치채기도 힘든 1,000분의 1초 단위의 초단기 정전이나 주파수 변동으로도 큰 피해를 입을 수 있다.[97]

2011년 '원전-모라토리엄' 선언으로 절반 이상의 원전이 폐쇄된 이후 초단기 정전으로 인한 기업들의 피해는 신고된 것만 해도 10배 이상 늘었다.[98] 이런 이유에서 독일경제인연합회 회장인 뢰쉬(Lösch, Holger)는 〈에너지 전환정책〉이 독일 기업에 새로운 기회가 될 수 있

96) Haucap, 2017, 126쪽; DIHK, 2016, 2쪽; Kinkartz, 2015; Bardt/Kempermann, 2013, 24쪽, 28~29쪽
97) Beppler, 2013, 70쪽
98) Roth, 2013

다는 점에 동의하면서도 독일이 '녹색 청정산업'만 가지고 지금과 같은 국가경쟁력을 유지하기는 어렵다고 경고한다.[99]

5. 독일 송배전 계통 확충 과제와 계통사용료 인상

독일이 〈에너지 전환정책〉을 추진한 지 20여 년이 되어 간다. 재생에너지의 가장 큰 문제점 중의 하나는 전력이 수요와 무관하게 생산 된다는 점이다. 자연적 기상 여건에 따라 생산될 뿐, 인위적으로 발전시점과 발전량을 계획하거나 조절할 수 없다. 또한 원전 및 화석연료발전소를 건설할 때에는 원칙적으로 수요지에 최대한 근접한 곳이 우선 고려 대상이지만, 재생에너지 설비를 구축할 때에는 '수요 근접성'은 고려 대상이 되기 어렵다.

태양광 패널이나 풍력 터빈을 설치할 장소는 기상 여건과 지형 여건도 적합해야 하지만, 대부분은 땅값이 저렴한 산간벽지나 오지, 사막 같은 곳이 더 유리하다. 게다가 소음, 오염 등에 대한 주민 민원 때문에, 재생에너지 설비들은 수요 근접지보다는 주로 설치가 용이하거나 지원금이 나오는 곳에 우선적으로 구축된다. 그러다 보니 발전설비와 전력 수요가 공간적으로도 괴리돼 있는 게 다반사다. 전력 수급의 시간적, 공간적 괴리를 해소해 줄 수 있는 방법 중의 하나가 바로 전력계통 인프라이다.

---

99) DW, 2015

또한 물리적·기술적 특성이 근본적으로 다른 재생에너지가 접속되면서 기존의 전력망 시스템이 완전히 개조되고 확충되어야 할 필요성이 생겼다. 그러나 독일의 재생에너지 지원체계가 태양광 패널이나 풍력터빈 등 설비에 대한 보조금을 주는 데만 치중하다 보니, 전력망 설비 확충이 재생에너지 설비확대 속도를 따라잡지 못하고 있다. 〈연방경제·에너지성 산하〉의 〈연방네트워크청〉이 전력시장 자유화 이후 민간영역으로 넘어간 전력계통에 대한 감독 및 규제와 더불어 2011년부터는 '전력계통 모니터링' 임무를 수행하고 있다. 이에 따라 전력계통 개발계획(NetzEntwicklungsplan)과 연방 수요계획을 수립하고, 각 주마다 주 네트워크청을 운영하며 송배전망 수요 계획, 건설 계획을 수립하고 감독하는 업무를 한다.[100)]

비록 오랜 계획 기간이나 주민 반대 등으로 송배전망 건설이 빠르게 진척되기 어렵다는 것을 이해하더라도, 독일의 전기요금 중 계통사용료가 차지하는 비중이 2017년 25.6%나 됐고, 지난 10년간 27%가 인상되었음을 감안하면, 국민들은 이 돈이 다 어디에 쓰였는지 궁금하지 않을 수 없다. 그런데 실상을 들여다보면 정작 대부분의 계통사용료가 송배전 계통의 건설이 아니라 리디스패치(Redispatch) 등 계통 제어비용으로 사용되는 것으로 나타난다.

예컨대 텐넷사(TenneT)의 경우 계통사용료 수입의 5%만이 송전망 건설에 쓰이고, 나머지는 모두 망 안정화 비상조치에 들어가고 있는 실정이다.[101)] 이미 몇 년 전부터 재생에너지 설비용량은 독일의 전력 수요를 커버하고도 남을 정도로 확충되었음에도 불구하고 전력 수급

---

100) 〈연방네트워크청〉은 주 경계를 넘는 광역사업자와 고객수 10만 명 이상인 망사업자(약 100여 개)를 관할하며, 16개 〈주 네트워크청〉은 주 경계를 넘지 않는 계통사업자와 고객수 10만 명 미만 망사업자(약 800개)를 관할한다.

101) STROM REPORT, Netzentgelte, 2018, 14쪽

의 불균형은 오히려 더 심화되는 기현상이 발생하는 이유가 여기에 있는 것이다.

1) 송배전계통 현황

양적, 질적 차원에서 유럽 최고 수준을 자랑하는 독일의 전력시스템에서 가장 자랑하는 요인이 바로 전력계통의 우수성이다. 독일의 송배전 선로 연장은 184만 4천km로 유럽에서도 가장 조밀한 전력망이 구축되어 있다. 송전선로의 밀도도 최고 수준이지만, 정전사태 발생 시 피해가 확대되는 것을 막아줄 수 있는 각종 차폐기술도 최고수준이다. 이러한 고품질의 전력망 덕분에 독일은 유럽 최고의 전력공급 안정성을 자랑한다. 독일의 연간 정전시간은 평균 15분~20분 사이로 프랑스 62분, 영국 87분, 이탈리아 91분에 비해서도 월등히 앞서 있다.[102)]

❙표 12❙ 독일의 송배전망 구축현황 (2016년)

<table>
<tr><th colspan="2">전압 단계</th><th>전압</th><th>연장(km)</th><th>변전소 숫자</th><th>지중화률
(2014년 기준)</th></tr>
<tr><td>송전계통</td><td>초고압선로망</td><td>340kV 이상</td><td>35,000</td><td>1100</td><td>4%</td></tr>
<tr><td rowspan="3">배전계통</td><td>고압선로망</td><td>60kV~220kV</td><td>98,000</td><td>7500</td><td>7%</td></tr>
<tr><td>중압선로망</td><td>20kV~60kV</td><td>520,000</td><td rowspan="2">557700</td><td>73%</td></tr>
<tr><td>저압선로망</td><td>400V/230V</td><td>1,191,000</td><td>87%</td></tr>
<tr><td colspan="2">합계</td><td></td><td>1,844,000</td><td></td><td>77%</td></tr>
</table>

*출처: Bundesnetzagentur/Bundeskartellamt, 2017, 27쪽

102) 전력품질 평가 지표인 SADI(System Average Interruption Duration Index)는 '연 평균 정전시간'을 뜻하며, 관행상 3분 이상의 기술 결함으로 인한 정전만 포함된다. Süddeutsche Zeitung, 2007; Beppler, 2013, 65쪽

▌그림 25▌ 독일 송배전 계통도와 권역별 송전계통사업자

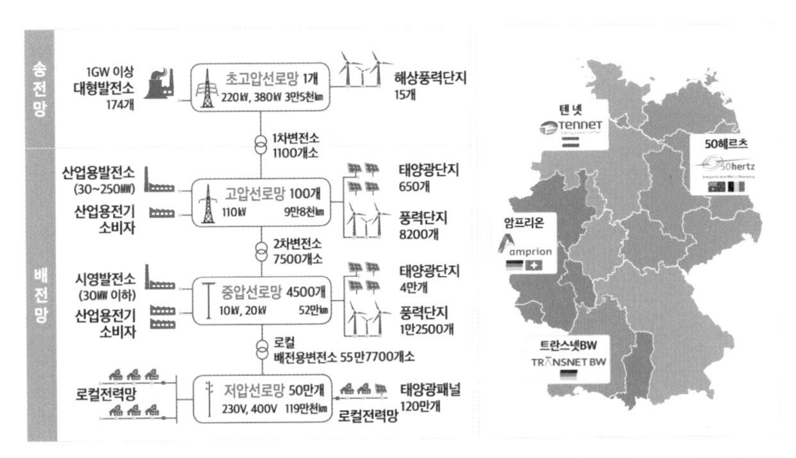

*출처: BMWi, 배전망연구보고서(Verteilernetzstudie), 2014년 등을 토대로 작성

〈그림 25〉에서 볼 수 있듯이, 독일의 송배전 계통은 4단계의 전압으로 구성되어 있다.103) 광역 송전망은 340kV 이상의 초고압송전선로가 담당한다. 유럽통합전력망의 전력거래도 전력고속도로라 할 수 있는 이 선로를 통해 주로 이루어진다. 지역 및 대도시권 송배전 계통은 110kV 고압선로와 20~60kV의 중압 송전선로가 운용된다. 가정이나 상업시설 등 최종 수용가에 공급되는 전력은 변전소에서 10kV로 감압되고, 가정이나 공장 등의 최종 소비자에게는 다시 한 번 감압되어 230V 또는 400V의 전기가 공급된다.

103) 우리나라 송전선로는 154kV(고압), 345kV(초고압)으로 구성되며, 최근 765kV(초초고압)선로를 확충 중에 있다.

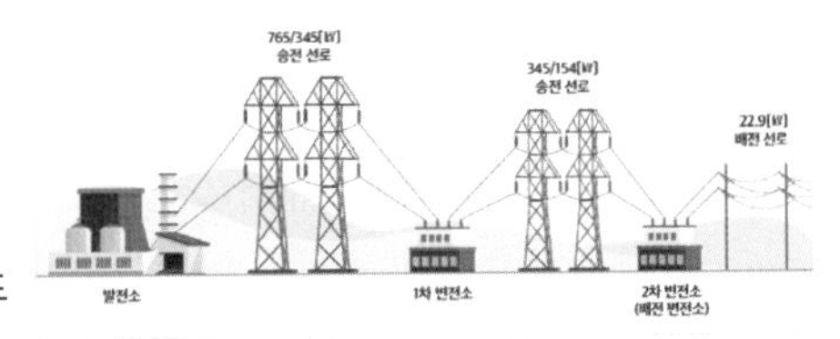

▌그림 26▌ 우리나라 송배전 계통도

❙그림 27❙ 독일 송배전계통 건설 수요 (2032년까지)

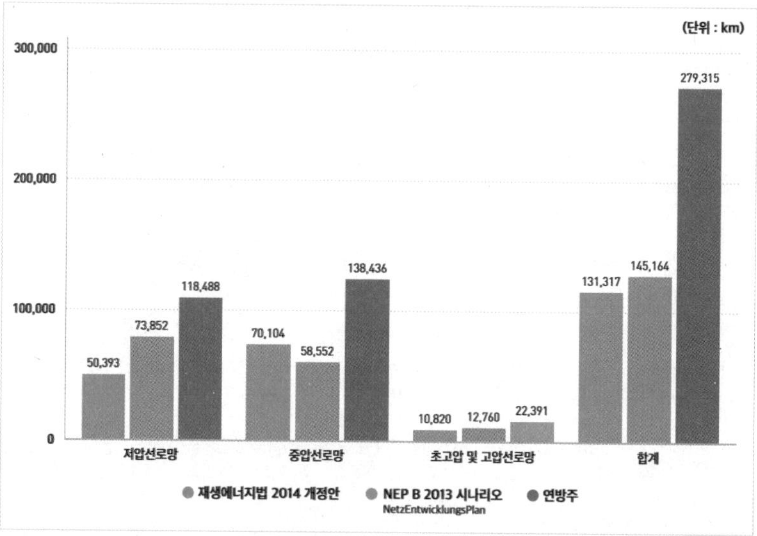

*출처: BMWi, Statista 2018

2) 전력계통 확충계획

재생에너지 확대는 모든 전압 레벨에서의 전력계통이 재구성되어야만 하는 결과를 가져왔다. 〈그림 27〉에는 2013년 연방 전력계통 개발계획(NEP: Netzentwicklungsplan), 2014년 개정 「재생에너지법」과 연방 주별 송배전선로 신규 확충 수요가 제시되어 있다. 계획 주체에 따라 2032년까지의 건설 수요는 두 배 이상 차이가 있음을 알 수 있다.

그러나 현장 상황에 더 정통한 에너지 사업자 협회인 BDEW의 분석에 따르면, 〈연방경제·에너지성〉이 추산한 것보다 훨씬 더 많은 투자가 필요한 것으로 나타났다. 60~100kV 고압선로에 77,000km,

3~30kV 중압선로에 50만km, 230~400V 저압 배전선로에 1백만km가 건설되어야 한다니, 현재 보유하고 있는 전력망 184만km에 육박하는 엄청난 수요이다. 예상비용도 약 530억 유로로 추산되었는데, 우리 돈으로 약 70조 원에 이르는 실로 어마어마한 금액이다.

현재 송배전망 확충 사업은 계통사업자들이 〈연방 네트워크청〉이나 〈주 네트워크청〉의 승인을 받아 사업을 추진하되 소비자들한테서 계통사용료로 회수하는 구조이다. 전력망 사업자들이 신청하면 승인해 주던 방식에서, 2009년부터는 경쟁입찰제도로 전환되었다. 치솟는 계통사용료의 증가추세를 완화하려는 취지에서이다.

전력시장 자유화로 과거 국가가 책임지던 전력망의 개량과 확장 사업이 민간영역으로 넘어 가면서 가장 큰 고민은 수익극대화에 급급한 민간사업자들이 계통 인프라 투자에 소홀해질 가능성이 크다는 점이다. 또한 전력망의 개량 및 확충은 막대한 자금과 시간을 요하기 때문에 민간이 단독책임으로 투자하는 데는 한계가 있다. 따라서 「재생에너지법」에서 전력망 사업자들이 계통사용료 형식으로 투자비를 회수할 수 있도록 한 것은 전력시장 민영화 이후 송배전 인프라의 품질 저하를 막기 위한 고육지책이라 할 것이다.

가. 전력수급 불균형에 따른 송전계통 확충 과제

계통확충 필요성을 구체적으로 들여다 보면, 우선 초고압선로로 구성된 송전계통의 대규모 확충이 시급한 과제이다. 〈에너지 전환정책〉 시행 이전에는 초고압 및 고압 송전계통이 대형 발전소와 수요 집중지를 중심으로 건설되었으나, 재생에너지 확대와 탈원전으로 이 기본원칙은 완전히 폐기되었다.

독일의 경우 자연 여건이 유리한 북부지역에 풍력단지가 집중적으로 설치되어 있다. 게다가 앞으로 노르트제(Nordsee: 북해)에 엄청난 규모의 해상 풍력단지가 더 들어설 계획이어서 독일 북부의 발전량은 더욱 증가할 것이다. 반면에 전력 수요는 남부의 〈바이에른〉과 〈바덴-뷔르템부르크〉 주에 집중되어 있다. 특히 2022년 말까지 폐쇄되는 원전(9.5GW)의 절반 이상(5.4GW)이 독일 남부에 위치하기 때문에, 사라지는 원전 및 석탄발전소들이 공급하던 전력수요를 메우려면 한시바삐 북부의 풍력 전기를 남부로 보내는 방법을 찾아야 한다.[104)]

이런 측면에서 1,000km 넘게 떨어져 있는 북부와 남부를 연결하는 송전망의 확충은 〈에너지 전환정책〉의 성패를 가를 중요한 과제이다.

▎그림 28▎ 독일 북부와 남부의 전력수급 불균형

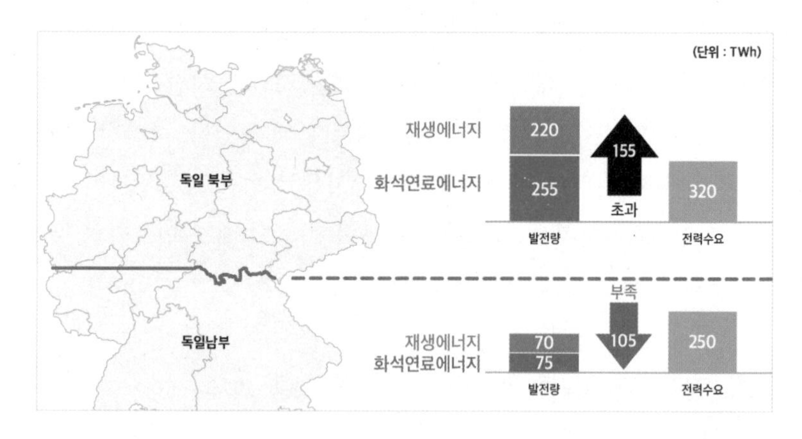

*출처: Ockenfels/Wambach, 2015.8.24.

104) 그렇다고 남부에 재생에너지 설비를 더 늘리는 것은 해결책이 되지 못한다. 〈바덴-뷔르템부르크〉 주에서도 그동안 재생에너지에 엄청난 투자를 했지만 2017년 1월 '둥켈 훌라우테'시 전력수요의 겨우 3%를 커버했고, 마지막 남아 있는 〈필립스부르크〉 원전이 전력의 30%를 공급해서 추운 겨울을 버텼다. 재생에너지의 간헐성 자체도 문제지만, 특히 독일 남부의 기후 여건이 재생에너지 발전에 부적합하기 때문이다. Hennig, 2017, 11쪽

독일 정부는 2009년 약 7,700km의 고압송전선로 건설 계획을 발표한 바 있다. 〈연방네트워크청〉에 따르면 2017년까지 이 중 900km가 완공되었는데, 신규건설보다는 주로 용량 증설 등 개량사업들이 다.[105] 또한 〈연방네트워크청〉에 제출된 2015년~2025년을 사업기간으로 하는 고압송전선로 건설사업 318건 중 완공은 12건, 건설 중은 108건이고, 나머지 198건이 여전히 계획 단계에 머물러 있는 것으로 조사되었다.[106]

매년 34억~45억 유로(약 4조 4,200억~5조 8,500억 원)가 송전망 건설에 투입되고 있지만,[107] 계획에 비해 추진은 매우 지지부진한 상태다. 연방과 주마다 취득해야 하는 인허가가 다르고, 주민들의 수용도 역시 큰 차이가 있기 때문에 부지하세월(不知何歲月)인 상태이다. 이러한 상황은 〈맥킨지〉의 〈에너지 전환정책〉 평가에서도 고스란히 드러난다. 〈맥킨지〉가 평가를 시작한 2012년 이래 송배전망 확충의 계획 대비 실적은 매년 부진을 면치 못하는 실정으로, 2017년도 목표 달성률은 계획의 절반에도 훨씬 못 미치는 41% 수준에 그쳤다. 현재 상태로는 2020년까지 3,582km를 완공한다는 당초 목표는 실현가능성이 거의 없어 보인다.[108]

독일 정부는 이러한 상황을 타개하고 송전계통 확충에 속도를 내기 위하여 2011년에 에너지 패키지법안으로 「에너지 산업법(EnWG)」과 「전력망 확대촉진법(NABEG)」을 제정하였다. 이 두 개 법안의 통과로 여러 주를 관통하는 송전선로 건설 계획 및 승인절차에 필요

---

105) Köchy, 2017, 43쪽
106) <연방네트워크청>, 2015
107) Erneuerbare-Energien-Gesetz, Wikipedia
108) Vahlenkamp 등, 2018

한 시간이 10년에서 4년으로 단축되었다. 2013년 6월에 제정된 「연방수요 계획법」은 신규 송전선로 계획의 우선 확정을 허용하는 법으로, 이 역시 송전망 건설 사업이 속도를 내는 데 도움이 될 것으로 기대된다.[109)]

그러나 송전계통 건설사업이 얼마나 어려운 과제인지를 잘 보여주는 사례가 바로 쥐트링크(SüdLink)와 쥐트오스트링크(SüdostLink) 사업이다. 각각 북부와 남부의 송전계통 사업자인 텐넷(TenneT)과 트란스넷(TransnetBW)이 공동으로 추진하는 쥐트링크 프로젝트는 최근 전세계적으로 각광을 받는 고압직류송전(HVDC: High-voltage direct current) 방식으로 독일 북부 함부르크 인근의 빌스터(Wilster)와 독일 남부의 그라펜라인펠트(Grafenrheinfeld)를 연결하는 신규 송전선로 건설 사업이다. 북쪽의 출발점은 2021년 폐쇄 예정인 브로크도르프 원전과 현재 계획 중인 노르웨이로 가는 해저케이블이 연결되는 지점이다. 남쪽 종점은 2015년 폐쇄된 그라펜라인펠트 원전이 있는 자리로 유럽 통합전력망이 접속되어 있다. 해상 풍력단지 연결을 포함해서 예산은 320억 유로(약 41조 6천억 원)로 책정됐다.

텐넷과 트란스넷이 제출한 사업계획서는 〈연방네트워크청〉의 승인을 득한 후 2013년 연방각료회의와 연방의회에서 의결절차도 마쳤다. 계획대로라면 2016년 건설을 시작해서 2022년에 완공하기로 되어 있으나, 아직 첫 삽도 뜨지 못한 상태다. 그 이유는 2016년 텐넷이 선형 계획을 발표하자 통과 예정지인 5개 주 모두에서 엄청난 민원과 반발이 제기되면서 사업시행이 난항에 부딪혔기 때문이다.

---

109) 송전선로 건설계획에 대한 이의 제기는 소송에 의해서만 가능하고, 법적 다툼이 있더라도 사업의 우선 추진을 허용하는 내용

▎그림 29▎ 고압직류송전선로(HVDC) 지중화 건설작업 현장

*출처: Bayrisches Landwirtschaftliches Wochenblatt, 2017

특히 〈연방경제·에너지성〉이 주무장관인 가브리엘의 지역구를 통과하는 송전선로의 지중화 요구에 대해 특별승인을 검토 중이라는 소문이 돌면서 불난 집에 부채질을 하는 꼴이 됐다. 장관의 '자기 밥그릇 챙기기'에 대한 비판이 쇄도하면서 급기야 니더 작센, 헤센, 노르트라인-베스트팔렌, 바이에른 주의 20여 개 지자체가 공동으로 발표한 〈하멜 선언(Hamelner Erklärung)〉을 통해 현재 노선계획의 백지화와 원점에서부터 재검토할 것을 요구하고 나섰다.

여론에 떠밀린 독일 정부는 2015년 모든 신규 송전선로의 원칙적 지중화(地中化) 방침을 확정했다. 이 결정으로 지중화로 인한 추가비용 30억~80억 유로(3조 9,000억 원~10조 4,000억 원)는 물론이고 건설기간 연장으로 인한 엄청난 비용 상승이 불가피해졌다.[110]

지중화 자체의 건설 기술적 어려움과 문제점은 차치하더라도, 지중화를 한다고 해서 주민들의 수용도가 크게 높아지는 것도 아니다. 벌써부터 고압 케이블 매설 예상 지역의 지주들은 땅값 하락과 토지에 대한 환경 영향 등을 우려해서 집단적으로 반발하고 있으며, 〈바이에른 주 농민협회〉에 이어 〈독일전국농민협회〉도 〈에너지 전환정책〉

110) Bundesnetzagentur/Bundeskartellamt, 2017, 109쪽

에 따른 토지보상을 요구하고 나섰다. 특히 토지소유주, 농민과 임업 종사자들에게 피해 보상금을 일시금이 아니라 송전량에 비례한 임차료 형식으로 매월 지급할 것을 요구하고 있다.[111]

송전망의 건설이 정부의 의지나 예산으로 밀어붙인다고 해서 되는 게 아니라는 것을 단적으로 보여주는 사례이다.

나. 〈에너지 전환정책〉에 따른 배전계통 확충 과제

〈에너지 전환정책〉의 추진 과정에서 배전계통의 재구성은 더욱 지난한 과제이다. 현장의 관점에서 보면, 에너지 전환은 사실상 배전망(配電網)에서 이루어진다고 해도 과언이 아니다. 송전계통에 접속되어 있는 원전이나 석탄발전소는 지속적으로 감축되는 반면에 2017년 현재 재생에너지 설비의 97% 이상이 배전망에 연결되어 있기 때문이다.[112]

우선 배전계통의 엄청난 양적 확대가 요구된다. 과거에 배전계통은 수요 집중지 위주로 설치되었기 때문에, 인가가 없는 오지나 산간벽지 등에는 배전 선로가 아예 없거나 있더라도 밀도가 아주 낮았다. 그러나 태양광이나 풍력설비들은 오히려 그런 오지에 설치되는 경향이 있다 보니 계통 접속을 하려면 배전망을 새로 깔아야 하는 경우가

111) Wolsiffer(ZDF), 2018.5.20; Bayrisches Landwirtschaftliches Wochenblatt, 2017.5.2; Focus Online, 2012.6.28

112) <독일엔지니어협회(VDI:Verein Deutscher Ingenieure)>에 따르면 태양광 전기는 대부분 저압선로망(230V 또는 400V)에 연결되어 있고, 풍력터빈이나 풍력발전단지는 중압선로망(10kV~20kV)이나 고압선로망(110kV)에 접속되어 있다. 태양광 패널에서 생산된 직류전기는 교류로 변환되어 배전계통에 유입되며, 풍력설비는 교류전기를 생산하지만 주파수가 다르다 보니 이 역시 변환과정을 거쳐 유입된다. VDI Forum, 2012/3; 로컬 배전계통사업자협회 회장 Ebling(SWR), 2017.9.29.

다반사다. 엄청난 규모의 신규 설비가 필요한 이유이다.

또한 〈에너지 전환정책〉 이전에는 전류의 흐름은 초고압 선로→고압 → 중압→ 저압 선로의 순으로 내려가는 탑-다운 방식의 일방통행 구조였다면, 이제는 양방향 통행으로 바뀌었다. 실제로 독일에서는 2011년 처음으로 배전계통에 유입된 전력량(83GW)이 송전계통에 들어간 전력량(77.6GW)을 앞지른 이래, 이러한 역전 현상이 이어지고 있다. 500kW 이하 설비의 94% 이상이 태양광 패널이라는 점에서 배전계통에 유입되는 재생에너지는 거의 전부 태양광 전력이다.

그런데 태양광 패널이 주로 자가(自家) 사용이나 로컬 전력수요를 위한 것이라고 생각하면 큰 오산이다. 특히 「재생에너지법」의 시행 초기에 투자자들이 지원금이 가장 많이 나오는 태양광 패널을 선호하다 보니, 대다수 지자체의 태양광 설비 용량이 로컬 수요를 훨씬 초과하게 되었다. 지역에서 소화하지 못한 전력은 송전선로로 흘러 들어가서 수요가 있는 다른 지역으로 보내져야 한다. 즉, 배전망에서 상위 단계의 송전망으로 역주행하는 부하량(負荷量)이 점점 더 늘어난다는 얘기다.

2013년의 저압 및 중압 배전망 확충계획에 따르면 투자 소요액은 2023년까지 10년간 220억 유로(약 28조 6천억 원)로 추산됐다. 이를 근거로 현재 전기요금에 반영되는 계통사용료가 산정되었다. 매년 30~40억 유로(약 3조 9천억~5조 2천억 원)가 투자되고 있으며, 2017년에도 36억 유로(약 4조 6,800억 원)가 투자되었다.

단순한 양적 확충만도 지난한 과제이지만, 이보다 더 어려운 과제는 배전계통의 기능과 운영 컨셉트 자체를 바꿔야 하는 데 있다.[113] 지금까지 전기를 최종 수용가에 공급하는 용도로만 사용되던 배전선

---

113) Beppler, 2013, 65~69쪽 참조

❙그림 30❙ 에너지 전환정책에 따른 전력시장 프레임의 변화

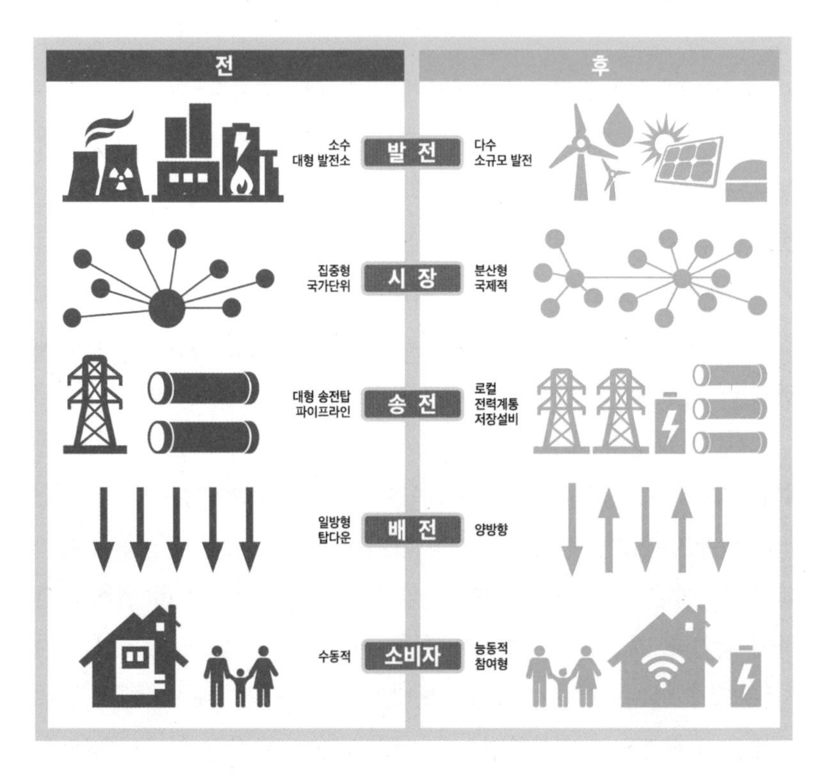

로가 이제는 재생에너지 설비에서 생산된 전력의 집합통로 역할까지 해야 하기 때문이다. 우선 배전망의 부하 관리는 계통사업자들에게 새로운 도전이다. 송배전 계통의 가장 하위 단계에서 분산형으로 접속되는 태양광 전기는 사실상 '중앙에서 통제할 수 없는' 급전불능(給電不能) 발전기들이기 때문이다. 다시 말하면, 고압전력망은 중앙 급전실에서 발전기들의 출력을 원격 제어할 수 있는 반면, 중압이나 저압의 배전계통은 애당초 중앙에서 부하를 제어할 방법이 전혀 없다는 것이다.

현재 독일의 약 160만 개 태양광 설비들은 중앙통제가 불가능한

상태로, 태양광 패널에서 생산된 전력들은 아무런 통제 없이 경쟁적으로 망에 유입된다. 이는 정격(定格) 범위의 부하가 정확하게 유지되어야 하는 전력망의 안정적 운용에 엄청난 도전과 시련일 수밖에 없다. 게다가 태양광 설비 용량의 확대(현재 41GW)로 햇볕이 날 때에는 너무 많은 전기가 생산되어서 로컬 배전 선로망의 부하 한계를 초과한 지 이미 오래다.

현재는 정부의 「저압선로 지침」에 따라 태양광 설비에 부착된 계측기와 퓨즈 등의 과부하(過負荷) 차단장치를 통해 주파수의 정격범위인 50.2 헤르츠를 넘는 순간 패널을 계통에서 자동 차단시키는 방식으로 부하 관리를 하고 있다. 그러나 이 방법은 궁여지책일 뿐, 근본적인 해결책이 될 수 없다.

연방과 지자체 등에서 추진하는 송배전망의 개량, 강화 및 신설작업이 막대한 비용과 주민 반대 등의 이유로 계획대로 진행될 수 있을지도 의문이지만, 설령 송배전망이 계획대로 확충된다고 하더라도, 이러한 통제 불능의 수급관리로는 언젠가 블랙아웃을 피할 수 없다는 근본적인 문제제기가 나오는 이유다. 특히 독일에서 재생에너지 발전 비중이 30%를 넘으면서부터 전력계통의 부하 관리와 안정성 유지가 지금까지와는 차원이 다른 고난도의 과제로 대두되고 있다. 많은 전문가들이 현재의 교류전력 시스템에서 통제 가능한 재생에너지 비중이 어느 선까지인지 근본적 검토가 있어야 한다는 주장을 내놓는 배경이다.

다. EU-통합 송전계통 확충 계획

EU–통합 전력망 구축 계획에 따라 EU 차원에서도 송전계통 확충 사업이 추진되고 있다. 〈기후변화 협약〉의 온실가스 감축 의무를 이행하기 위해 EU회원국들은 2020년까지 재생에너지 비중을 20% 까지 확대해야 한다. EU의 역내 에너지협약에 따르면, 송전 계통사업자들은 각 회원국의 풍력, 태양광 및 수력발전을 전력계통에 연결하는 '인프라 확충 10개년 계획'을 수립해서 제출해야만 한다.

이 협약에 따르면, 수요 분산과 전기 소비절약을 유도하기 위해 2020년까지 각 가정에 스마트 계량기 설치를 의무화하였다. EU집행부는 2020년까지 EU의 전력 및 가스망 정비와 신설을 위한 소요 재원을 2,100억 유로(약 273조 원)로 책정하고, 이 중에서 2/3인 1,400억 유로(약 182조 원)가 전력 인프라에 투입될 예정이다.

구체적으로는 스마트 계량기에 400억 유로, 역내의 전력계통 확충에 700억 유로, 해상 풍력단지를 연결하기 위한 해상 송배전 선로 구축에 300억 유로가 배정되었다. 독일 역시 EU통합 전력망에 연결되어 있는데, 그 효과는 대형발전소 약 20기의 발전용량에 버금가는 유동성을 제공해 준다고 평가된다.

회원국들 간의 전력 거래는 전력의 계통 안정성 확보에도 도움이 되지만, 전력의 수출입은 변동성이 큰 재생에너지 확대로 인해 빈발하는 수급 불균형을 해소하는 창구라는 점에서 많은 전문가들은 유럽통합 전력망이 없다면 독일의 〈에너지 전환정책〉 자체가 불가능할 것이라고 평가한다.[114)]

요약하자면, 송배전 계통의 확충은 〈에너지 전환정책〉의 성공을 위해 필수적이고도 시급한 과제이지만, 막대한 예산과 투자, 그리고 송전탑과 고압케이블이 통과하는 지역 주민들의 동의를 얻어야 하는 난제를 풀어야 하며, 이 모든 것이 다 해결된다고 하더라도 건설에만 최소 십 수 년에 걸친 길고 긴 시간과의 싸움을 각오해야 한다.

---

114) Beppler, 2013, 68~69쪽

게다가 송배전망 구축 공사가 계획대로 진척된다고 하더라도, 과연 송배전망의 확충이 재생에너지의 간헐성 문제를 해결하는 근본적인 해답이냐에 대한 의문은 여전히 남는다. 재생에너지 설비 확대를 지원하는 데만 수천억 유로(수백조 원)를 쏟아 붓고, 그로 인해 파생된 문제들을 해결하기 위해 송배전망 구축에 또 다시 수백억 유로(수십조 원)를 쏟아 부었는데, 결국 그것이 정답이 아닌 것으로 드러난다면 그 피해는 고스란히 국가와 미래의 국민이 짊어지게 될 것이다.

6장

재생에너지에 관한 팩트 체크

자연에서 무제한, 게다가 '공짜'로 쏟아지는 햇볕과 바람에서 우리가 필요로 하는 모든 에너지를 얻을 수 있다면, 상상하는 것만으로도 기분이 좋아지는 일이다.

한 술 더 떠서, 전기의 생산과 소비 과정에서 인간과 자연에 해로운 어떠한 화학물질을 사용하지도 않고, 아무런 오염물질도 내뿜지 않는다면, 이는 '꿈의 에너지'라고 말할 수밖에 없을 것이다.

실제로 인류는 벌써 수 천 년 전부터 이러한 꿈을 이루기 위해 다양한 시도를 해왔다. 중세시대에도 유용하게 사용된 물레방아나 풍차, 오로지 돛에 실리는 바람의 힘만을 이용한 범선으로 큰 바다를 건너는 데 성공한 용감한 사람들도 있었다.

그러나 과연 이러한 순수 자연에너지만으로 인류가 여러 차례의 산업혁명을 통해 구축한 현대 산업사회를 지탱할 수 있는가는 냉철하게 판단해야 할 문제다. 그런데 문재인 정부가 정책수립 과정에서 전문가는 완전히 배제한 채 환경단체나 시민단체의 말에만 귀를 기울인 것으로 드러나, 국가의 백년지대계(百年之大計)인 에너지 정책마저 정치적·정파적으로 결정했다는 우려를 지울 수 없다.

국가와 국민의 미래를 좌우할 에너지 정책이 과학 기술적 팩트에 근거하지 않고 당장의 달콤한 말이나 장밋빛 환상에 기대어 추진된다면 훗날 국가와 국민이 얼마나 큰 희생과 부담을 치러야 할지 가늠하기조차 어렵다.

우리사회에는 원전에 대한 터무니없는 괴담만큼이나 재생에너지에 관해 막연한 동경과 여러 가지 검증되지 않은 선입견들이 퍼져 있다. 여기서는 '에너지는 과학일 뿐'이라는 본질에 입각해서 재생에너지의 물리적, 기술적 특성을 바탕으로 재생에너지에 관한 왜곡된 '미신(Myth)'들을 검증해 보도록 한다.

1. 첫 번째 팩트 체크 : '딴 세상'에서 온 재생에너지

1) 현대 문명은 온전한 '교류'의 세상

전기에는 직류와 교류가 있다는 말은 누구나 한 번쯤은 들어 보았을 것이다. 직류(直流)란 항상 같은 방향으로 일정하게 흐르는 전기를 말하는데 대표적인 예로는 건전지, 자동차 배터리, 휴대폰 배터리 등이 있다. 교류(交流) 전기는 주기적으로 흐름이 바뀌며, 주기에 따라서 전압, 전류, 극성(極性)의 방향이 바뀌게 된다. 우리가 가정에서 사용하는 220V의 전기코드가 바로 교류전기이다.[115)]

전기의 극성이 바뀌는 사이클과 횟수를 각각 주기(週期)와 주파수(周波數)로 나타내는데, 국가에 따라서 50 또는 60헤르츠(Hz)의 주파수를 사용한다. 예컨대 우리나라는 미국처럼 1초에 60회 극성이 바뀌는 60헤르츠를 사용하며, 독일은 50헤르츠를 사용한다.

현재 지구상 모든 나라의 발전소들은 교류전기를 생산하며, 교류가 전원의 기본이다. 그 배경에는 지금으로부터 약 130여 년 전, 전기 표준을 놓고 에디슨과 테슬라(Nikola Tesla)가 대결했던 '기술 전쟁'이 있다.[116)]

---

115) 직류전기는 보통 5VDC, 교류전기는 220VAC와 같이 표기한다.
116) 한국전기연구원, 2018

▌그림 31▌ 직류전기와 교류전기

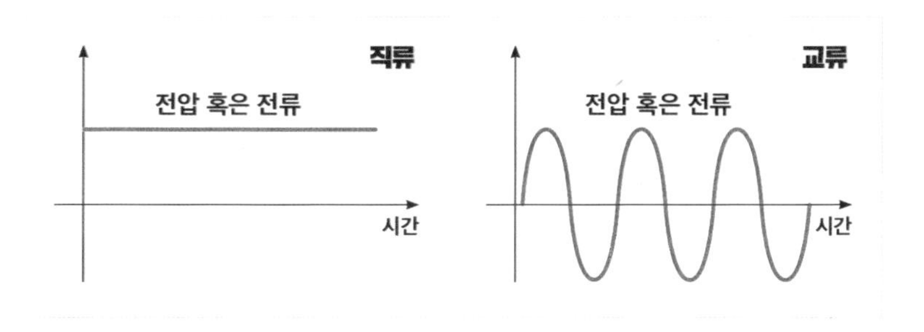

에디슨은 안전성을 내세우며 직류(DC) 송전방식을 주장한 반면, 교류 발전기와 송·배전 시스템을 발명한 테슬라는 전기손실이 적어 장거리 전송에 유리하고 훨씬 저렴한 교류(AC) 송전 방식을 주장했다. 당시에 에디슨은 이미 저명 인사였고, 자신이 발명하고 투자한 직류 방식을 관철하기 위해 야비한 수단까지 동원하며 진흙탕 싸움을 벌였지만, '전류 전쟁'의 승자가 된 것은 테슬라의 교류 시스템이었다.

1893년 시카고의 만국박람회가 25만 개의 전구를 밝히기 위해 교류전기를 채택한데 이어, 상금 10만 달러가 걸린 '나이아가라 프로젝트'에서도 테슬라의 교류전기가 완승을 거둔 덕분이다. '나이아가라 프로젝트'란 미국 정부가 나이아가라 폭포에 설치한 수력발전소의 전기를 약 42㎞ 떨어진 버팔로 시에 송전하는 기술을 공모한 것이다. 당시 기준으로 어마어마한 상금 때문에도 초미의 관심이 집중된 최후의 한판 대결에서 테슬라(웨스팅하우스)가 에디슨(GE)을 물리치고 사업을 따냈다. 테슬라의 교류전기가 에디슨의 직류전기보다 기술적 경제적으로 더 우수하다는 사실이 전 세계적으로 공인받게 된 순간이다.

이후 130여 년이 지난 지금까지 전 세계의 모든 발전소들은 터빈을 돌려 생산한 교류전기를 다양한 변전 및 송배전 시스템을 거쳐 각 가정의 전기 소켓으로 전달하고 있다. 일반가정이나 제조공장 등이 모두 교류전기를 사용하고, 극히 예외적인 경우를 제외한 모든 제품들에 교류전기가 사용된다는 점에서 우리가 살고 있는 현대 산업과 문명사회는 온전한 '교류의 세상'이라 하겠다.[117)]

▌그림 32▌ 테슬라와 에디슨의 '전류전쟁'

*테슬라의 교류전기로 25만 개의 조명을 밝힌 1893년 시카고 만국박람회장

2) 저장이 불가능한 교류전기

그렇다면 직류와 교류전기의 차이, 또는 장단점은 어디에 있는가?[118)] 직류전기의 최대 장점은 저장이 용이하다는 것이다. 그러나 전압의 변경이 매우 어렵고 대용량의 전기를 사용할 수 없는 것이 큰 단점이다. 이러한 직류전기의 장단점은 반대로 교류전기의 장단점이 된다.

교류전기의 가장 큰 장점은 변압기를 통해 원하는 전압으로 승압

---

117) 최신 전력기술 현황을 지켜보면 19세기 말 에디슨과 테슬라의 '1차 전류전쟁'에서 참패했던 직류전기가 130년 만에 새 바람을 일으키며 '2차 전류전쟁'을 예고하고 있다. 최근 전력망이 복잡하고 매립형태의 송전방식에는 오히려 직류 송전방식이 더 효율적이라는 게 드러나면서, 고압 직류송전(HVDC: High Voltage Direct Current) 방식이 각광을 받고 있다. 최소 600~700km 이상의 장거리 송전 시 교류보다 효율적이라는 것인데, 도중에 전류가 유 · 출입되는 접속점을 만들기 어렵다는 단점이 있다.

118) 이하 Limburg/Mueller, 2015 참고

이나 강압이 쉽다는 데 있다. 변압기 제작 또한 용이하고 변환에 따른 손실도 적다. 이는 특히 전선의 전압에 따라 전기 손실율(損失率)이 좌우되는 장거리 송전 시에 매우 중요한 장점이다. 예컨대, 동일한 전류의 강도에서 전압을 10배로 하면, 송전 부하도 10배로 늘어나지만 손실량은 거의 변하지 않는다. 장거리 송전 선로로 고압선로를 쓰는 이유이다.

또한 교류전기는 쉽게 직류로 변환할 수 있으나 직류를 교류로 변환하려면 매우 복잡한 과정이 필요하고 비용도 많이 든다. 특히 태양광이나 풍력 터빈에서 생산된 직류전기를 송전하려면 교류로 전환해야 하는데, 그 과정도 복잡할 뿐더러 변환 과정에서 1/3정도가 손실된다고 하니 경제성과 실용성이 급속히 떨어지는 것이다.

그러나 교류전기에는 중대한 단점이 있다. 바로 저장이 불가능하다는 점이다. 교류전기의 저장은 다른 에너지 형태로 변환하는 간접적인 방법으로만 가능하며, 현재까지 그나마 실용성이 검증된 방법은 양수발전기(Pumping Up Power Plant) 뿐이다.[119] 그러나 양수발전기 역시 입지 조건이 제한적이고 용량도 작아서 기껏해야 몇 시간 정도 첨두부하(尖頭負荷)를 충당하는 수준에 불과할 뿐, 근본적인 해결책이 되지 못한다.

그렇다면 교류전기를 직류로 변환하여 배터리에 저장하면 되지 않을까? 교류전기의 저장 장치로 배터리가 부적합한 이유는 무엇보다 배터리의 가격과 용량 때문이다. 배터리 전기는 kWh당 200~500센트로 발전소 전기에 비해 5천~6천 배나 비싸다.

징크-카본 배터리를 생산하는 데는 배터리 용량의 40~200배가 넘는 에너지가 필요하다고 한다.[120] 게다가 현재의 기술로는 축전지에

119) Hartmann 등, 2012

저장할 수 있는 용량 자체도 너무 적다. 예컨대, 최신 기술로 리튬-이온 배터리에 1TWh를 저장하려면 약 1조 유로(약 1,300조 원)가 필요하다고 한다. 만일 독일이 '햇볕도 바람도 없는 날' 6일에 대비하려면 10TWh(독일의 연간 전력 수요 약 600TWh=1일 약 1.6TWh)가 필요한데, 이 정도의 전기를 리튬-이온 배터리에 저장해 두려면 10조 유로, 30일을 버티려면 50조 유로가 필요하다는 계산이다! 게다가 배터리 수명은 10년 정도로 아주 짧기 때문에 비용은 더 올라간다.

독일 최고의 배터리 전문가인 엔드레스(Endres)교수가 "저장장치 없는 〈에너지 전환정책〉은 기술적으로 불가능하고, 저장장치를 사용한 〈에너지 전환정책〉은 경제적으로 불가능하다"고 일갈하는 이유다.[121] 그나마 배터리 생산기술 자체도 아직 대규모 상용화 단계에 이르지 못했다. 현재 전 세계의 연간 배터리 생산기술은 약 35GW에 불과하다고 한다. 따라서 독일이 10일간 필요한 전력을 저장하려면, 한 해 동안 전 세계에서 생산된 리튬-이온 배터리의 450배가 필요하다는 계산이 나온다.

테슬라 '기가 팩토리'를 1년 동안 풀가동해서 생산한 배터리 50만 개를 모두 독일에 준다고 해도 단 하루의 전력 수요를 버티지 못하는 것이다.

참고로 현재까지 독일에 구축된 최대 규모의 배터리저장설비는 2017년 8월 켐니츠(Chemnitz)에 건설된 16MWh급으로, 총 비용은 1,000만 유로(약 130억 원), kWh당 625유로(약 81만2500원)가 들었다. 세계 최대 배터리 저장설비는 2017년 5월 일본에서 가동에 들어간

---

120) Limburg/Mueller, 2015, 12쪽(Mobile Elektrische Energieerzeugung, www.lieflex.de/energie-batterie.html, 2012.6월)

121) Endres, 배터리 기초연구분야의 대가; Zündel, ARD 방영, 2018.5.11

50MW/300MWh 급이다.[122] 즉, 세계 각국에서 엄청난 연구가 경쟁적으로 진행중이지만, 아직까지 대규모 전기저장 장치의 상용화는 기술적·경제적으로 불가능하다는 것이다. 세계 각국에서 전기자동차의 대중화에 몰두하고 있지만, 아직 결정적 돌파구를 찾지 못하는 것도 결국 배터리 기술이 따라주지 못하기 때문이다.[123]

결론짓자면, 많은 사람들이 태양광이나 풍력에서 생산된 잉여전력을 어딘가에 저장했다가 필요할 때 꺼내 쓰면 되겠지 라고 생각하지만, 이는 완전히 잘못된 상식이다. 배터리 저장장치는 가격도 비싸고, 저장용량도 극히 작아서 한두 시간의 소규모 사용에나 가능한 임시방편일 뿐, 재생에너지 간헐성 문제의 근본적 해결책은 아직 없기 때문이다.

현재 전 세계의 모든 전력계통은 교류전기가 기본이며, 교류전기는 저장이 불가능하다는 것이 물리적 팩트이다.

3) 교류 전력시스템의 운용원리 : 발전량과 수요부하의 시간적 · 공간적 일치

앞에서 설명했듯이, 오늘날의 기술 수준에서 전기는 저장이 불가능하다. 따라서 전력은 필요한 순간에, 꼭 필요한 만큼만, 생산되어야 한다. 전력의 발전 출력과 수요 부하가 항상 시간적·공간적으로 일치해야 한다는 말이다.[124] 우리의 전력계통 역시 이러한 교류전기의 특성에 맞춰 발전량과 사용량을 모든 순간에 실시간으로 정확하게 일치

122) Belectric, Energie in Sachsen, 2018
123) Kelly, 2014, 10쪽; Follett (The Daily Caller), 2016.8.8
124) Roth, 2013; Köchy, 2017

시킴으로써 안정성을 유지해 왔다. 현재 세계 각국이 사용하는 전력계통은 수요와 공급 간의 시차가 1초도 벌어져서는 안 되는 고도로 민감하고 정밀한 시스템이다.[125)]

전력계통을 안정적으로 유지하려면 정격 주파수(周波數)와 일정한 전압(電壓)의 유지, 그리고 발전량과 소비량의 실시간 일치라는 3대 조건을 준수해야 한다. 상호 밀접하게 연관된 3대 조건 중의 어느 하나만 어긋나도 전력망은 다운되고 블랙아웃이 온다. 어떤 이유에서든 발전출력과 전력 소비량이 정확하게 일치하지 않으면 전력계통의 주파수가 요동친다. 이는 물리적으로 피할 수 없는 현상으로 공급 측면의 발전량이 수요 측면의 소비량보다 많을 경우 주파수는 강제적으로 상승하고, 반대로 발전출력이 수요보다 부족할 경우에는 주파수가 내려간다. 이때 허용되는 주파수의 오차범위인 ±0.02 헤르츠를 초과하면 전력계통은 자동으로 윤번정지(輪番停止), 즉 정전사태를 맞게 된다.

1886년 니콜라 테슬라가 교류전기 시스템을 발명한 이래 세계 각국의 전력산업은 엄청난 기술개발을 통해 전력계통에 유입되는 전력의 주파수 차이를 극소화하는 데 성공했다. 현실세계에서 주파수는 발전기 내의 코일의 회전수로 결정되기 때문에, 발전기들이 정확하게 동일하게 회전하는 방식으로 주파수를 맞춘다. 예를 들면 우리나라에서는 전력계통에 연결된 363기의 급전(給電) 대상 발전소의 모든 터빈들이 아주 정확하게 동일한 싸인 곡선을 그리며 1초에 60번씩 회전함으로써 주파수를 일치시키고 있다.[126)]

또한 전력시스템에 연결된 발전기의 총 발전출력과 수요 부하의

125) Limburg/Mueller, 2015, 19쪽
126) 김영창/유재국, 2015, 52~53쪽: 우리나라에는 363대의 급전대상 발전기, 즉 중앙관제실에 연결되어 중앙에서 통제 가능한 발전기와 6,771대의 급전불능 발전기가 있다.

▌그림 33▐ 전력계통 안정성 확보의 조건

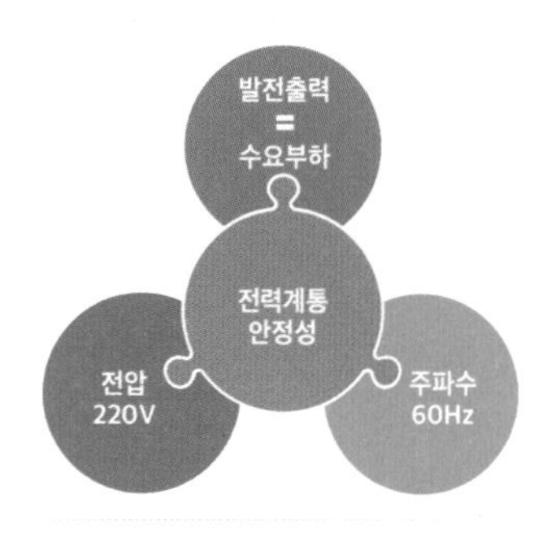

총량을 매순간 일치시킴으로써 전력망의 안정성을 유지한다. 전력계통의 안정성은 모든 발전소들에 대한 끊임없는 미세조정(微細調整)의 결과라는 점에서 엄청난 제어기술력의 산물이며, 존경받아 마땅한 대단한 능력과 노하우다.

크고 작은 발전소들이 연결되어 있는 전력계통은 거대한 오케스트라에 비유할 수 있다. 각 발전소의 모든 발전기들의 회전자(回轉子)가 동일한 주기와 주파수로 혼연일체가 되어 움직여야 하기 때문에, 발전소들에 대한 시스템적 관리 기술이 매우 중요하다. 우리나라에는 전력거래소의 급전실(給電室)에서 출력을 제어할 수 있는 급전 대상 발전기가 360여 기가 있다. 이들은 기저부하용, 부하추종용 및 첨두부하용 발전기로 세분화되어 각기 다른 역할을 수행한다.[127)]

기저부하(基底負荷) 발전기는 정해진 출력으로 보통 하루 24시간, 1년 365일 계속 가동된다. 이들은 터빈 회전수를 통해 전력망의 주기를 제시하는 지휘자의 역할을 하며, 주파수 안정을 이끌어 간다. 전통적

127) 김영창/유재국, 2015, 53~쪽

으로 원전이나 석탄발전소가 기저부하를 담당해 왔다.

부하추종(負荷追從) 발전기는 하루의 변화하는 수요, 즉 부하곡선의 형태를 따라가는 발전기로서, 심야 등 전력수요가 적은 시간에는 가동을 멈추는 방식으로 운용된다.

첨두부하(尖頭負荷) 발전기는 주로 피크 타임, 즉 전력수요가 급증할 때 긴급 투입되는 발전기로, 하루에도 몇 번씩 기동과 정지를 반복하며, 대부분은 하루 8시간 미만 가동된다. 원전이나 석탄발전보다 발전원가는 높지만 기동과 정지가 용이한 LNG복합발전소가 대부분의 나라에서 첨두부하를 담당한다.

지금까지 이처럼 고도로 정밀화된 전력계통의 운용 질서는 철저하게 시장원리에 따르는 게 전통이었다. 즉 첫째, 출력 관리는 전적으로 수요 부하에 맞춰 최적화하며, 둘째, 가장 발전원가가 낮은, 즉 경제성이 높은 발전소부터 차례대로 급전되는 것이 원칙이었다. 그런데 재생에너지 확대정책과 함께 이 원칙은 모두 무너졌다.

4) 주파수가 다른 태양광과 풍력 전기

이처럼 발전소 터빈의 회전자(回轉子)를 주축으로 한 기존의 교류기반 전력계통에 재생 에너지를 접속하는 것은 전력계통의 안정성에 치명적인 위협을 초래하는 일이다. 태양광이나 풍력 등 재생에너지의 물리적·기술적 특성이 교류기반의 전력 시스템과 완전히 다르기 때문이다. 현대문명의 기반인 교류 전력 시스템과 충돌하는 태양광과 풍력발전의 특성은 다음과 같다.

첫째, 반도체 기술에 기반하는 태양광은 100% 직류전기를 생산하며, 풍력 설비는 대부분 교류전기를 생산하지만 기존의 교류시스템과는 주파수가 다르다. 이처럼 근본적으로 성격이 다른 재생에너지 전력을 교류에 특화된 송배전망을 통해 소비자에게 전달하려면 시스템 간의 호환성 확보가 필수적이다. 우선 태양광이나 풍력 전기가 전력계통에 유입되려면 주파수가 일치하는 교류전기로 변환되어야 하는데, 직류전기의 교류 변환은 기술적으로 복잡하고 손실이 많다는 게 특징이다. 즉, 태양광이나 풍력 전력을 교류 기반의 전력계통에 접속하기 위해서는 여러 차례 변환이 불가피하고, 그 과정에서 엄청난 전력 손실과 비용이 발생한다.[128] 재생에너지 발전은 구조적으로 경제성과 실용성을 확보하기 어렵다는 의미이다.

둘째, 현재의 교류 전력계통의 안정성을 담보하기 위해서는 정격범위의 주파수를 지키는 것이 생명이다. 하지만 태양광은 주파수가 아예 없고, 풍력의 경우에는 주파수가 다르기 때문에 태양광과 풍력전기를 송배전하려면 전력계통의 주파수, 즉 원전 및 화석연료발전소들의 주파수에 일치시켜야 한다.

현재는 태양광 패널이나 풍력터빈에 부착된 계측기가 감지하는 시시각각의 전력망 주파수와 주기에 따라 설비를 차단하거나 접속하는 방식으로 시스템이 유지되고 있다. 그러나 수많은 발전기의 주파수를 엄격한 제어 범위 내에서 관리함으로써 유지되는 교류 전력계통의 운영원리를 고려할 때, 이처럼 스스로 주파수를 제시할 수 없는 재생에너지만으로 전력계통의 안정성이 유지될 수 있을까 하는 근본적인 의문이 제기된다.

---

128) Roth, 2013; 재생에너지 전력이 수용가에 이르기까지 여러 차례의 변환과정을 거치면서 전력의 절반 이상이 손실된다는 자료도 있음. Beppler, 2013, 101쪽

전력계통의 안정성을 담보할 수 있는 대안 기술들은 아직 실험실 수준을 벗어나지 못했고, 멀지 않은 시기에 실현될 가능성도 매우 희박하다. 바로 이런 이유에서 많은 전문가들은 독일이 목표로 하는 것처럼 재생에너지만으로 국가 전력시스템을 운영하는 것은 비용 문제를 떠나 그 자체가 기술적으로 불가능하다고 보는 것이다.[129)]

셋째, 이처럼 민감한 전력시스템의 안정성을 유지하는 전통적인 방식은 완벽하게 통제 가능한 공급 측면을 전적으로 수요의 변동성에 맞춰 운영하는 것이었다. 시스템 운영자들은 정밀한 수요 예측치를 토대로 발전계획을 수립하고, 전력망 부하의 흐름을 사전에 계획한다. 예컨대 우리나라의 전력 수요는 시간당 37GWh~85GWh 사이를 왔다 갔다 하며, 하루의 시간대, 주중/주말, 절기에 따라 어느 정도 일정한 수요패턴을 보인다. 이 패턴에 따라 발전소들의 부하를 계획 운용하는 것이다. 그런데 발전량과 발전시점 등을 계획하는 자체가 불가능한 재생에너지가 전력계통에 접속되면서 이제는 공급측면까지도 예측 불가 · 계획 불가·통제 불가 상황에 빠지다 보니, 전력계통의 출력과 부하 관리에 초비상이 걸릴 수밖에 없다.

다시 말해 재생에너지의 접속으로 수요 사이드에 이어 공급 사이드까지 극심한 변동성에 직면하게 된 교류 전력계통의 안정성 유지야말로 〈에너지 전환정책〉의 아킬레스건이다. 그리고 기술적으로 이를 해결할 방법은 아직 묘연하기 때문에, 재생에너지의 비중이 증가할수록 전력계통의 블랙아웃 위험성은 기하급수적으로 커질 수밖에 없다.[130)]

---

129) Temple, 2018; Limburg/Mueller, 2015, 93쪽
130) Limbrug/Mueller, 2015, 35~37쪽

넷째, 엄청난 양의 재생에너지 전기가 유입되면서 전력망의 안정성 유지가 시험대에 오른 가운데, 전기의 이동 속도가 광속과 같이 빠르다는 특성도 전력시스템 운용의 난이도를 높이는 요소다. 이는 전력망의 어느 한 곳에서 고장이 나면 고장의 여파가 송전망을 따라 빛의 속도로 확산된다는 것을 뜻한다. 게다가 전기의 이동경로는 오로지 물리법칙에 따라 최소저항의 경로를 따라 흐를 뿐, 전력망 운용자가 임의로 제어할 수 없다. 이러한 특성으로 인해 망에 연결되어 있는 전력시스템들은 불가피하게 상호 영향을 받는 공동운명체가 되는 것이다. 이는 유럽처럼 통합전력망으로 연결된 경우, 한 국가의 어떤 로컬에서의 사소한 실수도 광범위한 블랙아웃 사태로 확산될 수 있음을 의미하며, 과거와는 차원이 다른 제어기술이 요구된다.[131)]

결론적으로, 태양광이나 풍력 전기는 지난 130여 년 가까이 현대 문명사회와 산업을 지탱해 온 교류 전력시스템과 호환되지 않는 여러 가지 물리적 특성을 지니고 있다. 〈에너지 전환정책〉을 물리적·전기기술적 관점에서 보면, '교류의·교류에 의한·교류를 위한'전력인프라에 이와는 완전히 다른 물리적 특성을 지닌 재생에너지를 접속하려는 시도인 것이다.

---

131) 2006년 11월 4일 밤 9시 무렵, 서유럽 지역에서 발생했던 대규모 정전사태를 예로 들어보자. 사고 원인은 독일 북부 엠스(Ems)강에서 대형 유람선 통과를 위해 고압선로에 전기 공급을 차단하는 일상적인 작업 중에 순간적으로 전력망에 과부하가 발생하자 전력계통 보호 장치가 자동적으로 작동하면서 전력망에 연결되어 있는 프랑스, 이탈리아, 벨기에, 네덜란드, 스페인과 모로코까지 정전이 확산됐다.

프랑스에서는 인구수의 10%에 해당하는 5백만 명가량이 피해를 입었으며, 독일에서는 쾰른 공항 마비와 루르 공업단지에 전력 공급이 30분 가량 중단되었고, 고속열차 수십 대가 2시간 가까이 멈춰 섰다. 엔지니어들의 피나는 노력에도 2초 만에 번진 이 초대형 블랙아웃 사태를 정상화하는 데는 여러 시간이 걸렸다. 김홍태(연합뉴스), 2011.9.16.

이는 마치 경유차에 휘발유를 넣어서 운행하려는 것과 같이 시스템을 완전히 망가트릴 수도 있는 매우 위험한 일이다.[132] 따라서 교류 전력시스템의 주축인 원전 및 화석연료 발전소를 폐쇄하고 재생에너지로 대체하려고 한다면 당연히 재생에너지에 적합한 전력 기반 시스템을 새로 개발하거나, 최소한 시스템 호환성을 높이는 방법 등 보다 근본적인 접근이 필요하다고 생각된다.

자타가 공인하는 세계 최고의 기술 선진국인 독일이 벌써 20여 년 가까이 강력하게 〈재생에너지 확대정책〉과 〈탈원전 정책〉을 드라이브하면서도 교류 기반의 전력시스템 자체에는 손을 못 댄 채 오로지 재생에너지 설비 확대에만 열을 올리는 것을 보면, 시스템 호환성 문제를 근본적으로 해결할 수 있는 기술적 솔루션이 아직 없다는 것을 알 수 있다. 이처럼 정책이 선후가 바뀌다 보니, 그 과정에서 전기요금의 고공행진 등 국민이 감내해야 할 부담도 문제지만, 재생에너지 정책이 올바른 방향으로 가고 있는지 여부에 대한 불확실성과 리스크가 너무나 크다.

재생에너지 찬미자들은 조만간 재생에너지와 교류 전력시스템 간에 호환성이 확보될 것이라는 장밋빛 전망을 늘어놓고 있지만, 대부분이 신뢰하기 어려운 막연하고도 일방적인 주장들이다. 만일 그러한 확실한 기술이 있었더라면 왜 태양광이나 풍력에 매우 유리한 국토조건을 갖춘 미국이나 중국에서 재생에너지 발전 비중이 고작 2~3%대에 머물러 있겠는가!

---

132) Ahlborn, 2016; Heller, 2013

2. 두 번째 팩트체크 : 대체 불가능한 화석연료 발전소

우리 사회에 퍼져 있는 재생에너지에 관한 여러 가지 선입견들 중에서 가장 대표적인 것은 재생에너지 비중을 확대하면 그만큼 원전이나 석탄발전소를 줄여 나갈 수 있다는, 즉 재생에너지가 당연히 원전이나 석탄발전소를 대체할 수 있다는 생각일 것이다.

이러한 왜곡된 이미지는 '에너지전환'이라는 이름에서부터 드러난다. 전 세계에서 가장 먼저 재생에너지로 원전과 화석연료 발전소를 대체하겠다는 정책을 추진한 독일의 〈에너지 전환정책〉은 독일어로는 '에네르기 벤데(Energie+wende=에너지+전환)'라고 불린다. 일부 냉소적인 독일인들은 〈에너지 전환정책〉 자체의 성공 여부는 알 수 없지만, '에네르기 벤데'라는 이름만큼은 최고의 성공작이라고 말한다. 그도 그럴 것이 '에네르기벤데'라는 단어는 구글 검색어 조회 수 8천만 회를 기록하여 3,500만 회인 '후쿠시마 원전사고' 보다 2배 이상 많이 클릭되었고, 영어 번역 없이 전 세계에서 통용되는 흔치 않은 독일어이기 때문이다.[133]

어쨌든 재생에너지가 기존의 발전소를 대체하는 것이 불가능하다는 것이 물리적 팩트임에도 불구하고 '에네르기벤데'라는 단어가 마치 재생에너지 발전 비중이 증가하는 만큼 원전 및 석탄이나 가스발전소를 '대체'할 수 있다는 듯한 이미지를 전달해 준 덕분에 탈원전이나 재생에너지 확대정책에 대한 국민들의 우려나 거부감을 크게 줄여줬다는 점에서 이 정책이 이름 덕을 톡톡히 본 것만은 사실인 것 같

133) Kästner/Kießling, 2016, 2쪽

다. 문재인 정부가 〈탈원전 정책〉에 대한 국민적 우려가 커지자, 부랴부랴 〈에너지 전환 정책〉으로 이름을 바꾼 것도 독일을 본 딴 꼼수일 것이다.

필자도 처음에는 당연히 재생에너지가 확대되는 만큼 기존의 화석연료 발전소를 감축하는 것이 물리적 기술적으로 가능한 줄 알았다. 그런데 공부를 하면 할수록, 아무리 재생에너지를 확대하더라도, 현재의 기술로는 재생에너지가 기존의 화석연료 발전소를 대체하는 기저(基底) 발전원이 될 수 없으며, 앞으로 그런 기술이 나올 수 있을지 여부도 불확실하다는 것을 알게 되었다.

그렇다면 왜 재생에너지가 확대되어도 기존의 화석연료 발전소를 감축할 수 없는가? 그것은 재생에너지의 간헐성, 극심한 변동성, 무엇보다 인위적 통제 불가능성 때문이다. 오로지 자연의 법칙에 따라 생산되는 재생에너지만으로는 발전량과 수요부하가 완벽하게 일치되어야만 유지되는 전력망의 안정성을 보장할 수 없기 때문에 사람이 통제가능한 발전소의 백업이 반드시 필요하다.

2017년 독일의 재생에너지 설비용량(103GW)이 총 전력수요를 커버할 만큼 확충되었고, 재생에너지 발전 비중이 36%까지 증가했지만, 실제로 원전이나 화석연료 발전소는 거의 축소되지 못했다는 사실이 이를 증명해 준다.[134] 광대한 국토와 거대한 유휴부지가 많아서 재생에너지 발전에 유리한 미국에서도 "태양이 비추고 바람이 분다고 해서 항상 전기를 얻을 수 있는 것은 아니다. 태양광, 풍력은 더 많은 가스발전소를 의미한다"고 말하는 것도 같은 이치이다.[135]

---

134) 본 서, 4장. 5. '에너지 전환' 없는 〈에너지 전환정책〉
135) 노동석, 2017, 35쪽

정확하게 표현하자면, 재생에너지가 화석연료 발전소를 대체해서 '에너지 전환'을 하는 것이 아니라 재생에너지와 화석발전소라는 두 개의 전력시스템을 병행하는 '전력시스템의 이중화'라는 것이 팩트이다.

만일 '에너지 전환'이 불가능하다면 정책 존립 자체의 정당성이 사라진다는 점에서 매우 중요한 문제인데도 불구하고 대부분의 국민들에게는 이 사실이 잘 알려져 있지 않다. 따라서 이 문제는 상세히 살펴보고 사실 여부를 검증해 보아야 한다.

태양광과 풍력 등 재생에너지의 가장 큰 문제점은 발전량과 발전 시점을 인위적으로 통제할 수 없다는 점이다. 즉, 바람이 없고 햇볕이 없는 날에는 아무리 많은 설비가 있어도 무용지물이 된다. 오죽하면 하늘만 쳐다보며 태양이 작렬하기를, 적당량의 바람이 불어주기를 기도할 수밖에 없다고 해서 '천수답 발전'이라고 불리기도 한다. 재생에너지 발전량은 극도로 변화무쌍한데다 우연의 산물일 뿐이다.[136]

독일에서도 재생에너지 설비용량이 해마다 급격히 증가하는데도 불구하고 발전 총량은 오히려 감소하는 등, 해마다 날씨에 따라 발전량은 큰 차이를 보이며 들쭉날쭉 한다. 우리나라에서도 제주도에 설치된 풍력 발전기(총 119기, 269MW)들이 바람이 없어 멈춰 있는 날이 대부분이고, 바람이 심한 날은 전력망에 과부하가 걸리기 때문에 가동을 중단해야 하는 일이 비일비재하다. 바람이 적어도 걱정, 많아도 걱정인 것이다.

독일의 유력 일간지인 디 벨트(Die Welt)지가 태양광과 풍력발전이

136) 〈독일연방 네트워크청〉에 따르면 풍력발전의 전력계통 안정성에 대한 기여도는 5%에 불과하다.

제로에 가까워서 독일 전체가 블랙아웃 직전까지 갔던 2017년 셋째, 넷째 주를 '둥켈훌라우테'(Dunkelflaute: 햇볕도 바람도 없는 날)라는 신조어로 명명했다.[137] 당시 혹한의 2주 동안 독일 전역에 구축된 91GW나 되는 태양광 패널과 풍력 터빈에서 생산된 전력은 겨우 5GW에 불과하여 독일의 전력 수요의 90% 이상을 원전 및 화석연료발전소에 의존해야만 했다.

2017년 1월 24일 아침 7시에 최악의 상황이 벌어졌다. 전력수요는 70GW에 이르렀지만 그 시각 풍력 발전량은 0.8GW, 태양광은 제로였다. 110GW가 넘는 재생에너지 설비에서 그 시각에 생산된 전력은 수요의 1%에도 못 미쳤던 것이다. 문제는 설비 용량을 두 배, 세 배 아니 백 배, 천 배로 늘리더라도 바람과 햇볕이 없으면 발전량은 똑같이 제로가 된다는 것이다.

전문가들에 따르면, 만일 전력 수요를 100% 재생에너지로 충당하려면, 다시 말해서 원전이나 기존의 화석발전소를 모두 폐쇄하려면, 첨두(尖頭) 수요의 두 배 이상의 설비용량을 구축해야 할 뿐 아니라 최소 수 주간의 전력 수요를 저장할 수 있는 저장 시스템, 그리고 방대한 송배전 시스템이 구축되어야 한다.[138]

그러나 앞서 설명한 것처럼, 축전지와 전력 저장장치 등이 아직 미비하고, 유일한 대안인 양수발전소 역시 입지 여건과 발전용량 등이 제한적인지라 해결책이 되지 못하고 있다. 따라서 태양광 패널과 풍력 터빈이 아무리 많이 설치되어 있더라도 햇볕이 없고 바람도 없는 날에는 원전이든 석탄 발전소든 인위적 통제가 가능한 발전소가 전력 공급을 해 줘야만 블랙아웃을 막을 수 있다.

---

137) 영어로는 dark doldrums 이라고 표현. Wetzel, 2017

138) Temple, 2018.

결론적으로 〈에너지 전환정책〉이 성공적으로 추진되어서 목표대로 재생에너지 발전 비중이 80%, 100%가 되더라도, 블랙아웃을 막기 위해서는 재생에너지 시스템을 백업하는 그만큼의 원전 및 화석연료 발전소가 반드시 필요하다는 게 팩트이다. 더 직설적으로 표현하자면, 현재의 교류 전력시스템에서는 재생에너지만으로는 전력수급의 안정성을 보장할 수 없기 때문에 재생에너지와 화석발전소라는 두 개의 전력시스템을 쌍둥이로 운용해야만 한다.[139]

이는 독일의 경험에서도 명백하게 입증되고 있다. 전 세계에서 재생에너지 발전 비중이 가장 높은 독일에서 전력계통의 안정성을 책임지는 〈연방네트워크청〉도 전력시스템을 이중으로 중복 운영할 수밖에 없음을 인정했다. 독일에서는 원전은 폐지하지만 갈탄 및 유연탄발전소, 가스발전소가 유지되고 있음에도 불구하고 전력수급의 차질을 막기 위해서 스위스, 오스트리아 등 해외 발전소와도 백업 계약을 체결하고 있다. 계약 규모도 2013년 2,540MW, 2015/16년 겨울에는 약 5기의 대형발전소와 맞먹는 규모인 4,800MW에 달하는 등 재생에너지 발전비중이 늘어날수록 백업계약 규모도 더 커지는 것으로 분석되었다.[140]

백업 전력을 실제 사용하지 않더라도 독일의 전기소비자들은 계약된 비용을 부담해야 하지만, 그래도 사전적 백업 계약이 비용면에서도 대부분 더 유리하다. 송전사업자가 갑작스런 블랙아웃 위기를 막기 위해 비상전력을 수입하게 되면 그 가격은 보통 정상 가격의 수 십 배에 이르기 때문이다.[141]

---

139) Spiegel 2013.10.21 No. 43; Forster(Neue Züricher Zeitung), 2017.5.4

140) Köchy, 2017, 104~105쪽; Die Welt, 2013.10.28

141) 예컨대, 2012년 2월 전력부족사태에 직면한 EnBW Transportnetze AG사가 스위스의 Swissgrid로 부터 300MW의 비상전력을 수입했는데, 거래소 정상

독일 정부가 제시한 재생에너지와 화석연료 발전소의 설비 비중 목표에서도 '전력시스템의 이중화'가 더욱 명백하게 드러난다.[142)] 〈그림 34〉에서 볼 수 있듯이, 독일 전력망 확충계획에 따르면 2023년과 2033년까지 재생에너지 설비 용량이 2011년의 2배 내지는 2.5배 이상 확대되는데도 화석연료 발전소의 비중은 2011년 99GW에서 2023년에 93GW, 2033년에도 87GW로 2011년 대비 9~12GW정도만이 감소될 뿐이다. 2017년 독일의 전력 수요가 90GW였음을 감안하면 완벽하게 두 개의 전력시스템을 쌍둥이로 운용하겠다는 것이나 다름없다. 또한 2011년과 2023년의 전력수요는 각각 608TWh와 618TWh로 1.6% 증가하는 것으로 설계하면서도 재생에너지와 화석연료의 총 발전설비용량은 2011년 164GW에서 260GW로 거의 두 배에 가까운 160% 증가로 계획되어 있다.

한편 이러한 숫자들은 발전소 운영이 얼마나 비효율적으로 되는 것인지를 고스란히 보여주고 있다. 재생에너지의 설비 용량은 시나리오에 따라 화석연료 발전소의 1.5배에서 2배 가까이 증설됨에도 불구하고 발전량은 화석연료 발전소의 70%에 불과하니, 대충 계산해도 재생에너지의 생산성은 화석연료 발전소의 1/3 이하로 떨어지는 것이다. 시나리오 C는 재생에너지 발전량이 상회하는 경우지만, 이는 실현될 가능성이 적다. 특히 2033년 계획을 보면, 설비용량은 재생에너지(173GW)가 화석발전소(87GW)의 2배가 넘지만, 전체 발전량의 40% 가까이를 여전히 갈탄, 유연탄, 가스발전소가 담당하는 것으로 계획되어 있다.

요금의 50배가 넘는 MW당 3천 유로를 지불했다. Beppler, 2013, 71쪽

142) 2013년 NEP(전력망확충계획)에 수록된 2011년 발전소설비용량 및 2023년, 2033년 전망치 기준.

▌그림 34▌ 독일전력망 확충계획의 시나리오별 발전 설비용량 및 발전량

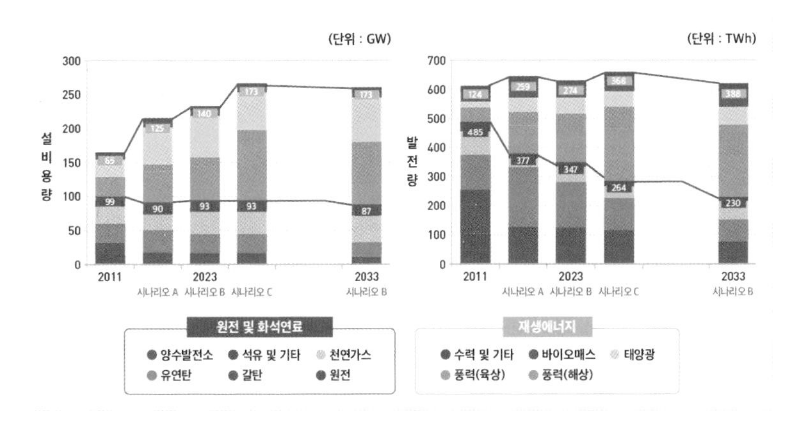

*출처: 50Hertz Transmission, Amprion, TenneT TSO, TransnetBW: Netzentwicklungsplan 2013년, 36쪽

이상에서 살펴 본 바와 같이, '에너지 전환'이 아니라 '에너지 이중화(二重化)'를 해야 하는 〈에너지 전환정책〉은 엄청난 고비용을 의미하며, 이는 전기요금 인상으로 직행하는 것이다.

따라서 우리나라 〈산업통상자원부〉가 강변하는 대로 〈에너지 전환정책〉으로 전기요금 인상이 없거나 극히 제한적일 것이라는 주장은 상식적으로도, 과학적으로도, 도저히 맞지 않는 것이며 독일의 경험에서도 틀렸다는 게 입증된 사실이다. 지금까지 하나의 시스템으로 완벽하게 기능하던 전력시스템을 이제는 2중, 3중으로 구축하는데 어떻게 비용이 올라가지 않는단 말인가!

다음에서는 〈에너지 전환정책〉에 따른 이러한 비용 상승 문제와 전기요금 인상 문제를 상세히 살펴보기로 한다.

3. 세 번째 팩트체크 : 재생에너지 확대로 인한 전기요금 인상

재생에너지 지지자들이 즐겨 쓰는 '햇볕과 바람은 계산서를 보내지 않는다'는 말이나, 툭하면 내세우는 '그리드 패리티'가 온다는 주장 때문에, 마치 재생에너지 발전비용이 조만간 원자력발전이나 석탄발전보다 더 저렴해질 것 같지만, 이 역시 왜곡된 사실일 뿐이다. 햇볕과 바람은 공짜지만 이를 전기에너지로 바꾸는 데는 상상을 초월하는 비용이 든다. 이는 특히 태양광이나 풍력의 물리적 특성이 1세기가 넘게 현대문명과 산업의 근간이 되어 온 '교류의·교류에 의한·교류를 위한' 전력 시스템과 근본적으로 다른 데서 발생하는 문제이다.

정격 주파수와 전압의 유지가 생명인 교류 전력계통에 주파수가 아예 없거나 다른 재생에너지 전력을 접속하려면 시스템 호환기술을 찾기 위해 막대한 시간과 자금이 투입되어야 하는 것은 어쩌면 너무나 당연하다. 게다가 재생에너지 기술들은 대부분 현재 진행형의 기술들이고, 많은 기술들이 아직 실험실 수준에 머물러 있다. 따라서 아직 이 세상에 나타나지도 않은 미래의 기술들을 성공적으로 상용화해야 하고 경제성까지 확보해야 하는 과제가 남아 있는 것이다. 이 모든 요인들은 발전 원가의 상승으로 나타날 수밖에 없고, 이는 전기요금 인상으로 직행한다. 이미 앞 절에서 설명했듯이, '재생에너지가 화석발전소를 대체할 수 없다'는 근본적 문제로 인해 재생에너지의 확대는 '전력시스템의 이중화'일 뿐이라는 것부터가 엄청난 비용 상승요인이다. 이 외에도 재생에너지의 확대가 반드시 전기요금 인상으로 이어질 수밖에 없다는 것을 과학적·물리적 관점에서 짚어 보기로 한다.

1) 20%도 안 되는 태양광 패널과 풍력터빈 이용률

태양광이나 풍력은 발전 시점과 발전량을 사람이 인위적으로 조정할 수도 없거니와, 태양광이나 풍력 터빈의 효율성은 기술적 성능 뿐만이 아니라 기후나 지형 같은 자연조건에 의해 좌우된다. 우리나라에서 태양광 패널의 평균 이용율은 12%, 풍력은 18% 수준[143] 이라고 하니, 통상 설비용량의 80~90%를 가동하는 원전이나 석탄발전소에 비해 투자 대비 효율성은 상대도 안될 만큼 떨어지는 것이다.

이를 가동시간으로 표현해 보면, 우리나라 원전의 가동시간은 연 8,760시간 중 8,000시간 내외로 연료교체 및 계획 예방정비 등 정기점검으로 인한 운휴시간을 제외하면 하루 24시간 1년 365일 가동된다. 반면에 태양광 패널의 실제 가동시간은 1일 평균 3.5시간, 연 1,277시간에 불과하다. 우리나라에서 1년 중 해가 나는 평균 일조시간(日照時間) 자체가 2,122.5시간임을 감안하면 놀랄 일도 아니다.

해외 전문가들에 따르면, 연간 설비 가동시간이 2,000시간 미만이면 경제성이 없다고 하니, 우리나라에서 태양광이나 풍력 발전은 기본적으로 경제성 확보가 어렵다고 봐야 한다. 그래서 원전에 25조 원을 투자하면 될 것을 재생에너지에는 100조 원을 투자해도 필요한 전력 공급이 보장될 수 없다는 지적이 나오는 것이다.

같은 돈을 투자해도 이용률이 10~20%에 불과하니 나머지 80~90%

143) 송원형/곽래건(조선일보). 2017. 8. 9.

의 설비는 유휴설비, 즉 개점휴업 상태이다. 누군가 수익을 확실히 보장해 주면 모를까, 이처럼 자본수익률이 크게 떨어지는 사업에 자기 주머니 털어서 투자할 사람이 어디에 있겠는가? 그래서 국가가 투자 유인을 위해 수익률을 보장해 주는 것이 바로 재생에너지 지원제도이다.

〈그림 35〉는 독일의 풍력과 태양광 발전의 설비 용량과 실제 발전량(2011년~2015년 3월)을 압축해서 나타낸 것이다. 이 그림을 보면, 태양광과 풍력에만 의존해서는 안정적인 전력공급은 절대 불가능하다는 것을 한 눈에 알 수 있다. 이 그림에서 세 가지 사실을 확인할 수 있다.

첫째, 하늘색과 노란색의 넓은 빈 공간이 말해 주듯이, 설비의 정격 용량과 실효 용량이 엄청나게 차이가 난다. 즉, 발전 설비의 대부분이 작동하지 않는 상태라는 것이다.

둘째, 풍력이나 태양광 발전 출력이 계속 널뛰기를 한다는 사실이다. 계절별, 시간대별로 가리지 않고 변동폭도 매우 커서 제로에서부터 상당한 수준까지 끊임없이 오간다.

셋째, 설비용량이 급격히 증가했음에도(풍력: 2011년 27GW → 2016년 48GW, 태양광 2011년 18GW → 2015년 38GW) 실제 발전량은 이와 비례하여 증가하지 않는다는 사실이다. 비례하기는커녕 설비 용량을 열 배, 백 배로 늘리더라도 바람이 없고 햇볕이 없으면 발전량은 똑같이 제로가 된다는 것을 여실히 보여주고 있다.

또한 기상 여건이 맞는 날에는 발전량의 급증으로 전력망 제어의 어려움을 오히려 배가시킨다. 예컨대 2015년 11월 한 달 동안의 전력 수급을 보면, 풍력과 태양광의 정격 설비량은 실제 전력수요를 전부 커버할 만큼 충분히 구축되어 있음에도 불구하고 실제 전력공급에는 큰 차질이 빚어지고 있음을 볼 수 있다.

▌그림 35▌ 독일 풍력 및 태양광 설비 용량과 실 접속량

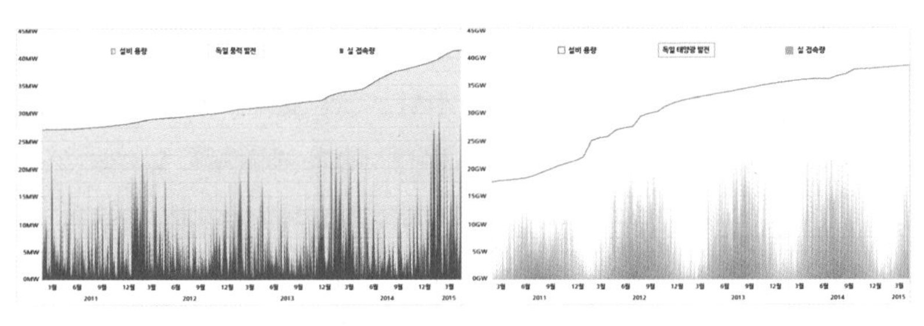

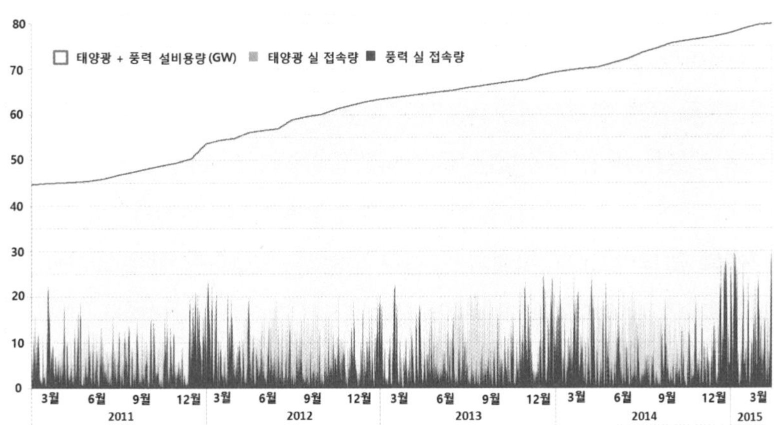

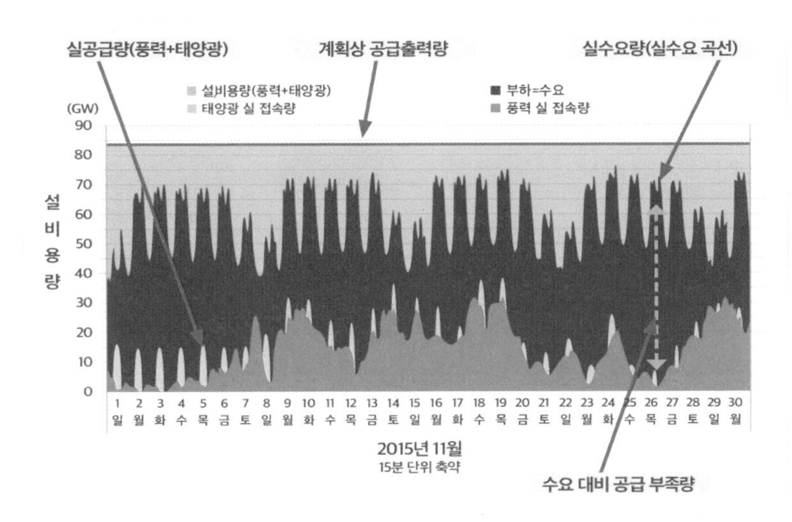

*출처: Schuster, 2015

그런데 이게 다가 아니다. 실효 발전량조차도 수요와 매치되지 않을 경우에는 잉여전력이 되어 헐값에 팔리거나, 버려지거나, 웃돈까지 얹어서 이웃나라에 넘기거나 해야 한다. 다시 말해, 정격용량의 20%에 불과한 실효 용량에서도 수요의 발생시점과 매치되지 않아서 소용없는 전력이 발생한다는 사실이다. 실제로 2017년 독일의 재생에너지 발전량은 36%에 이르렀지만, 이 중에서 독일의 전력수요를 커버한 것은 20% 정도에 불과한 것으로 분석됐다.

이러한 상황을 감안하면, 독일의 발전원별 이용률, 즉 1년 8,760시간 중 전원별 설비의 풀가동 시간과 2017년 독일의 전원별 정격용량과 실제 발전량을 비교한 〈그림 36〉은 어찌 보면 지극히 당연한 결과라 할 것이다. 이 그림들은 태양광 패널과 풍력 터빈을 아무리 열심히 구축해 놓더라도 그 설비가 열심히 작동하지 않으으면 아무 소용이 없다는 것을 분명하게 보여준다.

❙그림 36❙ 전원별 설비이용률과 전원별 설비용량 대비 발전량

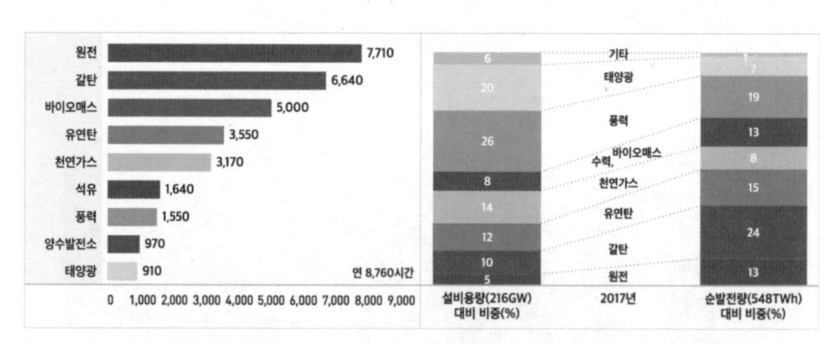

*전원별 설비 이용률은 연중 실제 발전량을 설비의 풀가동을 가정했을 경우의 시간으로 환산한 것으로, 현실에서는 발전설비는 항상 풀가동하는 것이 아니라 전력 수요에 따라 가동됨.

*출처: 연방통계청(Statitisches Bundesamt), BDEW 2010년; Agora Energiewende 2017 등을 토대로 작성

이처럼 대부분의 시간에 놀고 있는 설비는 그야말로 낭비일 뿐이며 국민들이 부담할 전기요금을 올리는 효과만 가져올 뿐이다. 이 그림들을 보고도 담당 관료들이 '그리드 패리티' 운운하며 재생에너지를 확대해도 전기요금 인상이 없다는 주장을 할 수 있는지 되묻고 싶다.

재생에너지가 기본적으로 소규모 분산형 발전이라는 특성도 고비용의 요인이 된다. 예컨대 3MW짜리 풍력터빈으로 1GW급 석탄 발전소 한 기를 대체하려면 풍력터빈 334개가 필요하다. 독일의 경우 풍력터빈 kW당 건설 단가는 3,700~5,000유로(약 480만 원~650만 원)인데 비해, 석탄발전소 건설비용은 kW당 1,000유로(약 130만 원) 수준이라고 하니, 건설 단계부터 벌써 4배~5배의 비용이 드는 것이다.

우리나라에서도 풍력터빈의 kWh당 건설단가는 보통 250만 원~500만 원, 석탄발전소 건설단가는 150만 원 수준으로, 풍력터빈이 2~4배의 비용이 더 든다. 1GW급 풍력단지를 조성하려면 5조 원가량이 필요한다면, 석탄발전소 건설은 1조~2조 5천억 원이면 되는 셈이다.[144)]

이 밖에도 태양광 패널과 풍력 터빈의 수명이 짧은 것도 추가적인 고비용 요인이다. 설비 수명이 태양광 패널은 최대 20~25년, 풍력 터빈은 12~15년에 불과하기 때문에, 최소 30~40년 이상 가동되는 석탄 및 가스발전소나 60년도 넘게 가동되는 원전에 비해 비용이 크게 높을 수밖에 없다. 아직 기술적으로 완숙되지 못한데다 설비 수명이 짧은 태양광 패널이나 풍력 터빈은 성능이 향상된 차세대 모델 개발에 엄청난 R&D 비용에다 설비 교체비용으로 돈이 밑 빠진 독에 물붓기 식으로 들어간다.

결론적으로, 자연의 법칙을 따르는 태양광이나 풍력 등 재생에너

---

144) 한국전력거래소, 한국에너지공단 제출 자료

지는 설비의 정격 용량과 실효 용량 간에 갭이 너무 크다는 게 근본적인 취약점이다. 그리고 이런 현상은 설비용량이 증가할수록 더욱 심화된다. 비싼 돈 들여 설치한 설비의 80~90%가 하는 일 없이 놀고 있는 재생에너지 설비를 계속 늘려 나가는 정책을 쓰면서 전기요금 인상은 없을 것이라고 주장하고 있으니, 억지도 그런 억지가 없다.

▌그림 37▌ 풍력발전의 '숨겨진' 비용들

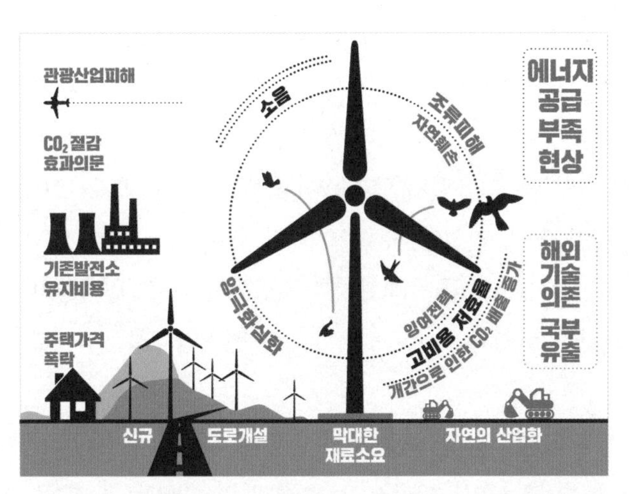

2) 송배전 선로 추가건설 비용

재생에너지의 가장 큰 문제점 중의 하나는 전력이 수요와 무관하게 생산된다는 점이다. 자연조건이 맞아야만 생산되기 때문에 시간적으로도 괴리될 뿐만 아니라, 재생에너지 설비는 대부분 수요지와 상관없이 설치되는 관계로 공간적으로도 괴리되어 있는 게 다반사다.

경제성을 갖춘 저장장치 개발이 요원한 상태에서 이러한 시간적 공간적 괴리를 완화하기 위한 방안이 송전계통 인프라이다. 이런 의미에서, 송배전 선로의 확충은 〈에너지 전환정책〉의 핵심과제가 된다. 이런 사실은 재생에너지 발전 비중 80% 이상을 목표로 〈에너지 전환정책〉을 추진 중인 독일의 경험에서도 입증되었고, 미국에서도 전문가들이 재생에너지 확대의 가장 큰 장애요인으로 방대한 송배전망의 확충을 꼽고 있다.[145]

송배전 계통 구축은 주민수용성 문제 등으로 시간도 많이 걸리지만, 비용이 엄청나게 많이 든다. 엄청난 지역갈등과 법정다툼으로 수년째 답보상태인 독일의 쥐트링크(Südlink) 사업과 마찬가지로, 미국의 트랜스웨스트(TransWest) 프로젝트도 이를 웅변하고 있다.

2005년에 시작된 30억 달러 규모의 트랜스웨스트 프로젝트는 미국의 송배전망 사업 중에서 가장 많이 진척된 사업임에도 불구하고 아직도 인허가 절차가 진행 중인데, 언제 건설이 시작될 수 있을지 조차 예측할 수 없는 형편이다. 연방국가인 미국이나 독일에서는 중앙 전담 기관이나 조직이 없다 보니 신속한 추진이 더 어려운 측면도 있지만, 여러 주에 걸쳐 주민들의 동의를 구해야 한다는 점에서 결코 쉬

145) Temple, 2018

운 일이 아니다.

특히 가용(可用) 부지를 구하기 어려운 우리나라에서 정부가 만병통치약처럼 제시하는 해상풍력의 경우, 설비 효율성이나 이용률 측면에서는 다소 유리할 수 있지만, 건설비용이 육상 풍력의 몇 배가 드는데다 이를 전력수요가 있는 곳으로 송배전하는 송전선로 건설에 엄청난 비용과 시간이 필요하다는 점을 간과해서는 안 된다.[146] 예를 들어 제주3연계선 사업을 보면, 풍력설비 확대에 따라 제주도에서 과발전되는 전력을 내륙으로 보내기 위해 해저 송전선로를 신규 설치하는 사업인데, 그 예산만 자그마치 4,500억 원에 달한다.

재생에너지 전력생산이 증가하면 송전선로뿐 아니라 배전선로도 새로운 개념으로 재구성되어야 한다. 수많은 재생에너지 설비들이 배전망에 연결됨에 따라 지금까지 최종 소비자에게 전력을 전달하는 역할만 하던 배전계통이 이제는 생산된 전기를 수집하고 전송하는 새로운 역할까지 수행해야 하기 때문이다.

중앙통제가 불가능한 급전불능발전기인 분산형 설비들을 기존의 전력망에 접속하기 위해서는 소위 '스마트 그리드' 사업이 필수과제가 되고 있다. 다시 말해, 배전망의 양적·질적 업그레이드가 불가피하다는 의미로, 이 역시 엄청난 비용이 소요되는 일이다.

송전할 때의 전력 손실도 무시할 수 없는 또 다른 비용 상승 요인이다. 독일 남부 바이에른과 바덴-뷔르템부르크의 원전이 폐쇄된 후

146) 예컨대 독일 북해 해상풍력단지의 경우 해저에 매설된 해저케이블이 80㎞에 달하고, 거대한 해상 전원 콘센트도 필요하다. 바다 표면 20m 위에서 해저기반에 스위치 박스를 연결하는 이 작업에만 수백만 유로의 비용이 든다. 현재 최초의 직류 스위치박스가 개발되어 6개의 소켓이 주문제작 중인데, 그 비용만 55억 유로라고 한다. Beppler, 2013, 48쪽

1,000㎞ 떨어진 북해의 풍력단지에서 380kV의 교류 초고압 전기를 송전할 때에는 전력 손실이 30%에 달한다고 하니, 교류-직류 변환과정의 손실까지 감안하면 절반 이상의 전력이 손실되는 엄청난 비용 요인이다.[147] 적어도 발전량은 통제가 가능하고, 비교적 정확한 수요 예측에 따라 발전계획 수립이 가능했던 기존의 전력시스템과 달리, 이제는 공급측면에서도 극단적인 변동과 예측불가의 상황이 되다 보니, 송배전계통과 전력생산 계통의 안정성 확보를 위한 제어비용이 상승하는 것도 당연한 이치다.

요약하자면, 재생에너지의 발전 비중 증가는 엄청난 송배전계통의 개량과 추가 신설을 요하며, 이는 상상을 초월하는 추가적인 비용과 시간을 필요로 한다. 또한 전력시스템과 재생에너지 전력의 호환성 확보, 신개념의 송배전망 구축과 송배전시 전력 손실을 줄일 수 있는 신기술 개발에도 많은 자금이 지속적으로 투자되어야 한다. 이 모든 것이 부인할 수 없는 〈에너지 전환정책〉의 비용증가 요인이며, 전기요금 상승 요인이다. 실제로 독일 전기요금의 3대 구성요소 중 하나인 계통사용료는 발전 원가를 추월한 지 오래인데다 계속되는 인상 추세로 전기요금 상승의 주범이라는 지탄을 받고 있다.

---

147) 이처럼 막대한 전력손실을 줄이는 신기술로 최근에 초고압 직류송전(HVDC)이 각광받고 있다. 이 경우 1,000km의 장거리 송전시 전력손실을 2~3% 수준으로 낮출 수 있다고 한다. 다만 초고압 직류송전 선로로 송전된 전력이 소비자에게 전달되기 위해서는 다시 교류로 변환되어야만 한다. 이때 필요한 초고압 직류변환기(콘버터)는 개당 3억 유로에 달할 정도로 매우 고가라고 한다. Beppler, 2013. 69~70쪽; 미국 사례 참고: Shaner 등, 2018

3) 변동성이 큰 재생에너지 증가로 전력계통 제어비용 상승

지금까지 전력계통의 안정성을 유지하는 방법은 전력의 공급 측면에서는 원전 및 화석연료발전소의 사전 운용계획으로 비교적 안정적 패턴을 유지하면서 변동하는 수요량에 대응하는 방식이었다. 오랜 경험을 통해 축적된 하루 시간대, 주중/주말, 절기에 따라 변동하는 수요 예측치를 토대로 발전계획을 수립하고, 각 발전소 출력부하의 흐름을 사전에 계획하여 대처해 온 것이다.

그런데 재생에너지의 확대로 이제는 공급 측면에서마저도 최소한의 안정성도 사라졌다. 슈퍼컴퓨터도 틀리기 일쑤인 일기예보가 말해주듯이, 공급측면이 오히려 수요 측면보다 더 큰 불확실성과 변동성에 직면하게 되었다. 발전소의 공급 계획이 실수요와 차이가 나는 경우, 지금까지는 가스 발전소 등 피크타임용 발전소들이 플러스, 마이너스의 예비전력을 공급해서 해결하였지만, 인위적 통제가 불가능한 풍력이나 태양광 발전은 그런 역할을 할 수가 없다.

송전계통의 과부하 상태와 잉여전력의 처리 문제, 재생에너지의 생산이 감소될 때 부하 관리와 수급관리 등 송전사업자들의 시스템 운영 능력이 시험대에 오른 것만큼이나 시스템 운영 비용 역시 하늘 높이 치솟게 된 것이다.

예측불가인 재생에너지 발전량이 확대되면 제어 측면에서 2가지 비용 상승 요인이 등장한다.

첫째, 예측 오류가 증가함으로써 예비부하 수요가 증가한다.

둘째, 탈원전·탈석탄 정책으로 인해 지금까지 대부분의 예비전력을 제공하던 원전 및 석탄발전소가 줄어들면 예비전력 가격이 상승한다.

독일의 경우, 일기예보시스템과 디지털 연결 등 첨단화에도 불구하고 예측 오류량이 최대 7800MW로 예측 오류가 87%까지도 발생하고 있다.[148] 그런데 재생에너지가 늘수록 예측 오류 역시 증가하는 것은 당연한 이치다. 잉여 전력과 전력 부족 사태가 반복되면 당연히 예비 부하 유지비용이 증가한다. 독일에서도 제어부하 가격이 지난 몇 년 사이에 300% 이상 인상된 것으로 조사되었다.[149] 즉, 전력의 수급 균형을 유지하기 위한 예비전력량의 증가와 예비부하의 가격인상 만으로도 전기요금 인상은 당연하고도 뻔한 현실이 된다.

실제로 독일에서 〈에너지 전환정책〉 시행 이후 전력계통의 부하 관리 비용이 크게 늘고 있다. 우선 인위적 제어횟수가 크게 증가했다.

▌그림 38▌ 리디스패치 시간과 비용 증가 ▌그림 39▌ 망 안정화 비용 증가 추세

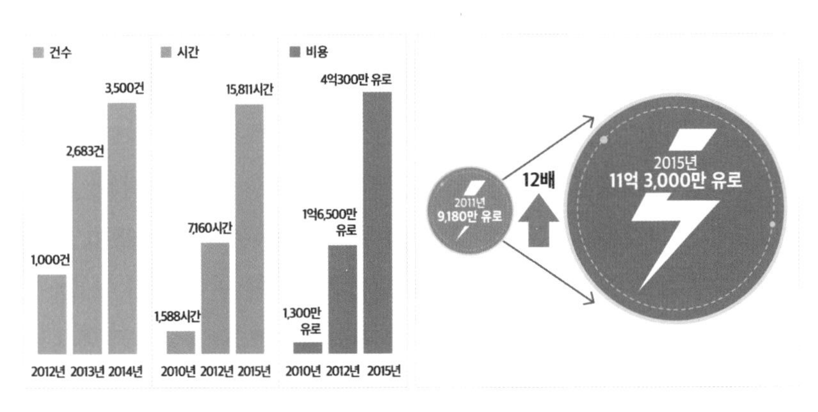

*출처: 〈독일경제연구소 퀼른(IdW)〉, 2016년; 〈연방네트워크청(Bundesnetzagentur)〉, 8/2016; 〈연방 에너지 · 수력산업 협회(BDEW)〉, 8/2016

148) Limburg/Mueller, 2015, 36~37쪽
149) Kruse, 2017, 118쪽

〈그림 38〉에서처럼 일명 리디스패치(Redispatch) 조치는 2015년 1만6천여 시간으로 2010년 대비 10배가량 늘었고, 리디스패치 건수도 3배 이상으로 늘었다. 리디스패치 비용만도 33배 이상 증가했다. 〈그림 39〉에서 볼 수 있듯이, 리디스패치 등을 포함하여 전력계통의 안정성 확보 비용도 2011년 9,180만 유로(약 1,193억 원)에서 2015년 약 11억3천만 유로(약 1조 4,690억 원)로 12배 이상 대폭 늘었다.[150)]

독일의 경우 2000년 3만여 개에 불과하던 태양광·풍력 설비가 2017년 약 160만 개로 50배 이상 늘어났다. 이처럼 간헐성이 큰 재생에너지 유입량의 폭발적 증가로 전력망 제어에 복잡성과 어려움이 가중되면 필연적으로 블랙아웃의 위험성도 커진다.

지난 130여 년간 수많은 전문가와 엔지니어들의 피나는 노력으로 기술 발전을 이룬 결과 현대사회에서는 대규모의 장시간 정전이 거의 없고, 정전이 되더라도 대부분 바로 복구가 되다 보니 블랙아웃의 위험성이나 피해를 잘 의식하지 못하는 경향이 있다.

그러나 전기 없이는 한시도 지속될 수 없는 현대사회에서 블랙아웃으로 인한 피해는 상상을 초월할 수 있다.

고층 아파트에서 엘리베이터가 수시로 멈춘다면? 수백 명이 타고 있는 고속철도나 지하철이 시도 때도 없이 멈춰 선다면?

폭염이나 한파 중에 툭하면 수천 가구 아파트 단지들이 정전으로 어둠에 휩싸인다면?

병원 응급실의 생명연장 장치에 수시로 전기 공급이 끊긴다면 어떻게 되겠는가? 물론 비상용 자가발전 장치로 몇 시간 정도는 버틸

150) heise online 2016.11.30

수 있겠지만, 문자 그대로 생명까지 위협받게 된다고 해도 과장이 아니다.

블랙아웃이 철강이나 반도체 등 대부분의 제조업이나 산업에 미치는 피해는 두말할 필요도 없을 것이다. 심지어 반도체나 알루미늄 산업 등 일부 산업에서는 초단기 정전만으로도 큰 피해가 초래될 수 있다.

현재 진행 중인 4차 산업혁명에서의 경쟁력은 전력산업의 역량에 달려 있다는 것은 모두가 다 잘 알고 있는 사실이다. 전력 인프라의 우수성이 기업의 입지를 결정짓는 핵심요소가 되는 시대가 온 것이다.[151] 재생에너지의 확대로 블랙아웃의 위험성이 기하급수적으로 증가한다면, 이는 특정 기업이나 지역에 국한되는 단편적인 문제가 아니라, 광범위한 국민경제적 비용으로 보아야 하는 이유다. 바로 이런 점들 때문에 선진국가일수록 발전량을 정확하게 예측할 수 있는 안정적인 발전원을 유지하는 데 큰 가치를 부여하는 것이다.

〈그림 40〉에서 볼 수 있듯이, 재생에너지 설비 확대와 그에 따른 총발전량이 증가할수록 독일 국내에서 사용하지 못하고 남아도는 전력량도 늘어난다. 재생에너지 지지자들은 갈탄·유연탄 발전소들이 신속하게 출력 조정을 하지 못해서 이런 일이 발생한다고 비난하지만, 보다 근본적인 원인은 재생에너지의 발전량을 인위적으로 조절할 수 없다는 데 있다.

---

151) 독일의 경제장관인 뢰슬러(Rößler)는 블랙아웃의 피해규모를 최소 6.5 유로/kWh로 제시한 바 있다.

▎그림 40▎ 독일의 총발전량과 국내사용량

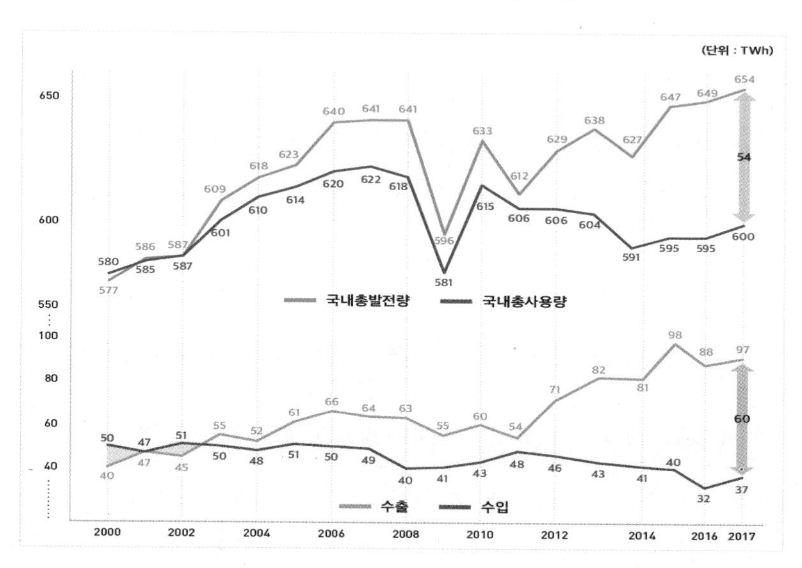

*출처: Agora Energiewende 2017, 23쪽

이처럼 재생에너지 확대로 인해 전력의 잉여와 부족 상태가 끊임없이 반복되는 것 자체가 막대한 비용 상승 요인이 된다. 여기서 강조할 사항은, 풍력과 태양광 설비를 아무리 더 많이 구축하여도 이런 상황을 절대 해결할 수 없다는 사실이다. 수요와 무관하게 생산되는 전력량이 늘기 때문에 해결은커녕 오히려 상황을 악화시킬 뿐이다.

독일에서 태양광과 풍력 발전 등 재생에너지가 전원믹스에서 차지하는 발전 비중은 36%에 달하지만, 독일의 실제 전력 수요의 20% 정도만을 충당하고 있다. 나머지 전력은 잉여전력으로 전력거래소에서 헐값에 팔리게 된다.[152)]

---

152) Köchy, 2017, 18쪽; 미국에서 재생에너지의 발전 비중이 0.6~4.7% 수준에 머무는 이유도 전기의 저장장치가 없기 때문으로 분석되고 있다. Follett, Andrew(The Daily Caller), 2016.7.24.

주변 국가들은 저렴한 가격에 전기를 살 수 있으니 두 손 들어 환영할 것만 같지만, 꼭 그런 것만은 아니다. 전력계통 과부하로 블랙아웃의 위험성도 커지고, 전력거래소 가격이 폭락하면 자국 발전소의 경영수지가 나빠지기 때문에 오히려 불만이 커진다.

실제로 네덜란드는 아예 독일 접경지역의 발전소를 폐쇄하고 독일산 전기 수입을 선택한 반면에, 스위스는 '독일의 풍력전기가 덤핑 가격으로 스위스의 전력산업을 위협한다'고 반발한다.[153] 폴란드, 체코 등은 통합그리드에 차단기를 설치해서 독일 전력의 유입을 막는 등 독일과 갈등을 빚고 있다.[154]

그러나 잉여전력의 수출길이 막히게 된다면 독일의 〈에너지 전환 정책〉은 존립 자체가 불가능해질 것이다. 전력계통에 치명타를 입히는 잉여전력이나 전력부족 사태의 해결에 주변국가와의 전력 수출입이 큰 도움이 되기 때문이다.

실제로 독일 전력거래소는 남아도는 풍력과 태양광 전력을 유럽 전역에 수출하기 바쁘다.[155] 독일뿐 아니라 유럽 통합전력망에 연결된 국가들이 참여하는 라이프찌히의 유럽전력거래소(EEX: European Energy Exchange)는 엄청난 거래량 증가로 국제전력거래소로 자리매김했다. 현재 19개국의 200여 개의 핸들러가 참여하고 있으며, 2008년에 이미 독일 전력수요의 2배 이상이 거래됐다. 재생에너지의 변동성을 극복하는 데 전력의 수출입이 큰 도움이 되는 건 다행이지만, 국민의 피 같은 돈으로 생산된 전기를 헐값에 수출하고, 수입할 때는 비싼 돈을 주는 어리석은 일이 반복적으로 벌어지면서 해마다 전기요금 인상 행진이 이어지는 게 독일의 현실이다.

---

153) bazonline.ch 2017.2.25.

154) Beppler, 2013,

155) 라이프찌히 전력거래소, 2017.3.25

또한 재생에너지의 공급변동성으로 인한 전력부족 또는 잉여전력 문제를 해결하는 방안으로 막대한 돈을 들여 '스마트 그리드' 사업이 추진되는데, 이 역시 실효성이 거의 없다는 지적이다. 스마트 그리드 사업의 궁극적 목적도 결국 수요관리를 통해 에너지 효율성을 높이겠다는 것이지만, 전력 수요는 탄력성이 매우 낮아서 재생에너지처럼 변동폭이 클 경우를 커버할 만한 수준이 안 된다는 것이다.156)

재생에너지 설비가 확대되면, 재생에너지 전력을 전통적 교류 전력 시스템과 호환하는 데에 이처럼 다양한 문제들이 발생하고, 이를 해결하는 데는 비용이 따를 수밖에 없다. 그리고 비용 상승은 곧 전기요금 인상 요인이 된다. 상황이 이러한데도 전기요금 인상이 없다고 주장한다면 누가 믿겠는가?

4) 원전 및 화석연료발전소 운영의 효율성 추락

앞에서 설명했듯이, 간헐성, 변동성이 특징인, 게다가 인위적 통제가 불가능한 재생에너지의 비중이 확대될수록 전력계통의 안정성은 심각한 위협을 받게 된다. 따라서 재생에너지의 변동폭을 보완해 주는 안정적인, 즉 인위적 통제가 가능한 '백업 발전소'가 반드시 필요하다. 〈에너지 전환정책〉으로 전통적으로 기저발전소(基底發電所) 역할을 하던 원전이나 화석연료 발전소들이 재생에너지를 백업하는 역할로 전환되어야 한다. 그럴 경우 원전이나 화석연료발전소의 운영 효율성은 극도로 낮아질 수밖에 없다.

한번 켜면 중지하는 것 자체가 어려운 원전은 접어두더라도, 석탄

---

156) Energy Brainpool, 2014.1; Köchy, 2017, 20~21쪽; von Roon, 2014

발전소를 계속 예열 상태로 두고 스탑 앤 고(stop and go) 방식으로 운용하면 엄청난 비효율이 발생하기 때문이다. 예열 상태의 석탄발전소는 석탄 소모가 엄청나게 많다. 1GW급 대형발전소의 경우, 냉각된 정지 상태에서 다시 발전상태가 되기까지는 1주일이나 걸린다고 한다. 중형급 석탄발전소의 경우에는 냉각에서 풀가동되기 까지 보통 6~7시간이 걸리고, 정지 시간이 8시간 미만인 예열상태에서 풀가동까지의 시간도 2시간이 넘게 걸린다.

원전 및 화석발전소들이 극도로 변동이 심한 재생에너지 시스템을 백업하기 위해 가동과 중단을 반복하는 것은 서울–부산 간 고속도로를 주행하면서 계속해서 브레이크와 가속페달을 번갈아 밟는 것과 같다. 일단 켜면 '계속 가동'을 기본으로 설계된 이런 발전소들에게 '스탑 앤 고' 방식을 강제하면 비상시 예비부하를 신속하게 제공하는 능력도 줄어든다는 점에서 전력계통 안정성에도 문제가 되지만, 무엇보다 기업의 경영수지에 큰 피해를 준다.[157] 게다가 몇 시간을 가동하든 운영 인력이나 발전소 운영에 필요한 제반 설비들은 대부분 유지되어야 하기 때문에, 발전량을 줄여도 비용 절감은 제한적이다. 원료비 몇 푼 줄이는 것인데, 극소량의 우라늄만 있으면 되는 원전의 경우 원료비 절감 효과도 거의 없다.

독일에서는 2020년 재생에너지 발전 비중이 40~45%를 달성하면 석탄 및 가스발전소의 이용률은 평균 40% 이하가 될 것으로 전망되는 등, 발전소 운용 효율성은 해마다 악화일로를 걷고 있다.[158]독일에서는 잉여전력의 유입으로 전력거래소의 전력 도매가격이 계속 하락

157) Kruse, 2017, 118~119쪽

158) 독일에서 조사된 것을 보면 부하이동(負荷移動) 잠재력이 불과 5~8TWh로 전력수요의 1% 수준밖에 되지 않을 정도로 수요탄력성이 낮다. 〈연방 에너지·수력산업 협회(BDEW)〉, Beppler, 2013, 39쪽

하면서 원전 및 화석연료 발전소들이 이중고를 겪고 있다. 적자를 견디다 못한 가스발전소, 석탄발전소들이 폐쇄를 신청해도 전력공급에 차질을 우려한 〈연방네트워크청〉이 승인해 주지 않아, 이러지도 저러지도 못하는 상황이 벌어지고 있다.[159)]

설상가상으로 정부의 계획 이상으로 확대된 재생에너지와 백업용으로 유지해야만 하는 원전 및 화석연료 발전소들에서 생산되는 전력의 과잉공급으로 전력거래소의 전력 가격은 폭락하는 추세에 있다. 가격 폭락은 고사하고 전력망 과부하를 막기 위해 잉여전력을 웃돈까지 얹어 주며 구걸 판매하는 기괴한 상황마저 발생한다. 일명 '네거티브 가격(negative price)'이라는 것인데, 실제로 2017년 독일에서는 146시간 동안 이러한 '네거티브 가격'이 발생했다. 최저가는 2017년 1월의 소위 '햇볕도 바람도 없는 날'에 기록한 −8.3센트/kWh였다. 재생에너지 발전량의 증가와 함께 '네거티브 가격'시간은 해가 갈수록 늘고 있다. 2022년에는 1,000시간에 달할 것이라는 추정도 나와 있다.[160)]

독일의 화석 발전사들은 급속도로 무너지고 있다. E.oN과 RWE 등 대형 발전사들은 해마다 적자행진을 이어간다. 수백억 유로 대의 시가총액 감소와 감가상각을 거듭하고 있다. 이에 따라 원전사업이나 석탄산업의 일자리가 줄고, 수많은 중소 부품업체들도 타격을 입었다. 발전사의 주식에 투자했던 수많은 개인 투자자들이 국가의 일방적 정책으로 하루아침에 엄청난 재산피해를 입었지만 누구도 보상은커녕 사과조차 하지 않는다.

독일 대형 발전사들의 엄청난 경영난[161)] 에서 입증되듯이, 〈에너

159) Eisenring(Neue Züricher Zeitung), 2016.3.9
160) Agora Energiewende 2017, 40쪽; Kemfert, 2016.6.21.
161) 발전사의 적자폭 : E.oN 은 2015년 70억 유로, 2016년 124억 유로; RWE, 2016년 57억 유로

지 전환정책〉을 하면서 원전과 석탄 발전을 50~60여 년에 걸쳐 서서히 줄여나간다는 계획은 현실을 '1(하나)'도 모르는 탁상공론에 불과하다. 재생에너지 확대 정책을 실행하면 불과 몇 년 안에 원전을 비롯한 석탄 및 가스 발전 인프라가 심각한 붕괴상태에 빠지게 된다. 원전이나 석탄발전소 폐쇄 계획이 공표되고 정부의 뭉칫돈과 인력 등 모든 자원이 재생에너지에 집중되는 상황에서 석탄 발전소의 신규건설이나 현대화에 투자할 회사도 없고, 운영되던 발전소들은 경영난을 견디지 못해 폐쇄되는 사례가 속출하는 것이다. 그리고 이 모든 것은 발전비용 상승 요인으로, 결국 전기요금 인상으로 이어진다.

5) 국가마다 차이가 있는 '그리드 패리티'[162)]

지금까지 살펴본 바와 같이, 재생에너지의 확대는 비용 상승, 그리고 전기요금 인상으로 이어질 수밖에 없다는 게 과학적 진실이다. 이는 특별한 전문지식이 없더라도 조금만 세심하게 살펴보면 알 수 있는 일이다. 그런데도 우리나라의 〈산업통상자원부〉는 탈원전·탈석탄·재생에너지 확대정책을 추진해도 전기요금 인상은 없다는 주장을 확고하게 견지하고 있다. 특히 장관은 국회 상임위에서 전기요금이 인상되지 않는다는 것은 '삼척동자도 알 수 있는 사실'이라고 주장해서 공분을 사기도 했다. 그는 이러한 주장의 근거로 재생에너지 기술의 발전으로 재생에너지 설비 가격이 저렴해지고 발전원가도 조만간 원전의 발전원가와 교차하는 '그리드 패리티'가 오기 때문이라고 말했다.[163)]

---

162) 재생에너지 발전단가와 화석에너지 발전단가가 같아지는 균형 가격을 말한다.

163) 백운규 장관 발언, 제352회 〈산업통상자원중소벤처기업위원회〉 인사청문회, 2017.7.19 ; 제352회 〈산업통상자원중소벤처기업위원회〉 전체회의, 2017.7.26.

그러나 이 주장은 여러 가지 측면에서 사실 관계를 명백하게 호도하는 말이다.

첫째, '그리드 패리티'가 온다는 것은 재생에너지 분야에서 엄청난 기술개발, 규모의 경제효과 등으로 인해 발전 원가가 낮아진다는 말인데, 그렇다면 원자력발전 분야는 손을 놓고 있다는 말인가? 세계 각국에서 원전 분야에서도 4세대 원전 개발, 사용 후 핵연료, 원전 안정성 등에 엄청난 연구개발과 눈부신 기술발전이 진행 중이다.[164] 마치 재생에너지 분야만이 획기적 기술발전을 이루고 있고 원전은 제 자리에 멈춰 있거나 후퇴하는 것처럼 말하는 것이야말로 '내로남불식' 주장이다.

둘째, '그리드 패리티' 한 가지 요인만으로 재생에너지가 유발하는 그 많은 비용상승 요인들을 모두 상쇄할 수도 없다.

셋째, 무엇보다 '그리드 패리티'의 사실 여부 자체부터 명확하게 따져봐야 한다. 모든 에너지원의 발전 원가는 각국의 자연환경, 인문·사회 환경, 기술 및 산업 환경 등에 좌우되는 것이기 때문에 획일적으로 평가하기 어렵다.

예를 들면 아래 〈그림 41〉에서 볼 수 있듯이, 우리나라 원전의 발전 원가는 미국의 절반 수준이지만, 태양광과 풍력은 미국의 2배이다. 그리고 우리나라에서는 가스발전 원가가 원전보다 3배나 비싸지만, 풍부한 셰일가스 보유국인 미국에서는 가스발전이 경제적 측면이나 에너지안보 측면에서 원자력이나 석탄발전보다 유리하다. 즉, 미국에서 태양광과 풍력의 발전원가가 내려간다고 해서 반드시 우리나라에서도 그런 것은 아니라는 말이다.

---

164) Hummel(Spektrum.de), 2017.12.27.

▌그림 41▌ 각국 원자력 균등화 발전원가 및 우리나라 에너지원별 발전원가

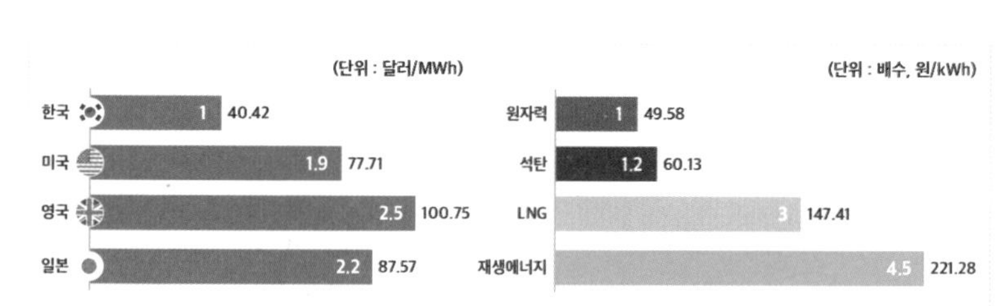

*출처: 에너지경제연구원, 2015년; 전원별 발전원가(2015년 기준). 한국전력공사

태양광과 풍력 발전이 원전보다 싸진다는 주장은 국토 면적이 넓고 인구 밀도가 낮은 미국과 중국에서나 통용되는 말이다. 미국 서부를 여행하다 보면 태양이 작열하는 허허벌판의 사막에 끝도 없이 펼쳐진 태양광 패널이나 풍력 타워를 볼 수 있다. 보통 1kW의 태양광 전기 생산에 10㎡의 면적이 필요하다고 한다. 1.3GW 원전 한 기를 대체하려면 요즘 아파트 등에서 흔하게 볼 수 있는 330w짜리 패널 430만 개를 여의도 5배(12㎢) 면적의 사막 같은 곳에 설치해야 한다. 국토 면적이 좁고, 국토의 65%가 산지에다 인구밀도는 세계 최고 수준인 우리나라에서는 일단 그런 넓은 면적의 유휴부지 자체를 찾기가 어렵다.

게다가 우리나라는 전 세계에서 땅값이 가장 비싼 나라 중의 하나다. 우리나라 땅을 모두 팔면 그 돈으로 캐나다를 두 번 사고도 남는다는 말이 우스갯소리인 줄만 알았더니, 통계청 자료에서도 사실로 밝혀졌다.[165] 미국이나 중국에 비해 풍력이나 태양광 설치비용이 비싸질 수밖에 없다는 말이다. 이처럼 태양광이든 풍력이든 우리나라 여건에서는 경제성을 확보하기 요원한 상황인데, 미국이나 다른 나라 통계

165) 임지욱(뷰스앤뉴스), 2008

를 짜깁기해 '그리드 패리티'니 뭐니 그럴싸한 말로 선량한 국민을 호도해서는 안 된다.

〈그림 41〉에서 보듯이, 현재 우리나라에서 원자력 발전은 다른 어떤 에너지원보다도 경제적이며, 같은 양의 전기를 생산하는 데 드는 비용은 재생에너지의 22% 정도밖에 되지 않는다.

또한 국제적으로도 우리나라 원전산업은 가장 높은 경제성을 자랑한다. 우리나라의 원전산업이 설계, 건설, 운영에 이르기까지 전 가치사슬이 국산화되어 있고, 세계 최고의 경쟁력을 갖추고 있기 때문이다. 이는 지난 60여 년 동안 국가와 국민이 정성과 노력, 시간과 자원을 쏟아부은 결과로서, 원전 회사를 중심으로 우수한 협력업체, 원전 건설 전문회사와 헌신적이고 실력 있는 전문가, 경험을 갖춘 현장인력 등 세계 최고 수준의 산업생태계가 구축된 덕분이다.

정부가 〈에너지 전환정책〉을 추진하면서 원전은 폐쇄하고 원전보다 생산비용이 4.5배나 더 드는 재생에너지와 3배나 비싼 가스발전으로 옮겨 가면, 전기요금이 인상되어야 하는 것은 당연한 상식이다. 싼 전기를 비싼 전기로 대체한다면서 전기요금 인상은 없을 것이라고 하니 도대체 어떤 마술을 부리겠다는 것인지 알 수가 없다. 설령 지금 강변하는 대로 현 정부에서는 전기요금 인상을 억제할 수 있을지 모르지만, 과연 5년 후, 10년 후 다음 정부에서도 그럴 수 있을 것인지 의문이다. 이는 현재의 정책 실패에 대한 부담을 미래 세대에 고스란히 떠넘기는 행위라는 점에서 더욱더 비난받아 마땅한 일이다.

4. 네 번째 팩트체크 : ‘재생에너지는 친환경’이라는 도그마

재생에너지가 원자력이나 석탄 발전의 대안 에너지로서 주목받게 된 출발점은 화석연료의 사용을 줄여 지구온난화의 주범인 CO_2와 온실가스 배출량을 감축하자는 것이었다. 잘못된 정보 때문이든 어떻든 간에, 많은 선의의 국민들이 조금 더 비용을 부담하더라도 재생에너지로의 전환을 지지한다면 가장 중요한 이유는 아마도 재생에너지가 인간과 자연에 해로운 어떠한 독성 물질도 사용하지 않고 오염물질을 뿜어내지 않는다는 ‘환경 친화성’에 대한 믿음 때문일 것이다.

따라서 우리 사회에 널리 퍼져 있는 ‘재생에너지는 친환경’이라는 도그마의 진실 여부는 반드시 과학·기술적으로 검증되지 않으면 안 된다. 햇볕과 바람을 이용하니 친환경일 것이라고 예단하거나, 햇볕과 바람은 CO_2나 온실가스를 배출하지 않으려니 얼버무리고 넘어 갈 문제가 아니다. 왜곡된 진실에 의해 국민이 호도되고, 국가의 에너지 정책이 잘못된 길로 빠져서는 안 되기 때문이다. 태양광 패널이나 풍력터빈의 제작과 설치, 운영과 폐기에 이르기까지의 전체적인 자원 순환과정에서 환경훼손과 오염이 없어야만 비로소 환경 친화적이라고 말할 수 있다. 다음의 고찰을 통해 ‘재생에너지는 친환경’이라는 등식은 허구일 뿐이라는 것을 확인할 수 있다.[166]

166) 김보형(한국경제), 2018.3.19, A5

1) 태양광과 풍력발전은 CO_2를 배출하지 않는다?

재생에너지의 친환경 이미지가 형성되는 데는 '태양광과 풍력발전은 CO_2나 온실가스를 배출하지 않을 것'이라는 막연한 선입견이 큰 역할을 했다. 그런데 정말로 태양광과 풍력발전은 CO_2를 방출하지 않는 것일까? 운영 단계뿐 아니라 제작과 건설 등 전체적인 자원순환과정에서의 발전원별 CO_2배출량을 조사한 독일, 한국과 IPCC의 자료를 보면(〈그림 42〉), 그러한 선입견부터가 재생에너지에 대한 맹신임을 알 수 있다.

독일의 경우 2017년 1kWh의 전력을 생산할 때 평균 559g의 CO_2가 대기 중에 배출되었다고 한다. 이를 발전원별로 보면 태양광 발전의 CO_2배출량은 원전의 3배가 넘는 것으로 조사되었으며, 원전은 CO_2 배출량 측면에서 수력발전보다 깨끗하고 풍력발전만이 비슷한 수준으로 나타났다.[167] 배출량이 30배가 넘는 갈탄이나 유연탄발전은 비교할 것도 없고, 가스 발전도 원자력 발전의 13배가 넘는 CO_2를 배출한다니, CO_2 등 온실가스 감축이 목표라면서 탈원전을 하는 것은 완전히 정반대로 가는 잘못된 정책이다.

독일에서 20여 년의 노력에도 CO_2가 줄지 않는 '〈에너지 전환정책〉의 역설'이 생기는 이유를 알 만하다. IPCC 자료나 우리나라의 원자력 문화재단 자료도 독일 자료와 기본적으로 차이가 없다. CO_2 배출 측면에서 원전과 경쟁할 수 있는 것은 풍력발전뿐이고, 특히 태양광에 비해서는 원전은 훨씬 우수하다. 만약 우리나라가 원전을 폐쇄하

---

167) 석탄 발전의 CO_2배출량이 많은 이유는 42%에 불과한 낮은 연료 효율성 때문이다. 즉, 연료의 42%만이 전기에너지로 전환되다보니 kWh당 CO_2배출량이 많아질 수밖에 없다. DieEinsparInfos.de,

고 석탄으로 대체한다면 환경오염은 감당할 수 없을 정도로 나빠질 것이다. 석탄발전소는 원전의 100배 가까운 CO_2를 배출하는데다 각종 발암물질과 미세먼지의 주범으로 알려져 있기 때문이다.

특히 문재인 정부의 〈에너지 전환정책〉은 원전과 석탄발전소를 폐쇄하는 대신, 20%의 재생에너지를 제외한 나머지 80%의 발전원을 모두 가스(LNG)로 바꿔나가겠다고 한다. 그러면서 재생에너지와 가스를 미세먼지 배출 없는 깨끗한 전기라고 추켜세운다.

그러나 원자력과 비교하면 가스 발전은 CO_2배출로 인한 환경오염이 매우 심각하다. IPCC의 분석에 따르면, 단위 발전당 CO_2 배출량은 석탄이 820g으로 가장 많고, 가스는 490g에 달한다. 가스의 CO_2 배출량은 태양광(48g)의 10배가 넘고, 원자력(12g)의 40배 이상이다.

이처럼 환경보호가 목적이라면서 CO_2 배출량이 태양광이나 풍력보다도 적은 원전을 폐쇄하고, 가스 발전을 늘리는 것이야말로 논리에 맞지 않는 천하에 바보 같은 짓이라 아니할 수 없다.

문재인 정부는 2016년도에 38%였던 가스발전소 가동률을 60%까지 올린다는 목표에 따라 〈제8차 전력수급 기본계획〉에서 신규 건설

▌그림 42▌ 발전원별 CO_2 배출량

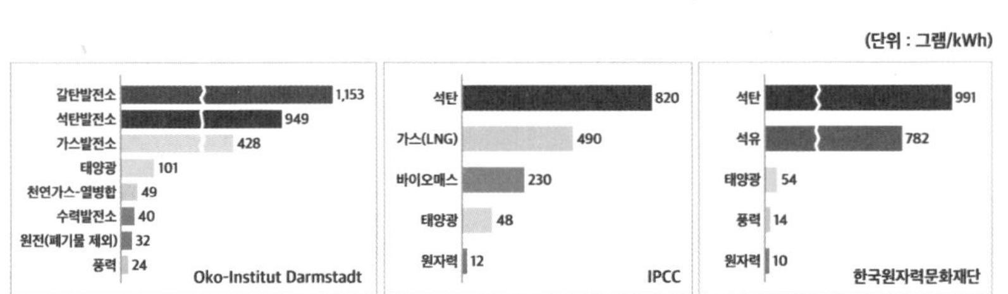

*독일 원전의 경우 폐기물 처리 문제가 확정되지 않았기 때문에 제외됨

*출처: DieEinsparInfos.de; 한국원자력문화재단, 2013년; IPCC, 2014년

중인 9기의 석탄화력 발전소 중에서 4기의 석탄발전소를 LNG발전소로 전환하기로 결정하였다.[168] 석탄발전소와 가스 발전소는 입지조건 자체가 전혀 다를뿐더러[169], 석탄발전 용도로 지어진 발전소를 하루아침에 가스로 연료 전환을 하는 것은 기술적으로도 불가능해서 기왕에 투입된 1조 원 이상의 비용이 모두 매몰 비용이 될 수밖에 없다. 석탄발전소 건설 주체인 민간 투자사의 막대한 손실 등 수많은 부작용을 외면하고 오로지 탈원전에만 정신이 팔린 정부가 과학과 기술의 법칙마저 정면으로 거스르는 무리수를 빚고 있는 것이다.

2) 〈에너지 전환정책〉의 역설 : 줄지 않는 CO_2 배출량

이미 20여 년 동안 〈에너지 전환정책〉을 추진해 온 독일의 경험을 통해 과연 탈원전과 재생에너지 확대가 CO_2배출 감축에 기여했는지를 분석해 보는 것도 태양광과 풍력발전의 친환경 도그마가 합당한 것인지 판단하는 데 도움이 될 것이다.

독일은 유럽연합 회원국으로서 EU가 제시하는 온실가스 감축 목표를 준수해야 하는데, 다음 〈표 13〉을 보면, 독일은 EU보다 강화된 중간 목표를 수립하여 의욕적으로 추진하고 있음을 알 수 있다. 그러나 '탈원전'과 '2050년 재생에너지 발전 비중 80% 이상'을 목표로 하는 독일의 〈에너지 전환정책〉은 재생에너지만으로 전력시스템을 운영하겠다는 것으로 유럽연합의 다른 회원국들과도 완전히 다른 독자 노선임이 드러난다.

---

168) 안준호(조선일보). 2017.9.27

169) 석탄발전소는 석탄 적재와 보관이 용이한 석탄 수입항 주변에 위치하는 게 유리한 반면, 기본적으로 석탄발전소보다 용량이 작은 가스발전소는 주로 전력 수요지에 근접해서 건설된다.

▌표 13▌ 독일 에너지 전환정책의 목표

		독일				EU		
연도		2020	2030	2040	2050	2020	2030	2050
온실가스 (1990년 대비 배출량)		-40%	-55%	-70%	-80~-95%	-20%	-40%	-80~-95%
재생 에너지	발전비중	>35%	>50%	>65%	>80%	>20%	>27%	
	최종 에너지 소비 비중	18%	30%	45%	60%			
에너지 효율	2008년 대비 1차 에너지소비	-20%		→	-50%	-20%	-27~-30%	
	2008년 대비 전력 소비	-10%		→	-25%	통합 전력망	+15%	
원자력 발전	2010년 〈에너지구상〉 원전 수명연장	⇨		2011년 〈원전-모라토리엄〉 2022년까지 모든 원전 폐쇄				

*출처: BMWi, 2016; BMU(Klimaschutz in Zahlen: Klimaziele Deutschland und EU)

그렇다면 다른 나라들보다 의욕적으로 〈에너지 전환정책〉을 시행하고 있는 독일에서 CO_2와 온실가스 배출이 계획대로 감축되었는가? 결론부터 말하자면, 독일에서 재생에너지 발전 비중은 정부 목표 이상으로 증가하였지만 CO_2 배출량 감축에는 거의 도움이 되지 않은 것으로 분석되고 있다.

독일에서는 이를 두고 '〈에너지 전환정책〉의 패러독스'라고 부른다. 2010년 메르켈 내각이 슈뢰더 정권의 '탈원전 정책'에서 '원전수명 연장'으로 선회했던 결정적 이유도 탈원전으로는 국제기후협약에서 약속한 온실가스 감축목표 달성이 불가능하다고 판단했기 때문이다.

2017년 독일의 재생에너지가 전원믹스에서 차지하는 비중은 36.1%로 기록적 증가를 이어갔다. 특히 풍력발전이 설비 확대와 기상여건의 호조로 2017년 최초로 총 발전량 기준으로 원전과 갈탄을 앞질렀으며, 원전과 석탄발전은 1990년 이후 최저치를 기록했다. 그럼에도 불구하고 독일 전체의 온실가스 배출량은 거의 줄지 않았다. 최근 천연가스의 국제가격 하락으로 가스 발전이 증가하면서 CO_2 배출량이 4년 연속 미세하게 감소된 것이 그나마 성과라면 성과다.

이렇게 된 원인은 CO_2 배출이 거의 없는 원전을 폐쇄하자 오히려 갈탄 및 유연탄 발전이 증가했기 때문으로 분석되고 있다. 또 한 가지 지적할 사항은, 우리나라와도 동일한 현상으로 〈에너지 전환정책〉이 전력분야에만 집중되어 있고, 에너지 소비가 훨씬 많은 주택의 냉·난방이나 교통 분야는 도외시되고 있기 때문이다. 그러다 보니 교통, 주택, 산업에서의 석유 및 천연가스 사용이 증가한 것도 전체 온실가스 배출량 증가를 가져온 또 다른 요인이다.

다음 〈그림 43〉에서 볼 수 있듯이, 현재와 같은 기조로는 당장 2020년 목표부터 빗나가고 있어, 독일이 국제사회에 약속한 목표이자 동시에 〈에너지 전환정책〉의 최종 목표인 2050년까지의 기후협약 목표는 달성할 수 없다는 것이 명백해졌다.

▎그림 43▎ 독일 온실가스 배출량 목표 및 달성도

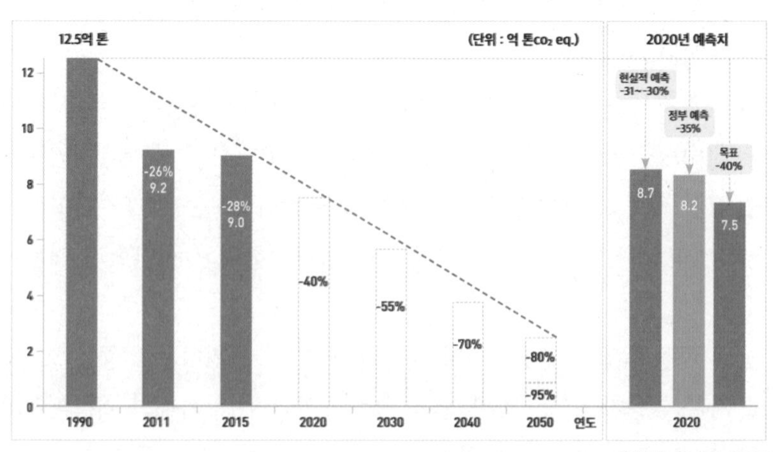

*출처: BMWi, 2017

다시 말해, 온실가스 배출을 줄이고 지구적 기후변화를 막는 일은 재생에너지 확대만으로는, 그것도 전력분야에 집중된 노력만으로는, 달성할 수 없다는 것이 입증된 셈이다. 〈맥킨지 보고서〉의 평가에서도 독일의 CO_2감축 목표 달성률은 겨우 45%로 매우 초라한 성적표를 받았다.[170)]

CO_2 감축이라는 목표 대비 〈에너지 전환정책〉의 비용을 따져 보면 문제는 더욱 심각하다. 독일이 2050년 재생에너지 발전 비중을 80%까지 올리려면, 이것이 기술적으로 가능하냐는 논란을 차치하더라도, 엄청난 비용이 든다는 것만큼은 분명하다.

〈에너지 전환정책〉에 필요한 예산에 대해서는 여러 가지 전망치가 있지만, 2013년 환경성 장관 알트마이어는 향후 10년 동안 1조 유로(약 1,300조 원)가 들 것으로 추산한 바 있다. 또한 원전 및 화석발전소를 운영할 때와 비교해서, 매년 1천억 유로(약 130조 원) 이상의 추가 비용이 소요된다는 전망치도 있다.

이처럼 엄청난 시간과 비용을 투입해서 줄어드는 CO_2 배출량은 〈에너지 전환정책〉의 출발시점(0.038%)보다 겨우 0.000008%에 불과하다고 한다. 이렇게 측정하기도 어려울 정도의 티끌만큼 줄이기 위해서 그 많은 시간과 돈을 투입하는 것이 과연 합리적인 정책인가 하는 의문을 제기하지 않을 수 없다.[171)]

또 다른 관점에서 지적되는 문제는, 국제사회의 현행 탄소배출권 거래제도 하에서는 개별 국가의 에너지 정책이 지구 전체의 CO_2배출량 감축이나 기후 보호에 아무런 도움이 되지 않는다는 사실이다.

---

170) Vahlenkamp 등, 2018

171) Beppler, 2013, 102쪽; Temple, 2018

현행 탄소배출권 거래제도 하에서는 한 국가에서 석탄발전소가 감축되면 그만큼 다른 어떤 나라에서 석탄발전이 증가하고, 한 국가에서 줄인 만큼 어딘가 다른 국가에서 CO_2 배출이 증가될 뿐이다. 한 국가에서 줄어드는 온실가스 감축 현상은 전 지구적인 '총량 불변의 원칙' 하에서 그 나라의 화석연료 발전량이 다른 나라로 이전되는 풍선효과에 불과하다. 특히 독일처럼 유럽통합전력망에 연결되어 있으면, 독일이 CO_2 배출량 감축을 위해 석탄과 갈탄, 또는 가스발전소의 발전 비중을 낮추면, 이를 대체하는 전기는 주로 체코, 폴란드, 네덜란드 등의 석탄발전소와 가스발전소에서 수입된다. 즉, 독일이 시행하는 에너지 정책은 유럽 전체를 놓고 보면 기후변화 측면의 효과는 전혀 없고, 독일 소비자들의 전기요금 인상 효과만 가져올 뿐이다. 경제성과 유효성을 갖춘 근본적인 에너지 정책은 유럽 전체, 나아가서 국제사회의 탄소배출권 제도의 개선이 없이는 불가능하다는 것이 전문가들의 지적이다.

문재인 정부의 〈에너지 전환정책〉도 '패러독스'를 야기할 가능성이 있는가? 답은 '분명 그렇다'이다. 만약 지금까지 우리나라의 원전 누적 발전량 3,000TWh를 화석연료로 생산했다고 가정하면, 우리나라 전체 온실가스 배출량은 3배가 넘게 발생했을 것이다.[172]

우리나라가 파리기후협약에서 약속했던 감축 목표는 2030년까지 배출전망치(BAU: Business As Usual) 대비 37%이다. 이 중에서 25.7%는 국내 온실가스배출량 감소를 통해, 나머지 11.3%는 해외배출권 구매로 충당할 계획이다.

문제는 2014년 기준 총 온실가스 배출량 중에서 86.8%를 차지하는 에너지 부문에서 온실가스 배출량을 줄여야 하는데, 탈원전과

---

172) 호레이시, 2015

LNG발전을 확대하는 현 정부의 에너지 정책은 이 목표와는 역행하는 것이다.

2013년에는 전년 대비 6.9% 감소한 화력발전량을 원전으로 대체하면서 온실가스 총 배출량을 전년 대비 0.8% 감소할 수 있었다. 그런데 LNG발전 비중을 현저히 증가시키는 현 정부의 계획은 필연적으로 온실가스 배출량 증가로 이어진다는 점에서, 파리기후협약 준수와도 점점 더 멀어질 뿐이다. 그런데 정해진 계획도 지키지 못할 판에 최근 정부가 느닷없이 국내온실가스 배출을 당초 계획보다 두 배 이상 더 줄이겠다고 생색내더니 그 비용부담은 모두 기업에게 떠넘겼다. 최저임금의 급격한 인상, 근로시간 단축 등 반기업적 정책으로 가뜩이나 생사기로에 내몰린 기업들이 졸지에 '탄소비용폭탄'까지 맞게 되니 산업계에서 절규와 비명이 터져 나오고 있다.[173]

이처럼 기후협약 위반은 단순히 도덕적 문제에 그치는 것이 아니라, 탄소배출권 구입액의 증가로 엄청난 국민경제적 부담을 가중시키는 일이다. 〈한국 원자력문화재단〉의 자료에 따르면, 우리나라가 원전 발전량을 모두 석탄발전으로 대체할 경우 탄소배출권 증가액이 연간 1조 4,900억 원에 달할 것으로 추산된 바 있다.

다시 한 번 강조하건대, 기후 변화를 방지하자는 '거룩한 목적'을 위해 추진하는 CO_2 또는 온실가스 배출량 감축 목표는 오로지 석탄이나 가스발전을 축소할 때 가능하지 재생에너지 확대로 달성할 수 있는 것이 아니다. 더욱이 CO_2 배출 측면에서 재생에너지보다 훨씬 우월한 원전을 폐쇄하는 정책은 글로벌 기후협약에도 역행하는 매우 잘못된 것이다.

---

173) 문재용(매경), 2018. 6. 28; 김보영(이데일리), 2018. 6. 28

3) 자연환경은 훼손되지 않았나?

가. 자연파괴가 불가피한 태양광 패널과 풍력터빈

태양광과 풍력에서 지적되어야 할 또 한 가지 물리적 특성은 에너지 밀도가 극도로 낮다는 점이다.[174] 〈표 14〉에서 볼 수 있듯이, 원자력의 에너지밀도는 석유의 180만 배, 풍력의 700억 배가 넘는다. 에너지밀도가 낮다는 것은 에너지 인프라 구축비용, 전력 안정성 등에도 영향을 미치지만 특히 동일 용량의 발전을 위해 훨씬 넓은 설치면적이 필요하다는 것을 의미한다. 즉 태양광, 풍력, 바이오매스 등 재생에너지에 의한 발전은 근본적으로 광범위한 자연환경의 훼손 없이는 안 된다는 것이 재생에너지의 물리적 특성에서 비롯하는 팩트이다.[175]

❙표 14❙ 에너지원별 에너지밀도

에너지원	풍력	수력	배터리	TNT
에너지밀도 (메가줄/kg)	0.00006	0.001	0.72	4.6
배수	1	17배	12,000배	7만7천 배

에너지원	목재	석유	핵분열(원전)	핵융합
에너지밀도 (메가줄/kg)	5.0	50	88,250,000	645,000,000
배수	8만3천 배	83만3천 배	708억 배	1조750억 배

*출처: Kelly, 2014년, 8쪽

174) Köchy, 2017, 7쪽; Kelly, 2014, 8쪽
175) Kelly, 2014, 8쪽

▎그림 44▎ 원전과 재생에너지의 부지 소요

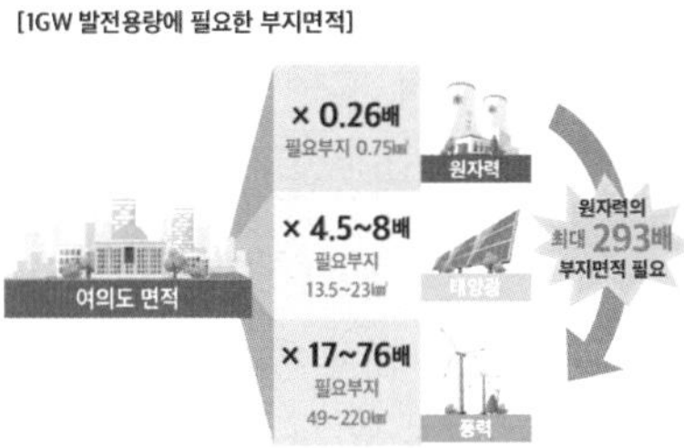

[1GW 발전용량에 필요한 부지면적]

여의도 면적
× 0.26배
필요부지 0.75㎢
원자력
× 4.5~8배
필요부지
13.5~23㎢
태양광
× 17~76배
필요부지
49~220㎢
풍력
원자력의 최대 293배 부지면적 필요

구분		원자력	태양광	풍력	
부지면적 1GW 정격용량 기준	에경연	23만평	410만평	150만평	
	업계	23만평	700만평	육상	1,480만평
				해상	6,655만평
원전 대비 면적	에경연	1	17.8배	6.5배	
	업계	1	30.4배	64.3~289.3배	
여의도 면적 (87만평) 대비	에경연	0.26배	4.5배	1.7배	
	업계	0.26배	8배	16.8~75.6배	

출처: 에경연(에너지경제연구원), 2018; 김광국(전기신문), 2017.8.3

재생에너지가 원전 및 화석연료 발전소를 대체하지 못하는 가장 핵심적 이유는 기술적 한계와 경제성 문제 때문인데, 특히 경제성 문제는 낮은 에너지밀도로 인한 대규모 부지 소요와 대용량화의 어려움 때문이라고 할 수 있다. 원전이나 석탄발전소를 대체하려면 1GW에서 최소한 수백 MW급의 대단지를 조성해야 하는데, 업계에 따르면, 같은 용량의 원자력발전에 비해 태양광은 30배, 풍력은 60~300배의 입지면적이 필요하다. 특히 우리나라와 같은 국토 여건에서는 사실상 불가능에 가까운 일이다.

현재 우리나라에 있는 원전과 석탄발전소를 모두 태양광으로 대체하려면, 국책연구원인 〈에너지경제연구원〉의 보수적 계산으로도, 원전 면적의 1,160배, 여의도 면적의 300배의 부지를 태양광 패널로 도배해야 한다. 현실성이 더 있어 보이는 업계 자료에 의하면, 원전면적의 1,980배, 여의도 면적의 511배가 필요하다고 한다. 풍력 터빈의 경우는 일반적으로 태양광 패널보다도 훨씬 더 많은 설치면적이 필요하다는 말로 계산을 가름하겠다.[176]

---

176) 여러 기의 풍력터빈을 설치할 때, 상당한 이격 거리를 두지 않으면 상호 간

이런 관점에서 2018년 초부터 집행되는 문재인 정부의 〈8차 전력수급계획〉의 핵심인 〈3020계획〉의 실현가능성에 대해 많은 의문이 제기되고 있다. 경제성도 경제성이지만 설치면적 때문에 더욱 그렇다. 〈3020계획〉이란 2030년까지 재생에너지 발전 비중을 20%까지 높이기 위해 풍력발전 18GW(현재 1.1→17.7), 태양광 34GW(현재 5→33.5), 바이오매스 2GW(현재 0.7→1.7)로 확대한다는 내용이다.

불과 10여 년 안에 설비 용량을 현재의 약 7GW에서 54GW로 8배 가까이 확대하기 위해서 필요하다는 투자비 100조 원의 조달 가능성도 불투명하지만, 무엇보다 재생에너지 건설 부지를 어디서 어떻게 마련한다는 것인지 도통 알 수가 없다.

역시 〈에너지경제연구원〉의 매우 보수적인 계산으로도, 34GW의 태양광 패널을 설치하기 위해서는 서울 여의도 면적의 156배가 넘는 453㎢의 토지를 확보해야 한다. 원전건설 부지의 30배의 면적이고, 서울 면적의 75%에 해당하는 크기다. 18GW의 풍력터빈 설치에도 여의도 면적의 30배가 넘는 88.4㎢가 필요하다.[177] 이처럼 어마어마한 부지를 구할 가능성 자체도 매우 낮지만, 행여라도 계획의 절반, 아니 1/3정도만 실현되더라도 대한민국 금수강산이 구석구석 파헤쳐지는 엄청난 국토훼손이 자행될 것이라는 우려를 금할 수 없다.

〈에너지경제연구원〉에 따르면, 한국의 풍력 잠재량은 130TW로 독일(3,200TW)의 4%에 불과하다고 한다. 국토가 좁고 산지가 많은 우리나라의 지형 특성상 풍력발전의 경제성 역시 매우 낮은 것이다. 이런 문제점이 지적되자 정부는 해상풍력을 하면 된다는 주장인데, 해상

섭 작용이 일어난다고 한다. 그래서 계산상 소요면적보다 실제 입지는 훨씬 더 큰 부지가 필요하다고 한다.

177) 에너지경제연구원 제출자료; 김광국(전기신문), 2017.8.3

풍력은 육상보다 설치비용도 훨씬 많이 들거니와, 여기서 생산된 전력을 수요지까지 전송하려면 막대한 송배전 선로가 추가로 건설되어야만 한다. 그리고 해상풍력 기술은 터빈부터 설치까지 모두 수입해야 하는 것 아닌가! 비용에 또 비용이 드는 것은 물론이고, 바다 생태계에 미치는 영향, 어업에 미치는 피해 등 해결해야 할 과제가 산 넘어 산이다.

이처럼 태양광이나 풍력발전의 첫째 조건이 '광대한 가용부지'라는 점에서 문재인 정부의 재생에너지 확대 정책은 실현가능성 자체도 의문이지만, 무엇보다 국토 자산의 막대한 훼손이 불가피하다는 점에서 절대 용납할 수 없는 '반환경적' 정책이다.

나. 건설 현장의 환경훼손 문제

앞에서 태양광이나 풍력발전이 엄청난 가용 부지를 요구한다는 문제점을 지적했는데, 실제로 태양광이나 풍력발전 설비가 건설되는 현장에 가 보면 누구라도 심각한 국토 훼손이 자행되고 있음을 목격할 수 있다. 최소 1만 평에서 수만 평의 광대한 임야를 깎아 내 발건 황무지가 드러나고, 우리나라가 6·25전쟁 이후 수십 년 동안의 '산림녹화 정책'으로 애지중지 가꾸고 보존해 온 산림이 마구잡이로 벌목되어 나뒹구는 모습을 보면 처참한 심경이 들지 않을 사람이 없을 것이다.

태양광 패널을 둘러 싼 주민 반대와 민원도 끊이지 않고 있다. 대단위 벌채로 인한 산사태와 홍수의 빈발, 태양광 패널의 정기적인 세척에 따른 세척제의 토양오염 문제, 태양광 패널의 반사와 발열로 인한 주변 기온 상승, 풍력터빈의 밤낮 없는 소음 등의 피해를 호소하고 있다.

▎그림 45▎ 충북 괴산 태양광 발전소 건설 현장 사진

*출처: 2017년 9월 19일 현장시찰시 촬영

게다가 우리나라처럼 국토면적이 한정된 나라에서 태양광 사업이 부동산 투기에 악용될 수 있다는 기막힌 사실을 이 정부가 알고는 있는지 모르겠다.

일반적으로 용도 변경이 허용되지 않는 임야에 태양광을 설치하면 '잡종지'로 용도변경이 되어 앉은 자리에서 땅값이 몇 배로 뛰기 때문에, 잿밥에 눈이 먼 투자 광풍이 불어닥칠 수밖에 없다.

최근에 법 개정으로 용도변경이 불가능해졌다고는 하지만, 관료들이 도저히 따라잡기 힘들 정도로 발 빠른 투기꾼들이 어떤 '비즈니스'를 창안해 낼지 모른다. 재생에너지 설비 확장의 성과를 내야 하는 관료들이 탁상에만 앉아 아무리 철저히 감독한다고 해도 무분별한 사업 추진으로 전국의 임야나 들판, 산악이 미관을 해치는 태양광 패널이나 풍력터빈으로 뒤덮이는 것도 모자라, 전국에 새로운 형태의 부동산 투기광풍이 일어날 가능성은 상존한다.

풍력발전으로 인한 환경 훼손은 태양광보다 심하면 심했지 덜하지 않다. 〈에너지 전환정책〉 시행 초기에 태양광에 집중되다가 최근에 풍력발전으로 무게 추가 옮겨 간 독일은 풍력발전으로 인한 각종 환경훼손 문제로 몸살을 앓고 있다. 오죽하면 풍력 터빈으로 인한 사회 문제를 다룬 독일 작가 쩨(Juli Zeh)의 '운터로이텐(Unterleuten)'이라는

소설이 독일 최고의 베스트셀러가 되었다.[178]

게르만의 얼이 깃들었다며 로마시대부터 숭배 대상이던 알프스의 깊은 숲속까지도 풍력터빈이 우후죽순처럼 파고들면서 사회 곳곳에서 우려의 목소리가 높다. 고풍스런 도시의 어느 쪽을 보아도 풍력터빈이 시야를 가리지 않는 곳이 없다 보니, '경관 훼손'이라는 말까지 생겼다.

▌그림 46▌ 풍력 터빈으로 훼손된 풍경 (독일)

*출처: Vernunftkraft.de: 디트마르쉔(슐레스비히-홀슈타인) 풍경, 2009년; 자연보호구역인 랑엔베르크(Langenberg), 노르트라인-베스트팔렌 주에서 가장 높은 산(해발 843m)에 설치된 풍력터빈; Rehmann: 풍력터빈에 포위된 짐머른-훈스뤽(라인란트-팔쯔), 2014년.

178) Zeh, 2016. 〈브란덴부르크〉주의 〈운터로이텐〉이라는 가상의 오지마을에 풍력단지 건설을 위해 외지인들이 들어오면서 벌어지는 자연훼손과 부동산투기로 마을공동체가 붕괴되는 과정을 그린 소설이다.

▎그림 47▎ 풍력터빈의 환경파괴에 대한 우려

*세계 각국에서 풍력터빈으로 인한 소음공해, 불면증, 기타 인체 및 가축의 유해성에 대한 경고가 끊이지 않음.[179)]

*출처: Energiesackgasse 2050 Nein(스위스 풍력반대 사이트); The Australian Climate Sceptics Blog

무자비한 벌목으로 인한 산림훼손, 자연경관 훼손과 더불어 특히 터빈에 조류를 비롯한 동식물들의 피해 사례가 심각하다. 독일 환경단체의 조사에 따르면, 풍력 터빈 한 개당 매년 50마리의 조류가 희생된다고 한다. 독일에 약 2만 8천 개의 터빈이 있으니, 매년 140만 마리의 새들이 희생된다는 계산이 나온다. 예전 같으면 천연기념물에 속하는 '붉은 솔개'와 같은 희귀조류들까지 터빈에 찢겨 죽어가는 것을 한 목소리로 막았을 환경운동가들이지만, 지금은 환경단체들도 재생에너지에 대한 찬반으로 나뉘어 사분오열되어 있다.

재생에너지 편에 선 환경운동가들은 자연파괴나 동식물 생태계 파괴를 모른 체하거나 심지어는 축소 · 은폐하는 사례까지 있다고 한다.[180)]

179) Etscheit, 2016
180) Hennig, 2017; Beppler, 2013, 103쪽; Mannheimer, 2013

▎그림 48▎ 풍력터빈으로 인한 조류 피해 (독일과 미국)

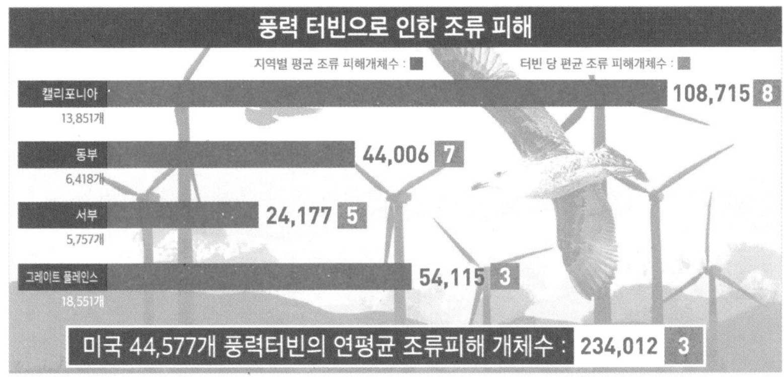

*독일 비텐베르크(Wittenberg) 인근에서 두 동강이 난 상태로 풍력 터빈 아래에서 발견된 황새 사체, 터빈 날개에 남은 핏자국으로 터빈에 희생된 것이 입증되었음.
*미국에서도 풍력터빈에 희생되는 조류 개체수가 매년 20만 마리가 넘는 것으로 조사됨

*출처: Mueller, 2014.2.19; Nationaljournal, 2014.1.23.

다. 한정된 국토와 자연은 소중한 자산

자연환경 파괴라는 관점에서 문제가 심각한 또 다른 재생에너지원

이 바이오에너지다. 특히 국토 면적이 한정된 우리나라의 경우 바이오에너지의 추진은 매우 신중하게 접근해야 한다.

사실 인위적 통제가 가능하고 따라서 전력 생산과 수요의 실시간 매치가 가능한 유일한 재생에너지라는 점에서 바이오에너지는 태양광이나 풍력 터빈의 간헐성과 변동성 문제를 완화시켜 주는 장점을 가지고 있다. 그러나 바이오에너지야말로 대규모 경작지를 필요로 한다는 점에서 심각한 자연환경 훼손을 야기한다.

이미 오래 전부터 바이오연료용 작물을 경작하기 위해 열대우림을 개간하고, 화학비료와 농약살포로 인한 토양 및 수자원의 오염피해가 바이오연료 사용으로 인한 온실가스 감축효과보다 훨씬 심각할 뿐만 아니라, 바이오연료 생산을 위한 산림훼손과 자연녹지 파괴로 인해 배출되는 탄소량은 바이오연료 사용으로 인한 온실가스 감축 규모의 17~420배에 이른다는 충격적인 경고들이 나와 있는 상황이다.[181] 그럼에도 불구하고 여러 나라들에서 바이오에너지에 대한 미련을 버리지 못하고 있는 것처럼 보인다.

독일에서도 2015년 현재 국토의 20%에 해당하는 250만 헥타르의 농경지가 에너지 작물 재배에 쓰이고 있다.[182] 국가가 보장하는 지원금 덕분에 식용 및 사료작물보다 수익성이 좋다보니 너도 나도 바이오 작물 재배로 전환하면서, 경작지의 단일화, 식량생산 감소 등 여러 가지 폐단도 함께 나타나고 있다.

독일은 2017년 에너지작물을 이용하는 약 9,000개의 메탄가스발전소에서 45.5TWh(재생에너지원 중 2위)를 발전했는데, 발전원가는 천

---

181) EJ Report, 2009.5.8.; 김보형(한국경제), 2018.3.19. A4
182) Köchy, 2017, 10쪽 이하 참조

연가스 발전소보다 4배 이상 비싸다. 즉, 정부의 재생에너지 지원금이 없었더라면 절대 살아남을 수 없는 발전소들이다. 면적 대비 발전량이 매우 비효율적인 바이오에너지가 국토 보존 측면에서 얼마나 심각한 문제인가는 다음과 같이 비유해 보면 명확해진다. 만일 독일 국토 전체에 에너지 작물을 심는다 해도 메탄가스 발전량은 맥시멈 160TWh로, 독일 전력수요의 겨우 1/3정도를 커버하는 양에 불과하다.

태양광이나 풍력, 바이오에너지 확대를 위한 벌목 등 훼손 행위는 자연생태계의 순환구조 자체를 깨뜨린다는 점에서 단순한 산림파괴 이상이라는 점을 〈에너지 전환정책〉에 급급한 우리나라 정부도 깊이 유념해야 한다. 재생에너지 지지자들은 '재생에너지는 친환경'이라는 왜곡된 도그마를 내세우며 '재생에너지는 절대선'으로 정당화하지만, 한정된 자산인 국토와 자연은 결코 훼손되어서는 안 되는 매우 소중한 자산임을 잊어서는 안 된다.

4) 그러면 태양광 · 풍력 폐기물은 안전한가?

많은 원전 반대론자들이 탈원전의 가장 큰 명분으로 '사용 후 핵폐기물[183]이 위험하다'는 논리를 내세우면서도, 태양광 패널이나 풍력 터빈 폐기물의 위험성에 대해서는 왜 꿀 먹은 벙어리가 되는 것일까?

친환경으로 포장된 태양광 패널에 인체에 유해한 중금속인 납과 폐를 굳게 만드는 유독성 물질인 카드뮴-텔룰라이드(CdTe: Cadmium Telluride) 등 유독성 화학물질이 포함되어 있다는 것은 이미 널리 알

---

183) 참고로 현재 러시아 등 많은 원전 사용국에서 핵 폐기물의 재사용 기술개발에 박차를 가하고 있으며, 버려진다는 의미의 '핵 폐기물'이라는 용어 자체가 부적절하다는 주장도 제기되고 있다. Deutsche Wirtschafts-Nachrichten, 2014.7.8

려진 사실이다. 미국의 타임지가 2008년 '환경 영웅'으로 선정한 '마이클 셸런버거'가 이끄는 환경단체인 'EP(Environmental Progress)'가 조사하여 발표에 따르면, "태양광 패널은 원자력 발전소보다 독성 폐기물을 단위 에너지 당 300배 이상 발생"[184] 시키며, "태양광 쓰레기에는 발암물질인 크롬과 카드뮴이 포함되어 있어서 식수원으로 침출(浸出)될 수 있다"[185]고 경고했다. 우리나라에서도 2015년 폴리실리콘 태양광 패널을 만드는 OCI의 군산 공장에서 맹독성 물질인 사염화규소가 유출돼서 인근 2만 5천여 평의 농경지와 수백 명의 주민들이 건강상 피해를 입었고, 이러한 유출사고는 2017년 6월에도 발생하는 등 끊임없이 반복되고 있다.[186]

더구나 우리나라에서는 태양광 패널이나 풍력 터빈의 제작 및 운영, 폐기과정에서 발생되는 문제점에 관해 제대로 된 조사조차 되어 있지 않다는 것이 큰 문제로 지적된다. 독일의 경험을 살펴보면, 우선 태양광 패널이나 풍력 터빈의 수명이 짧기 때문에 폐기물의 발생 물량이 엄청나다는 것부터가 문제다. 태양광 모듈의 수명은 보통 20~25년, 풍력터빈의 수명은 이보다 훨씬 짧은 12~15년으로 본다. 따라서 2000년부터 태양광 패널과 풍력 터빈이 대중화된 독일의 경우, 1세대 패널이나 터빈의 대규모 폐기 시점이 목전에 와 있다. 2025년이면 매년 3만 톤의 재생에너지 폐기물이 나올 것으로 추산되며, 이에 따른 심각한 환경오염에 대한 경고도 잇따르고 있다.[187]

지금까지 독일에 구축된 160만여 개 태양광 패널의 셀 수는 약

---

184) 노영조(e경제뉴스), 2017.10.12
185) 김승범(조선일보), 2017.10.19
186) 박용근(경향신문). 2017.6.26
187) LNONLINE, 2017.1.17

2억 개로 추산된다.[188] 독일에서는 태양광 모듈의 폐기절차는 「전기·전자제품법」에 따라야 한다. 2014년 2월 발효된 유럽연합의 WEEE-지침(Waste Electrical & Electronic Equipment Directive)에 따라 개정된 「전기·전자제품법」에서 태양광 모듈은 전기자동차의 배터리와 마찬가지로 원칙적으로 제조사가 무상 수거해서 리튬 전지 등 순환가능한 자원은 재활용하고 나머지는 폐기하도록 되어 있다.

다시 말하면, 태양광 패널은 그냥 버려서는 안 되고, 반드시 리사이클링을 거쳐야 하는 제품이다. 문제는 2014년 마지막 남아 있던 독일의 태양광 패널 제작사인 '솔라월드'가 부도나면서 지금은 태양광 패널의 리사이클링을 담당할 제조사가 하나도 없다는 사실이다. 2010년 300여 태양광 관련 업체가 참여하는 리사이클 시스템이 있기는 하지만, 수익성 등이 불투명해서 활성화되지 못하고 있다. 폐기 비용이 높아지면 태양광 설치자들이 패널을 폐기하는 대신 그냥 방치할 수도 있는 등, 여러 문제들이 예상됨에도 조만간 1세대 태양광 설비에 대한 국가지원 기간이 끝나고 폐기 시점이 다가오고 있는 지금까지도 폐기 비용과 절차 등이 여전히 안개 속이다.

최근 독일에서는 태양광 패널이 설치된 주택은 매매가 안 된다는 하소연이 나오고 있다. 노후한 태양광 패널에서 독성 물질이 흘러내릴 수 있는데다, 폐기 리스크 때문에 매수를 꺼리기 때문이라고 한다.[189] 주택 지붕에 설치된 태양광 패널의 과열로 인한 화재 등 건물손상위험이 20배 이상 증가한다는 통계도 있다. 전력망 과부하시 태양광 패널이 계통에서 차단되는데, 차단된 상태에서도 발전은 계속 되면서 패널이 과열되고 화재가 날 위험성이 크다는 것이다.[190] 태양광 패널이

---

188) Köchy, 2017, 137쪽
189) Laukamp/Bopp(Frauenhofer ISE), 2014/5, 36쪽
190) Wirth, 2018, 72~74쪽; Limburg/Mueller, 2015, 175쪽

설치된 건물의 화재 진압 시 소방관의 부상 위험이 급증하기 때문에, 독일의 일부 주에서는 태양광 경고 팻말 설치를 의무화하는 한편, 태양광 건물 지도도 작성되고 있다. 이렇게 미처 생각지 못했던 문제나 피해가 곳곳에서 발생하지만, 정책 입안자들의 탁상행정은 현실을 뒤따르지 못하다 보니 많은 부분이 법의 사각지대로 방치되고 있는 것이다.

▍그림 49▍ 태양광 패널 과열로 인한 화재 위험성

*출처: 화재에 휩싸인 태양광 주택, 헤센 올덴도르프(Hessisch Oldendorf)

▍그림 50▍ 방치된 노후 태양광 패널

*20년 노후된 태양광 패널과 태양광 패널의 하중을 견디지 못해 무너진 주택

*출처: https://www.photovoltaik.eu/Archiv/ Heftarchiv/ article-444342-110453/der-vermeidbare-albtraum-.html

독일 전역에 2만8천 개 가량 설치되어 있는 풍력터빈의 폐기 문제는 태양광 패널보다도 훨씬 복잡하고 어려운 과제로 인식되고 있다. 우선 풍력 터빈은 제작과 건설단계에서부터 엄청난 자재가 투입되는 점에 주목해야 한다. Limburg/Mueller가 독일제 풍력터빈인 Enercon E126 모델과 1.3GW 용량의 석탄발전소 건설에 필요한 자재량을 비교한 자료를 보면, 동일한 발전량 기준으로 풍력터빈 건설에는 석탄발전소 건설의 20배가 넘는 양의 자재가 투입되어야 한다.

200m 높이의 풍력터빈 한 개를 올리는 받침대만 해도 6,300톤의 무게가 나가는 철근 콘크리트 덩어리다. 너셀의 무게가 340톤, 날개의 무게도 320톤이다. 참고로, 문재인 정부가 선호하는 해상풍력은 해저에 기초를 타공할 경우 육상 터빈보다 훨씬 많은 자재가 소요된다는 점을 밝힌다.

이런 터빈 한 개가 생산하는 발전량은 연 15GWh에 불과하다. 1.3GW 석탄발전소는 90%의 높은 가동률 덕분에 연 10,250GWh를 생산한다. 680배나 된다. 다시 말해, 석탄발전소 한 개를 대체하기 위해서는 이런 거대한 풍력터빈 680개를 설치해야 한다는 말이다. 게다가 석탄발전소의 설비 수명이 풍력터빈의 두 배 이상임을 감안하면, 풍력터빈의 제작과 시공에는 철근콘크리트, 철강, 알루미늄, 합성수지 등의 자재가 석탄발전소의 40배 이상 필요한 셈이다. 일단 이러한 엄청난 자재의 투입부터가 친환경과는 거리가 멀어도 한참 먼 것이다.[191]

다음의 〈그림 51〉을 보면, 풍력터빈 폐기가 얼마나 어려운 과제가 될 것인지를 짐작할 수 있다. 〈지멘스〉의 최신형 6MW급 풍력터빈 하나만 해도 남산타워보다 크고, 63빌딩보다 조금 작은 수준의 엄청난 높이와 덩치다. 멀리서 언뜻 보면 좋아 보일 수 있을지 모르지만, 이런 거대한 타워들이 빼곡히 들어차 한꺼번에 윙윙거리며 돌아간다는 상

191) Limburg/Mueller, 2015, 174쪽 이하; Schmidt, VDI Nachrichten 35/11

상만으로도 두려움과 거부감이 앞선다. 더욱이 이처럼 거대한 부피와 육중한 무게의 노후한 자재덩어리를 폐기하는 작업은 제작과 건설보다 더 험난한 일이 될 것이라는 사실은 짐작이 가고도 남을 것이다.

▌그림 51▌ 풍력 터빈의 크기

*출처: 여러 자료 토대로 작성

터빈의 날개 한 개의 길이만도 50~60m, 무게는 20톤에 달해서, 수송이나 보관 자체에 어려움이 따른다. 또한 에폭시드/폴리에스터 합성수지로 만들어진 풍력 터빈의 날개에는 광섬유와 카본섬유 재질의 부품들과 충전재, 낙뢰방지용 동섬유를 비롯하여 어떤 성분인지 알 수조차 없는 물질들이 뒤섞여 있다. 분해 자체가 안 되는 덩어리를 이루고 있기 때문에 분리나 재활용도 불가능해서 잘게 부수거나, 이 부산물을 시멘트에 섞어서 특수폐기물을 만드는 방법 등이 논의되고 있을 뿐이다. 연소와 같은 재래적 방법은 사용할 수 없는 게 터빈에 섞여 있는 광섬유 등이 소각로를 망가뜨릴 수 있고, 소각연기가 어떤 대기 환경오염을 일으킬지 예측 자체가 불가능하기 때문이다.

독일에서는 그냥 적재하는 것도 법으로 금지되어 있다. 세계 각국에서 연구가 진행 중이지만, 아직 풍력터빈 폐기물 처리에 대한 해법이 없는 상태이다.[192] 이런 상황에서 독일에서는 재생에너지 폐기물을 둘러싸고 벌써부터 님비(NIMBY) 현상이 벌어지고 있다. 풍력터빈의 메카인 독일 최북단 킬(Kiel) 시의 환경장관이 '폐 풍력터빈을 수용하지 않겠다'고 선언하자, 다른 주정부들도 줄줄이 수용 거부의사를 밝혔다. 노후 설비를 동유럽 국가들에 수출하는 발 빠른 업자도 나오는가 하면, 독일 정부는 일단 노후 풍력터빈을 '리파워링'해서 수명을 연장하는 방안도 모색 중이다. 한 마디로 아직 제대로 된 방침이나 대책이 없다는 말이다.

우리나라도 폐 태양광 패널이나 풍력터빈 처리에 대해 두 손 두 발 다 놓고 있기는 마찬가지다. 그러나 2004년 태양광주택 10만 호 보급사업을 시작으로 2015년까지 약 3,493MW의 태양광 모듈이 보급되어 있기 때문에, 태양광 폐 패널의 처리 문제가 시급한 과제임에 틀림없다.[193] 1세대 모듈의 수명을 15~20년으로 가정할 때, 2022년 1,610톤, 2023년 9,681톤, 특히 2028년(16,248톤)부터는 폐 모듈이 기하급수적으로 증가할 것으로 예상된다.[194] 반면에 정부가 현재 추진 중인 재활용센터는 2021년에나 완성될 예정으로, 그때까지는 무방비상태인데다, 완공되더라도 처리규모가 연간 3,600톤에 불과해서 쏟아지는 폐기물량을 감당하기엔 턱없이 부족하다. 이처럼 정부가 폐 태양광패널 처리에 속수무책으로 일관하다 보니 현재 우리나라에서는 폐기해야 할 태양광 패널을 몰래 땅에 파묻는 일이 비일비재하다는 게 공공연한 비밀이다.

192) Beppler, 2013, 47~48쪽
193) 한국에너지공단 재생에너지센터, 2016.9.12
194) 산업통상자원부, 2016.9.12

'사용 후 핵연료가 위험하다'며 탈원전을 결정하고 '재생에너지는 친환경'이라는 맹신으로 〈에너지 전환정책〉을 드라이브하면서, 정작 재생에너지 폐기물에 대해서는 환경오염도 측정이나 제대로 된 처리 방안조차 마련되어 있지 않다는 게 문재인 정부의 에너지 정책의 현주소다.

지금은 이미 태양광 패널이나 풍력터빈의 제작 및 운영, 폐기 과정 등 자원순환의 전 과정에서 발생하는 독성 물질이나 오염 물질이 인간과 자연에 치명적인 위험이 될 수 있다는 사실이 밝혀진 상황임에도 불구하고 이에 대한 대비는커녕 조사조차도 제대로 되어 있지 않은 것은 극도로 무책임한 행태이다.

문재인 정부는 〈에너지 전환정책〉을 추진하기에 앞서 재생에너지의 환경오염 문제에 관해 철저한 실태조사와 대책부터 마련할 것을 촉구한다.

대한민국 블랙아웃

7장

독일 <에너지 전환정책>의 교훈

독일이 탈원전과 〈에너지 전환정책〉을 시행한 지 20년 가까이 되었다. 독일에게는 미안한 말이지만, 우리는 다행스럽게도 독일의 시행착오에서 많은 교훈을 얻을 수 있다. 아래에서는 독일 〈에너지 전환정책〉에서 드러난 중요한 시사점을 정리해 본다.

1. 정치적으로 결정된 탈원전 정책으로 국론분열 조장

독일 사회에 내재해 있던 탈원전 논의는 1970년대 중반 격화된 원전반대 운동을 계기로 본격화됐다. 2002년 좌파정권에서 탈원전을 결정했지만, 2010년 우파정권에서 다시 보류하는 등 팽팽히 맞서던 중에 2011년 후쿠시마 사고가 발생하자 정작 당사국도 아닌 독일에서 '원전-모라토리엄'으로 이어진 것은 때마침 치러진 지방선거 탓이 컸다고 하겠다. 이처럼 독일에서 〈탈원전 정책〉이 결정되기까지 40여 년 가까운 격렬한 논의 과정이 있었음에도 불구하고 '탈원전'은 지금까지도 독일 사회를 분열시키는 가장 뜨거운 이슈 중의 하나이다.

특히 후쿠시마 사고 직후인 2011년의 탈원전은 원자력 전문가는 단 한 명도 없이 종교인, 사회과학분야 교수 등으로 구성된 일명 '윤리위원회'에서 결정되다 보니, 과학적 합리적으로 결정되어야 할 에너지 문제가 선악의 이분법적 구도, 심지어는 종교적·윤리적 프레임 전쟁의 대상으로 전락했다. 지금까지도 독일사회에서 탈원전 논의와 관련해서는 표현의 자유가 위축되고 집단사고적 획일성이 강요되고 있다는 지적이 나온다. 학계, 언론, 정치, 사회 전반적으로 원전을 찬성하면 비윤리적, 시대착오적으로 낙인찍히고, 사회의 아웃사이더로 내몰리는 분위기가 팽배해 있다는 것이다.[195]

물론 많은 국민이 재생에너지 산업에 종사하고 있고 재생에너지 지원제도의 직·간접적인 수혜자이다 보니 재생에너지를 지지하는 분위기가 압도적일 수는 있지만, 집단사고에 의한 확증편향(確證偏向)으로 다른 의견이 용납되지 못하는 사회 분위기가 확산된다는 우려가 큰 것이다.[196] 이처럼 국가 발전을 뒷받침해야 할 전력문제로 사회 전체가 소모적 논쟁과 정쟁으로 지새는 것은 결코 바람직하지 않은 국력의 낭비이다.

그런데 불행하게도 우리나라도 독일의 전철을 밟고 있어 안타까울 뿐이다. 문재인 정부는 정권 출범 3달도 안 돼서 이미 공정률 30%에 2조 원 넘게 투자된 신고리 5·6호기 사업을 정당한 절차도 거치지 않고 대통령 말 한 마디로 중단시키면서 엄청난 국민 갈등과 국론 분열을 초래했다.

전문가 한 명도 포함되지 않은 일반 시민배심원단이 다행히 공사 재개를 결정하는 바람에 억지로 무마되었지만, 신고리 5·6호기의 공사 재개 여부에 대한 판단 권한만을 부여받은 〈공론화위원회〉가 아무런 근거도 없이 〈탈원전 정책〉을 정당화시킴으로써 더 큰 국론 분열의 씨앗을 뿌렸다. 벌써 40년도 넘게 멈출 줄 모르는 탈원전 논쟁으로 사분오열된 독일 사회를 보면서, 가뜩이나 갈등의 골이 깊은 우리 사회에 앞으로 〈에너지 전환정책〉이 얼마나 더 큰 갈등과 분열을 초래하게 될지 걱정이 앞선다.

---

195) Janis, 1972: 집단사고가 강조되면 결정 과정에서 정보탐색, 정보평가 및 대안평가 과정에서 편파적 방식으로 비상대책도 마련하지 않는 비합리적 의사결정을 내리게 된다.

196) Arnold Vaatz (CDU소속 연방의원), 2012.2.4

2. 온실가스 감축에 역행하는 〈에너지 전환정책〉

독일 〈에너지 전환정책〉의 가장 중요한 목표는 지구온난화의 주범인 온실가스 배출을 감축시키는 것이었다. 정책을 시행한 지 20여 년이 지난 지금, 결과는 정반대로 나타나고 있다. 그 이유는 〈탈원전정책〉 때문이라는 것이 전문가들의 진단이다. 재생에너지의 설치 용량이 원전 감축분보다 훨씬 많았지만, 그 빈자리를 변동성이 큰 재생에너지가 아니라 갈탄과 유연탄 발전이 대신했기 때문이다. 독일의 경험은 CO_2와 온실가스 배출량 감축은 재생에너지의 확대가 아니라 석탄이나 천연가스 등 화석연료 발전의 감축에 의해서만 달성될 수 있음을 깨우쳐 준다.

독일 '에너지 전환정책의 역설'은 또 다른 곳에서도 나타난다. 원전 감축 후 석탄 발전이 전원 믹스의 42%를 차지하면서 기저부하(基底負荷) 발전소로서의 역할은 오히려 강화되었다. 또 자신들의 원전은 폐쇄하고 주변국의 원전에서 전력을 수입하는 또 다른 역설적 현상도 발생하고 있다.[197] 즉, 독일이 아무리 혼자만의 탈원전, 재생에너지 확대정책을 펼친다고 해도 홀로 지구를 구할 수는 없다는 말이다. 가장 의욕적으로 재생에너지 확대정책을 펴온 독일이 유럽연합에서 기후변화 정책에 가장 역행하는 국가로 낙인찍히고 있다니,[198] 아이러

197) 폴란드와 접경 도시인 독일의 파사우 시는 100㎞도 안 되는 곳에 있는 폴란드 테메린(Temelin) 원전에서 전력을 수입한다. 테메린 원전은 지난 10년 동안 130건 이상의 장애가 발생하여 독일 원전에 비해 안전성이 현저히 떨어지는 것으로 평가되는 원전이다. Beppler, 2013, 38쪽

198) European Climate Leadership Report 2017. 독일의 NGO단체인 Energy for Humanity가 개최한 COP(Conference of the Parties) 23 발표자료; 장종엽, 2017

니일 뿐이다.

독일 정부가 재생에너지 확대를 추진하면서 가장 강조한 일자리 창출 실적은 또 어떠한가! 지난 20년 동안 막대한 투자와 정부지원금이 계속 쏟아져 들어갔음에도 불구하고 재생에너지 산업의 일자리 증가는 기대에 못 미친다는 것이 독일의 경험이다.[199] 〈산업통상자원부〉 백운규 장관은 재생에너지 산업이 창출하게 될 일자리 수가 원전 산업의 5~10배 규모라고 주장하지만[200], 그가 근거로 제시한 보고서[201] 내용을 분석해 보면 이 수치는 신뢰하기 어렵다.

게다가 신규 일자리 창출은 고사하고 사라지는 일자리는 어떻게 할 것인가! 작년 6월 문재인 정부가 신고리 5·6호기 건설 중단을 했을 때 공사 중인 원전 두 개만 폐쇄해도 3만4천 개 이상의 직접적인 일자리가 사라진다고 조사된 바 있다. 또한 최근 결정된 신규원전 4기의 종결만으로도 일자리 3만 개가 사라진다는 분석이 나와 있다.

또 한 가지 주목해야 할 사항은, 현재 우리나라에 설치되는 태양광 패널은 대부분 중국제라는 사실이다. 중국의 태양광 산업 캐퍼는 전 세계 수요의 두 배 규모라고 하니 오히려 당연한 일이다.[202] 태양광 산업의 세계적 선두주자로 알려진 한화큐셀 등 우리나라 기업들도 인건비 등 비용절감을 위해 중국에 생산공장을 운영하고 있다. 최근 한화큐셀은 트럼프의 무역공세와 유리한 투자 여건 등으로 미국에 1억5

---

199) 맥킨지 보고서에서는 일자리 지표는 목표를 달성한 것으로 나오지만 (〈그림 56〉), 이는 정부가 제시한 목표 대비 이행률을 말하는 것으로, 실제 국민경제적 일자리 순증효과를 의미하는 것은 아니라는 점을 밝힌다.

200) 백운규장관 발언, 제352회 국회 산업통상자원 중소벤처기업위원회 제6차 전체회의. 2017.7.26

201) ARENA 보고서

202) 차이나랩, 2018.1.31
http://m.blog.naver.com/ china_lab/221198073609

천 만 달러(약 1,650억 원)를 투자해서 미국 최대 규모의 태양광 모듈 공장(1.6GW 규모)을 짓는다고 발표했다.

이는 한화 큐셀의 총 생산규모(8.5GW)의 약 20% 수준으로, 500여 명의 고용창출이 기대된다고 한다.[203] 원자력 발전의 건설과 운영은 거의 전적으로 국산 설비와 기자재로 우리 전문가에 의해 이루어지는 데 반해, 우리나라에 설치되는 태양광 패널은 중국이나 미국에 일자리를 창출하게 되는 셈이다.

원전 포기로 우리나라에서는 양질의 일자리가 대거 사라지는데 다른 나라의 태양광 모듈 공장에선 일자리가 늘어난다면, 문재인 정부의 〈탈원전 정책〉은 결국 다른 나라 좋은 일만 시키는 정책일 뿐이다. 〈탈석탄 정책〉 역시 국내 일자리를 죽이는 정책이다. 원전과 마찬가지로 화력발전 건설·운영 기술은 거의 100% 국산화되어 일자리 창출 등 경제적 낙수효과가 크지만, LNG 발전은 발전터빈 등 핵심 부품과 유지보수를 대부분 수입에 의존하고 있어 외국기업만 배불리게 될 것이기 때문이다.

3. 포퓰리즘으로 전락한 재생에너지 지원제도

독일 〈에너지 전환정책〉의 부작용이 더 증폭된 원인은 특히 잘못 설계된 재생에너지 지원체계 때문이라는 게 많은 독일 국민들의 한결같은 목소리다.[204] 「재생에너지법」의 지원체계는 태양광 패널이나

---

203) 한화큐셀의 다른 공장 규모: 한국(3.7GW) · 중국(2.5GW) · 말레이시아(1.8GW) · 터키(0.5GW)공장, 류 정, 2018.6.6.

풍력터빈의 설치비용을 지원하는 게 아니라, 설비에서 생산된 전기를 kWh당 고정가격으로 20년간 구입해 주는 방식이다.

이러한 국가 지원금의 직접 수혜자 수만 해도 수십만 명이 넘고, 전력판매사, 전기요금 컨설팅 회사 등 파생 업종에 근무하는 사람까지 합하면 그 숫자가 엄청나게 많다. 민주국가의 선출직 정치인들이 표심을 얻기 위한 선심성 정책의 유혹을 이기기 어렵다는 것을 보여주는 대표적 사례가 된 독일의 〈에너지 전환정책〉은 포퓰리즘 정책으로 전락했다.

재생에너지에 대한 정부 지원금이 기술혁신이나 경제패러다임을 근본적으로 혁신할 수 있는 원천기술의 연구·개발보다는 투표권을 가진 주민들을 직접 지원하는 방식이기 때문이다. 현금성 지원체계야말로 포퓰리즘 정치에서 가장 강력하고도 효과적인 메커니즘으로 작동한다. 게다가 재생에너지는 시장의 약자라는 '약자 코스프레', 안전하고 친환경이라는 '도덕 코스프레', 시민 누구나 참여할 수 있다는 '민주주의 코스프레'는 대중선동에서 가장 '잘 먹히는' 프레임으로, 대다수의 선의의 국민을 쉽게 호도할 수 있다.

그러나 한번 시행된 선심성 포퓰리즘 정책은 바꾸기가 어렵다. 일단 첫 단추가 잘못 끼워져서 수혜자 그룹이 형성되면 정관계 로비, 저항, 반발 등으로 제도개선은 사실상 불가능에 가깝게 된다. 독일 정부도 재생에너지 지원체계의 문제점을 인지하고 개선하려고 노력하지만, 한번 주어진 재정지원, 특히 현금성 지원은 아무리 부작용이 크더라도 삭감하거나 철회하기가 불가능에 가깝다는 것이 독일에서 얻을 수 있는 교훈이다.

또한 특정 산업에 대한 지나친 특혜와 과잉보호는 해당 산업에도,

---

204) Schmidt, 2018.5.14

국민에게도 아무런 도움이 되지 않는다는 경제학 교과서에도 나오는 진리는 지난 20여 년 동안 재생에너지에 무조건적인 특혜성 지원을 퍼부은 독일의 경험에서 다시 한 번 입증된다.

국가가 재생에너지 산업의 모든 리스크를 떠안다 보니 업계의 혁신 동력이 소멸되고, 국가 지원금이 줄어드는 순간 살아남을 수 없을 정도로 경쟁력을 상실했다. 한때 세계 최고라던 독일의 태양광 패널 제조사가 모두 도산한 것만 보더라도, 이미 레드오션이 되어버린 패널 제조업에 국가 지원금을 쏟아 붓는 지원방식은 국내 산업발전에도 결코 도움이 되지 않는다는 것을 깨우쳐준다.

이는 현재 〈공개경쟁입찰〉을 통해서 재생에너지 지원금을 결정하는 방식에서 독일도 이미 버린 FIT제도로 다시 복귀하려는 문재인 정부와 여당이 반드시 통찰해야 할 사항이다. 정부가 세금으로 만드는 일자리는 정부 지원이 끝나기가 무섭게 사라진다는 것이 독일의 태양광 산업이 주는 뼈저린 교훈이다. 문재인 정부의 〈에너지 전환정책〉이 또 하나의 포퓰리즘 정책으로 대한민국 발전에 역행하는 일이 없기를 바랄 뿐이다.

4. 어마어마한 비용과 전기요금 인상

독일 〈에너지 전환정책〉의 가장 심각한 문제는 비용이다. 독일의 Dice Consult사가 〈독일 경제·에너지성〉 자료를 바탕으로 분석한 바에 따르면, 2000~2025년 사이에 에너지 전환에 드는 비용은 총 5,206억 유로로 추산되었다. 우리 돈으로 약 676조 7,800억 원에 달하는 어

▌그림 52▌ 2025년까지 에너지 전환정책의 비용추계

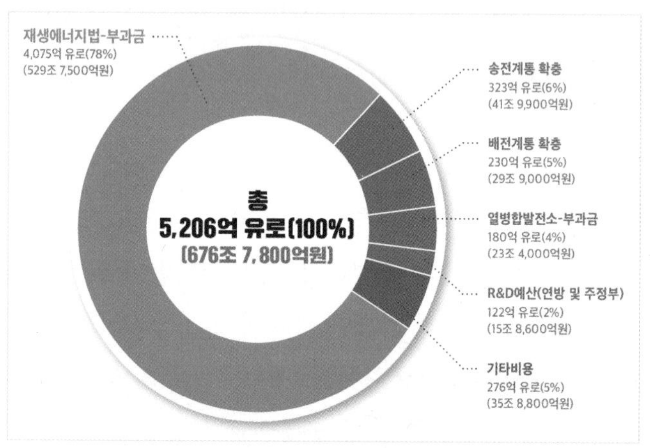

*출처: Handelsblatt, Dice Consult, 연방 경제 및 에너지성 통계 기초

마어마한 비용이다. 여기에는 원전 폐쇄와 석탄발전소 감축으로 초래된 비용 등의 기회비용은 포함되지도 않은 매우 보수적인 추계이다.

그런데 이 비용의 80% 가까이가 태양광 패널이나 풍력터빈 등 재생에너지 설비 구축에 대한 현금성 지원이다. 구체적으로 독일 국민 일인당 6,000유로(약 780만 원), 매월 20유로(약 2만6천 원)이상을 꼬박꼬박 지불해야 하는 것이다.

〈에너지 전환정책〉의 비용이 엄청나다는 것 자체도 문제지만, 비용에 대한 불확실성은 더 큰 문제다. 환경장관과 총리실장을 역임한 기민당 출신 알트마이어(Altmaier)장관은 2013년 독일 언론인 FAZ(Frankfurter Allgemeiner Zeitung)과의 인터뷰에서, 2022년까지 독일의 〈에너지 전환정책〉에 들어가는 비용을 1조 유로(약 1,300조 원)라고 말했다.[205] 알트마이어의 충격적인 '1조 유로' 발언이 나온 당일

205) Köchy, 2017, 111쪽

〈독일연방환경부〉는 황급하게 2020년까지로 살짝 시한을 바꿔 '에너지 전환정책의 예상 비용은 2,030억 유로(약 263조 9천억 원)' 라고 발표했다. 물론 1조 유로에서 2천억 유로로 내려오니 엄청 다행인 것처럼 보이지만, 2천억 유로도 결코 작은 돈이 아니다. 독일 GDP의 8%에 해당하는 엄청난 액수다.[206] 무엇보다 이처럼 같은 날 발표된 주무장관과 부처의 말에서도 비용이 고무줄처럼 늘었다 줄었다 하니 실제 비용이 얼마가 들지 누구도 정확하게 알지 못하는 것 아니냐는 의혹을 사기에 충분하다. 얼마가 됐든, 〈에너지 전환정책〉의 엄청난 비용은 모두 결국 전기 소비자가 부담해야 한다는 것만은 분명한 사실이다.

앞에서 상세하게 설명했듯이, 재생에너지 확대는 반드시 전기요금의 인상을 가져온다. 이는 근본적으로 재생에너지의 간헐성, 인위적 통제 불가능성, 그리고 저장의 한계 등 재생에너지의 물리적 기술적 특성에 기인하는 것이기 때문에 어떠한 해명이나 변명으로도 이 사실을 뒤집을 수는 없다.

▌그림 53▌ 환경성 장관 알트마이어 장관 2013년 2월 19일 FAZ 인터뷰

"에너지 전환정책을 공짜로 할 수는 없다"
"2022년까지 우리가 이미 보장해 준 재생에너지 지원금만 약 6,800억 유로에 달한다. 여기에 송배전계통 확충과 예비부하 확보 비용, R&D 비용에다 전기자동차와 에너지 효율화를 위한 건축보수 비용도 추가되어야 한다. 이 모든 것을 고려할 때 에너지 전환에 약 1조 유로가 소요될 것으로 예상된다."

---

206) 독일의 에너지 전환비용(2020년까지)에 대한 추계: MIT Technology Review: 1000억~2000억 유로, Business Week: 2000억 유로. Hope, 2013; Kelly, 2014, 12쪽

재생에너지가 화석발전소를 대체하는 것이 아니라 실상은 '전력시스템의 이중화'라는 사실, 재생에너지 설비의 실 이용률은 정격용량의 20%도 안 된다는 사실만으로도 재생에너지 확대가 전기요금 인상을 가져온다는 데 이의를 제기할 수 없을 것이다.

발전원가가 가장 싼 원전을 3배, 4배 비싼 가스발전이나 재생에너지로 바꾸면서 전기요금 인상이 없다고 하면 그게 오히려 이상하지 않은가! 독일 소비자들은 〈에너지 전환정책〉이 도입된 2000년에 비해 2배 인상된 전기요금으로 세계 최고 수준의 전기요금을 부담하면서도, 소규모 분산형인 풍력과 태양광 전기가 늘면서 전력품질의 안정성마저 염려해야 하는 실정이다.

우리나라에서도 문재인 정부의 〈에너지 전환정책〉은 전기요금 인상으로 이어질 수밖에 없다는 것이 이미 여러 연구를 통해 예측된 바 있다. 문재인 대통령 선대위에서 환경에너지 팀장을 맡았던 김좌관 부산카톨릭대학 교수는 '2030년까지 에너지 분야 공약이 계획대로 이행될 경우, 전기요금이 25% 안팎으로 인상될 것'으로 예측[207] 했으며, 〈에너지경제연구원〉은 '제7차 전력수급기본계획'을 토대로 발전비용이 21% 상승할 것으로 분석했다.[208]

또한 필자가 국회 〈입법조사처〉에 의뢰해 만든 보고서 '탈원전 시나리오에 소요되는 비용 추계'에서도 재생에너지를 통한 발전량을 2035년까지 17%가량만 늘려도 발전비용은 연 8조~10조 원 가량 추가되고, 전기요금은 15~18% 오를 것으로 예측되었다.

〈보스턴 컨설팅 그룹〉의 보고서[209]에 따르면, 한국의 제조업 생산

---

207) 이영완, 김승범(조선일보), 2017.6.2
208) 에너지경제연구원, 2017.6.20
209) 보스턴컨설팅그룹(BCG), 2015

원가는 2014년에 이미 미국을 뛰어 넘었다. 전기요금 인상은 기업의 원가상승으로 이어져 기업에도 큰 타격을 주겠지만, 모든 비용은 제품 가격에 전가된다는 점에서 최종적인 전기요금 인상의 부담은 모두 소비자가 지게 된다.

한때 세계 최고의 복지국가였던 독일에서 늘어나는 에너지빈곤층 숫자가 말해 주듯이, 전기요금 인상의 최우선적 피해자는 항상 서민들이다. 문재인 정부도 마찬가지다. 2017년 12월 〈한국전력〉은 약관을 몰래 개정하여 다가구 다주택 공동설비에 대한 주택요금 적용 기준을 기존 5kW에서 3kW 미만으로 낮췄다. 이에 따라 연초부터 30만 다가구 다주택의 가구당 전기요금이 월 3만 원 인상되고, 한전은 가만히 앉아서 연 1,080억 원의 추가 이익을 거둬들일 판이었다.

빗발치는 민원과 '문재인 정부에서 전기요금 인상은 절대 없다'는 정부의 반대에 부딪혀 일단 시행이 보류되었지만, 어쨌든 전기요금 인상 압박이 커지는 상황에서 제일 먼저 피해를 입는 것은 결국 서민임을 여실히 보여주는 사례임에 틀림없다.[210)]

지난 수년간 우리나라 최대 공기업으로 흑자경영의 간판스타였던 한전은 2017년 영업이익이 60%나 줄었으며, 2018년 1/4분기에도 연속해서 적자를 기록하고 있어 조만간 전기요금 인상이 불가피하다는 조짐이 속속 드러나고 있다.

무엇보다 문재인 정부 들어서면서 한때 90%에 달했던 멀쩡한 원전의 발전 비중을 50%대로 급격하게 낮춘 것만으로 초래된 결과다. 과연 이 정부가 언제 어떤 꼼수로 전기요금을 인상시킬지 서민들은 벌써부터 떨고 있다.

---

210) 안준호(조선일보), 2018.4.18; 이지영(중앙일보), 2018.4.17

5. 불확실한 재생에너지의 미래

재생에너지 기술은 여전히 많은 것이 불확실하다는 게 많은 전문가들의 공통된 평가다. 독일이 〈에너지 전환정책〉을 도입하면서 최종 시한으로 잡은 2050년까지 어떤 일이 벌어질지 누구도 예측하기가 어렵다. 배터리 기술만 하더라도 1년에도 몇 개씩의 새로운 아이디어와 신기술들이 선풍적으로 나타났다가 사라지는 일이 반복되고 있다. 개발 중인 여러 기술들이 선두 다툼을 벌이고 있어, 현 시점에서 기술의 표준이나 방향을 예측하기 어렵고 성공 여부조차 가늠할 수 없는 경우가 태반이다.

현재까지 태양광 패널 중 가장 발전 효율성이 높은 것이 실험실에서 달성한 31%가 최대치이고, 일반 보급형의 발전효율성은 20% 수준에 불과하다니, 경제성이 여전히 턱없이 부족하다는 데 이견이 없다.[211] 아마도 현재 설치되어 있는 태양광 패널이나 풍력터빈들 중 2050년까지 살아남는 것은 단 한 개도 없을 것이라는 게 설득력 있는 추정이다. 그때까지 최소한 2~3세대 이상 업그레이드된 기술이 나오게 될 것이라는 것만 예상될 뿐, 어쩌면 현 시점에서 그 누구도 상상도 하지 못했던 신기술이 대세가 될 가능성도 매우 크다.

기술 자체의 성공 여부와 더불어, 밑 빠진 독에 물붓기식의 막대한 연구·개발 비용을 조달할 수 있을지도 미지수이다.[212] 과연 독일이 재생에너지 발전 비중을 80% 이상으로 올리는 것이 기술적으로 가능

211) Kruse, 2017, 24쪽
212) Beppler, 2013, 62쪽; Temple, 2018

한지, 이를 위해 앞으로 얼마나 더 많은 돈이 들어갈 것이며, 독일 국민들이 이를 뒷받침하기 위한 전기요금 인상을 감당할 수 있을 것인지? 독일이 〈에너지 전환정책〉으로 세계 최고의 선두주자가 될 것인지? 아니면 혼자 역주행하다가 기술경쟁의 낙오자가 될 것인지? 또한 독일 정치인들의 약속처럼 목표 연도인 2050년 모든 정부 보조금이 사라진 후에도 풍력과 태양광의 실제 발전원가가 충분한 경쟁력을 갖출 수 있을 것인지, 원전이나 석탄발전보다 발전원가가 낮아지는 소위 '그리드 패리티'가 올 것인지, 이런 모든 문제가 결판이 나게 될 '진실의 순간'은 반드시 오게 될 것이다.

이처럼 모든 것이 불확실성으로 가득 찬 재생에너지에 국운을 맡기고 세계 최고 수준의 검증된 기술을 내버리는 것은 너무나 무모하고 무책임한 일이며, 위험천만한 도박이다.

6. 국가 자원의 블랙홀이 된 재생에너지 산업

독일에서 〈에너지 전환정책〉이 시행된 이후 국가가 수익을 보장해 주는 재생에너지 산업이 귀중한 생산요소인 국가 재정은 물론이고 자본, 인력, 토지 등 모든 자원들을 블랙홀처럼 빨아들이고 있다.[213] 투자소요도 막대하다. 웬만한 나라는 엄두도 내지 못할 만큼 상상을 초월하는 규모다. 2011년 독일의 경제주간지 비르트샤프츠보헤(WirtschaftsWoche)에 따르면, 국가 지원금과는 별도로 향후 2031년까지 20년 동안 신규발전소, 저장시설, 전력망 구축 등에만도 3천억 유로(약 390조 원)가 넘는 투자가 필요하다고 추산했다.[214]

---

213) Blazejczak 등, 2013, 19~31쪽

▎그림 54▎ 에너지 전환정책의 누적 투자소요액 추정 (2031년까지)

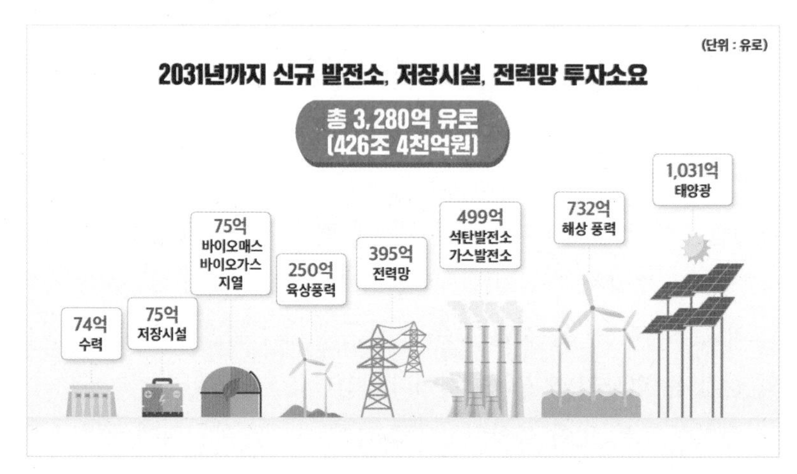

*출처: WirtschaftsWoche, 2011.12.9

이처럼 국가의 모든 자원이 재생에너지 산업 하나에 전부 투입되는 현상은 리스크관리 측면에서 위험천만한 일이며, 국가적으로 무책임한 것이다. 4차 산업혁명 등 미래를 위해 투자가 필요한 수많은 다른 산업의 성장기회가 박탈될 뿐더러, 다양한 분야에서 목숨 건 기술전쟁이 벌어지고 있는 패러다임의 대전환기인 지금, 미래 기술과 사업들에 대한 분산투자가 기본이다.

독일의 전력시장 현황에서 드러나듯이, 정부의 탈원전 선언 후, 원전은 말할 것도 없고, 심지어는 화석연료 발전소에 대한 현대화 투자나 신규투자에 나서는 사람조차 하나도 없다. 백업 발전소로 전락한 석탄발전이나 가스발전의 경영수익성이 극도로 악화된 것이 중요한 원인이며, 그동안 전통적으로 국가 백년지대계라는 인식 하에 장기계획으로 추진되며 정책 신뢰도가 매우 높았던 에너지 정책이 여론과 시류에 따라 조변석개(朝變夕改) 하면서, 투자의 불확실성이 가중된 것

214) Wetzel, 2016

도 투자 위축의 또 다른 원인이다.

강조하건데, 탈원전 · 탈석탄 정책을 한다면서 원전이나 석탄 발전소를 수십 년 동안 더 유지하면서 연착륙시키겠다는 발상은 현실에서는 전혀 통하지 않는 탁상공론일 뿐이다. 이미 사망선고가 내려진 산업에 돈을 투자할 사람이 어디 있겠는가! 더구나 바로 옆집에서는 펑펑 쏟아져 들어가는 예산으로 흥청망청 파티가 열리는 상황인데 말이다. 탈원전 선언 3개월 만에 카이스트, 서울대학교 등에서 원자력공학을 전공하려하는 학생들이 자취를 감춘 것만 보아도 알 수 있다. 문재인 정부는 독일을 제외한 세계 어느 나라도 이와 같은 무대책의 〈탈원전 정책〉을 하는 나라가 없는 이유를 심사숙고해야 할 것이다.

7. 정치인들의 말 바꾸기 : 전기요금 인상에 호갱 된 국민

철저하게 자연과 물리의 법칙에 따르는 전력문제를 정치적으로 결정하면 그 결과에 대해 누구도 책임지지 않게 된다는 것이 독일의 〈에너지 전환정책〉에서 얻을 수 있는 교훈이다. 합리적 과학적 판단 기준도 없이 결정되다 보니 정치인들은 시류와 상황에 따라 말을 바꾸면 그만이기 때문이다.

독일에서 〈에너지 전환정책〉의 도입 초기에 전기요금 인상에 대한 우려가 커졌을 때 정치가들과 정부가 한 목소리로 전기요금 인상은 극히 미미할 것이라고 주장하다가, 전기요금이 계속 그것도 큰 폭으로 인상되자 말 바꾸기가 이어지고 있다.

〈에너지 전환정책〉의 도입 초기인 2002년 녹색당 출신 환경장관 트리틴은 〈에너지 전환정책〉으로 인한 전기요금 인상은 거의 없을 것이며, 인상 된다고 하더라도 인상폭은 월 1유로 정도로 극히 적을 것이라고 호언장담했다. 한 술 더 떠서 1유로를 '아이스크림 한 스쿱 값'이라고 함으로써 국민들에게 전기요금이 인상되는 게 아니라 마치 아이스크림 한 스푼만 덜 먹으면 된다는 이미지를 만들어냈다.[215]

이처럼 대단한 홍보기술을 선보였던 그는 지금도 '재생에너지 100%'를 주장하며 왕성하게 활동하고 있지만, 그가 과거 자신의 호언장담에 대해 사과를 했다거나 책임지는 말을 했다는 것을 들어보지 못했다. 「재생에너지법」 시행 10여 년 동안 전기요금의 가파른 인상 추세가 지속되고, 특히 〈재생에너지법-부과금〉이 요금상승의 주범이라는 인식이 퍼지며 국민들의 불만이 폭발 직전까지 갔다.

그러자 정치인들이 진화에 나섰다. 2011년 메르켈 총리가 직접 나서 〈재생에너지법-부과금〉은 당시 수준인 3.5센트/kWh에서 유지될 것이라고 약속하더니, 2012년 뢰트겐 환경장관은 '전기요금 인상은 과도기적 현상이며… 〈재생에너지법-부과금〉은 현재 수준에서 안정될 것'이라고 말했다. 그러나 이 약속은 채 2년도 지켜지지 않았다. 〈재생에너지법-부과금〉은 2013년 또 다시 큰 폭으로 인상됐고, 2015년에는 2배 가까이 뛰었던 것이다.[216] 그러자 느닷없이 공격의 화살이 원전을 향해 쏟아졌다. 재생에너지 지지단체인 〈생태-사회적 시장경제 포럼(Forum Ökologisch-Soziale Marktwirtschaft)〉은 '재생에너지 전기가 비싼 게 아니라 원자력발전의 발전 원가가 지나치게 낮게 책정된 탓'이라거나, '핵폐기물 처리비용 등 외부효과를 다 반영하면 재

---

215) Züricher Zeitung, 2017.5.4

216) kWh당 〈재생에너지법-부과금〉은 2012년 한 해만 3.59센트로 겨우 보합세를 유지했으나, 2013년 5.28센트, 2014년 6.24센트로 급상승했고, 2017년 6.88센트로 인상행진을 이어가고 있다. 본서 〈그림 7〉 참조.

생에너지가 원전보다 훨씬 더 저렴하다'는 등 그들의 단골 레퍼토리로 전기요금 인상의 책임이 마치 원전에 있다는 듯 비난을 퍼부었다.

그러더니 언제부터인가는 정치인·관료들도 에너지전환에 따른 전기요금 인상을 슬그머니 시인하는 모양새다. 대표적으로 알트마이어 환경장관은 '에너지 전환정책을 무상으로 할 수는 없다'며, 2022년까지 자그마치 1조 유로가 필요하다고 했다. 〈에너지 전환정책〉 시행 이후 각종 매스컴에서 재생에너지 산업의 대모(代母) 역할로 유명 인사가 된 〈독일경제연구소(DIW)〉의 켐퍼트(Claudia Kemfert)박사는 얼마 전부터 기존의 논점을 180도 바꿔 전기요금 인상이 긍정적 측면도 있다는 주장을 펼치기 시작했다.

전기요금이 비싸지면 전기의 소중함도 알게 되고 기업도 가정도 전기를 절약하게 될 것이기 때문이란다.[217] 우리나라에서는 벌써부터 이와 유사한 논리들이 동시다발적으로 등장하고 있어 흥미로울 뿐이

❙ 표 15 ❙ 전기요금 인상 관련 독일 정치인들의 말 바꾸기

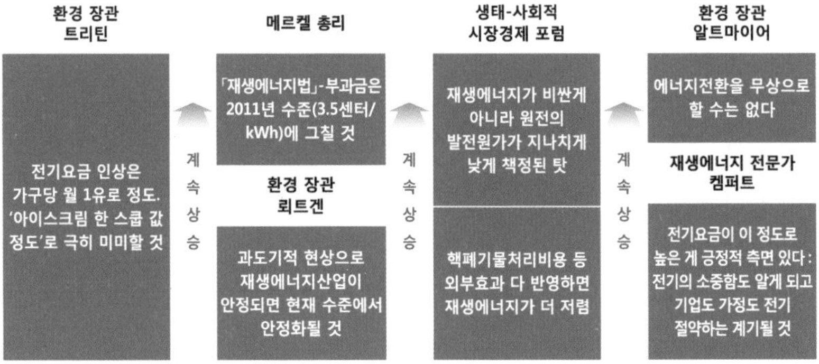

환경 장관 트리틴		메르켈 총리		생태-사회적 시장경제 포럼		환경 장관 알트마이어
전기요금 인상은 가구당 월 1유로 정도. '아이스크림 한 스쿱 값 정도'로 극히 미미할 것	계속 상승	「재생에너지법」-부과금은 2011년 수준(3.5센터/kWh)에 그칠 것	계속 상승	재생에너지가 비싼게 아니라 원전의 발전원가가 지나치게 낮게 책정된 탓	계속 상승	에너지전환을 무상으로 할 수는 없다
		환경 장관 뢰트겐				재생에너지 전문가 켐퍼트
		과도기적 현상으로 재생에너지산업이 안정되면 현재 수준에서 안정화될 것		핵폐기물처리비용 등 외부효과 다 반영하면 재생에너지가 더 저렴		전기요금이 이 정도로 높은 게 긍정적 측면 있다: 전기의 소중함도 알게 되고 기업도 가정도 전기 절약하는 계기될 것

*출처: 여러 자료 토대로 저자 작성

217) Kemfert, 2017, 72쪽 이하

다. 다시 한 번 동서고금을 막론하고 정치인들의 말, 특히 요금인상은 없다는 말은 절대 믿어서는 안 된다는 것, 에너지 정책처럼 국가와 국민의 존망을 좌우하는 문제를 정치인에게 맡기면 국민만 호갱 된다는 것이 독일의 교훈이다.

8. 계획경제로 바뀐 전력시장

독일 〈에너지 전환정책〉의 진행 과정을 살펴보면, 단순히 전원 간의 비중이 바뀌는 데 그치지 않고 보다 근본적인 사회 변화를 수반한다는 사실을 깨닫게 된다. 우선 〈에너지 전환정책〉은 전력시장의 패러다임을 시장경제에서 계획경제로 바꾸었으며, 수요자 중심에서 공급자 중심으로 완전히 바꿔 놓았다. 2000년 제정된 독일의 「재생에너지법」에는 국가가 2050년까지 태양광, 풍력, 바이오매스 등 재생에너지원 별로 차등적인 지원 가격, 지원프로그램, 지원기간 등을 법으로 정해 놓았지만, 예를 들어 왜 태양광에 가장 높은 지원금을 지급하는지, 왜 설비가격을 보조하지 않고 발전량을 지원하는지, 왜 기간을 20년으로 하는지 등에 대해 제대로 된 근거는 하나도 제시되지 않았다. 뿐만 아니라 화석발전소와 재생에너지 설비 규모도 누가, 언제, 어디서, 얼마만큼의 전력을 생산해야 하는지도 중앙정부가 다 계획해서 정해 놓고 있다.

더욱이 이러한 정부 규제는 막대한 지원금으로 무장하고 있어서 강력한 추진력을 발휘한다. 문재인 정부의 '3020 계획'도 국가가 전력시장의 모든 것을 계획해 놓고, 지원금이라는 메커니즘을 통해 시장을 규제한다는 점에서 독일과 동일하다. 이와 같은 50~60년짜리 국가계획은 소련이나 동독 등 과거 공산국가에서도 찾아보기 힘든 장기계획일 뿐더러, 자유 시장경제 체제 하에서는 유례가 없는 관치의 절정이다. 그러나 시장과 가격의 기능을 무시하는 이러한 경직적인 계획경제로는 역사상 어떤 나라도, 개인도, 성공하지 못했다는 것은 공산주의 국가들의 '거대한 실패'가 입증하고 있다.

하이에크가 '발견의 과정'이라고 정의한 '경쟁' 없이는 어떠한 혁신도 가능하지 않으며, 시장은 가장 탁월한 기술적 해법이 나오도록 하는 최선의 장치라는 만고불변의 진리를 새삼 들먹일 필요도 없을 것이다.

동독 출신으로 독일 대통령이 된 가우크 대통령(2012. 5. 18.~ 2017. 5. 18)은 계획경제적 방식과 과도한 특혜성 지원체계에 의존한 〈에너지 전환정책〉은 실패할 수밖에 없다는 것을 엄중히 경고한 바 있다.[218] 비단 전력시장뿐 아니라, 최저임금의 급격한 인상, 비정규직 정규직화에서부터, 일자리를 창출한다면서 세금 일자리인 공공부문 일자리를 대폭 늘리는 등 시장과 가격을 무시하고 사회주의적 국가개입으로 일관하는 문재인 정부는 오랜 세월 공산주의 계획경제의 폐해를 직접 체험한 가우크 대통령의 경고를 결코 흘려들어서는 안 될 것이다.

또한 〈에너지 전환정책〉으로 전력시장의 패러다임이 수요자 중심에서 공급자 중심으로 탈바꿈했다. 재생에너지의 등장 이전에는 전기는 고객의 수요가 있을 때 수요에 맞춰 생산되는 것이 원칙이었다. 하지만 풍력 터빈이나 태양광 패널은 수요자가 아니라 공급자가 가능할 때 전기를 생산한다. 전력수요가 있든 말든, 바람이 불고 햇볕이 나면 발전이 되는 것이다. 발전뿐만이 아니라 발전소 건설도 마찬가지다.

---

218) Gauck, 2012.6.5; Spiegel Online, 2012.6.5

〈에너지 전환정책〉의 시행 이전에는 발전소는 수요가 있을 때, 수요 충족에 가장 유리한 장소에 건설되었다. 그러나 지금은 수요 자체도 아무런 의미가 없을 뿐더러 발전 설비 역시 정부의 지원금을 받을 수 있으면 아무데나 설치된다. 이처럼 시장원칙이 무시된 상황에서 등장한 개념이 바로 '수요관리'다.

문재인 정부 역시 〈에너지 전환정책〉의 서두에 '공급력 확충에서 수요관리 중심'으로 '수급 패러다임을 전환'한다고 '자랑'하고 있다. 마치 소비자들에게 퍽이나 큰 이득을 주는 것처럼 내세우는 이 말은 그러나 수요자들에게 자신의 전력소비를 발전 패턴에 맞추라는 공급자 중심의 발상일 뿐이다. 실제로 우리나라에서 보통은 1년에 한두 번 정도에 불과하던 급전지시가 2017/18년 겨울에만 8번이나 기업들에게 하달됐다. 사흘 연속 급전지시 발령은 2014년 제도 도입 이후 처음 있는 일로서, 이런 조치는 첨두 시간대의 수요를 다소 조정하던 과거의 수요관리와는 완전히 차원이 다른 문제이다. 이는 수요를 제대로 예측하지 못한 전력수급 계획의 실패이며, 기업과 공장에 전력사용 감축을 강제해 수천억 원의 국민 세금을 축내는 정책 실패인데도, 〈산업통상자원부〉는 '수요관리' 차원에서 이뤄진 일이라는 말로 정당화하는 것도 모자라, 한 술 더 떠서 수요관리가 마치 더 선진화된 것인 양 자랑까지 하고 있다.

더욱이 우리나라 일부 정치인이나 관료 중에는 우리나라 전기요금이 너무 싸서 국민들의 에너지 과소비를 조장한다고 목소리를 높이는 사람들도 있는데, 이는 근본적으로 매우 잘못된 생각이다. 에너지 사용량이 많은 건물이나 교통 분야에서 에너지 효율을 높이는 것은 맞지만, 전체 에너지 소비에서 차지하는 비중도 낮은 가정용 전기수요를 전기요금 폭탄으로 줄여보겠다는 것은 반서민적 사고다.

최근 들어 우리나라는 아열대화(亞熱帶化)되는 현상이 나타나고, 매 여름마다 최고 기록을 경신하는 폭염이 반복되는 상황이다. 오히려 서민들이 집에 에어컨이 있어도 전기요금 폭탄이 무서워서 마음대로 켜지 못하는 불편을 염려해 주어야 하는 것이 위정자의 올바른 자세일 것이다.

현대 사회에서 에너지의 중요성은 새삼 논할 필요도 없다. 인류 문명의 발달사는 에너지 소비의 역사라 해도 과언이 아니다. 오로지 '환경보호'와 '에너지 절약'에만 주력하는 현 정부의 〈에너지 전환정책〉은 문명의 발전을 정면으로 거부하는 주객이 전도된 정책이다.

9. 독일보다 불리한 여건의 우리나라 〈에너지 전환정책〉

독일 정부는 '〈에너지 전환정책〉이 성공적'이라고 자평하고 있지만, 지난 20여 년의 결과들을 따져 보면 이 정책의 성공은 고사하고 오히려 점점 더 미궁에 빠져드는 게 아닌가 하는 생각이 든다.

우선 독일의 〈에너지 전환정책〉은 전통적이고 보편적인 전기사업의 3대 목표인 경제성, 수급안정성, 환경친화성의 관점에서 모두 낙제점이다. 큰 폭의 전기요금 인상이 지속되고 있고, 블랙아웃 위험성은 기하급수적으로 증가하였으며, 상상을 초월하는 환경파괴, 생태계 교란이 국토를 덮치고 있기 때문이다. 그리고 이런 현상은 재생에너지의 물리적·기술적 특성에서 연유하는 것이기 때문에 사람이 노력한다고 해서 쉽사리 개선될 수 있는 게 아니다.

❙그림 55❙ 에너지 전환정책과 전기사업 3대 목표의 파손

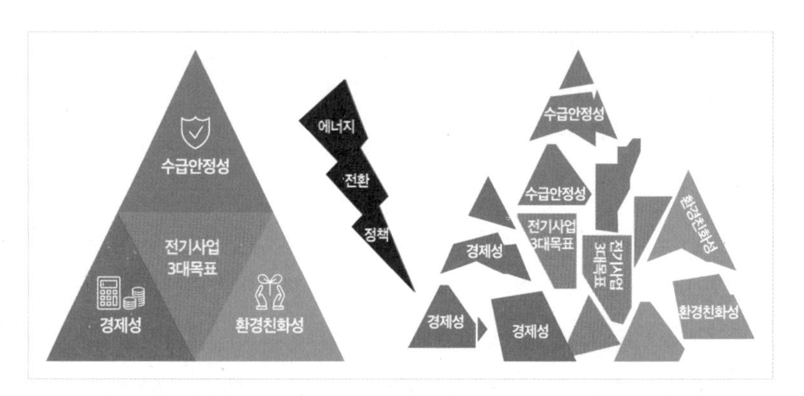

해마다 독일의 에너지 전환 성과지표 결과를 조사 분석해서 발표하는 〈맥킨지 보고서〉를 보더라도, 독일의 〈에너지 전환정책〉의 성적표는 낙제점에 가깝다. 2017년 14개 지표 중 5개 지표만이 목표를 달성했으며, 나머지 지표들은 모두 이행률이 매우 저조했다. 더욱이 한때 에너지 전환의 롤 모델로 여겨지던 독일이 지금은 다른 유럽 국가들과 비교해도 매우 뒤쳐지는 것으로 평가되고 있다.[219]

이러한 독일의 경험을 참고해 볼 때, 탈원전도 모자라 탈석탄 정책까지 추진하겠다는 문재인 정부의 졸속적이고 급진적인 〈에너지 전환정책〉이 '대한민국에 블랙아웃'을 초래하는 신호탄이 되지 않을까 하는 불안한 심정을 누를 길이 없다.

더욱이 우리나라의 〈에너지 전환정책〉의 여건은 독일과 비교해 볼 때 불리한 점이 한 두 가지가 아니다.

첫째, 독일이 처음 〈에너지 전환정책〉을 도입하던 당시와 비교해도 현재 우리나라 재생에너지 산업의 수준이 매우 취약하다. 우리나라도 독일보다 불과 2년 뒤인 2002년에 「신에너지 및 재생에너지 개발

---

219) Vahlenkamp 등, 2018: 독일은 2017년 평가에서 에너지전환의 시스템성과 44위, 이행률 11위로 종합 16위를 기록했다.

·이용·보급 촉진법」을 제정하여 재생에너지 확대정책을 적극 추진하였지만, 우리나라의 재생에너지 산업은 독일보다 크게 뒤져 있다. 우리나라의 재생에너지 발전 비중은 2017년 현재 약 6.2% 정도지만, 바이오 펠릿, 폐기물 등 '짝퉁' 재생에너지를 제외한 진짜 재생에너지(태양광과 풍력)의 발전 비중은 채 1%도 안 된다.

제주도에 속한 작은 섬인 가파도의 '탄소제로섬' 프로젝트는 우리나라 재생에너지 사업의 현주소를 상징적으로 보여준다. 재생에너지 100% 자급 섬으로 만들기 위해 2011년부터 예산을 143억 원이나 투입해 태양광 패널과 풍력 터빈(2기, 500MW)을 설치했으나, 여전히 디젤발전기(500kW)가 섬에 필요한 전력의 57%를 담당하고 있다.[220] 에너지 저장장치도 불충분한데다, 무엇보다 풍력발전이 가파도 지형과 맞지 않아 제대로 작동하지 못하기 때문이다. 적합성에 대한 기술적 검토도 소홀한 채 허겁지겁 추진한 탓이다.

이처럼 비슷한 시기에 흡사한 지원책으로 출발했지만 우리나라에서 태양광이나 풍력발전이 독일만큼 성장하지 못한 원인을 정확하게 따져 보아야 한다. 지형조건과 자연환경의 부적합성, 부지 확보의 어려움, 주민반대 등이 원인이라면, 그때와 달라진 게 하나도 없는데 지금이라고 해서 하루아침에 재생에너지 붐이 일기를 기대할 수는 없는 것이다.

둘째, 독일은 탈원전은 하지만 석탄 발전소는 유지한 반면, 문재인 정부는 탈원전과 탈석탄을 동시에 추진한다는 점에서 정책실패의 후유증이 훨씬 더 심각할 수밖에 없다.

정부가 아무리 서두른다고 해도 현재 1% 수준인 재생에너지 발전 비중을 유의미한 수준으로 확대하기까지는 시간이 걸릴 수밖에 없다. 그런데 당장 전원믹스의 약 60%(2017년 기준)를 차지하는 원전과 석

---

220) 전영선(중앙), 2017. 06. 11

탄 발전을 동시에 줄이기 시작하면, 그 빈자리는 오로지 가스발전으로 메워야 한다. 정부가 이미 1조 원 이상 투입해서 공사가 상당히 진행된 석탄 발전소를 가스 발전소로 전환하라고 강요하는 등 온갖 무리수를 두지만, 액화가스 저장시설 추가 등 하드웨어 상의 공급차질도 우려될 뿐더러, 가스 생산국에 대한 종속, LNG 구입에 따른 외화 유출, 국제 가스가격 등락에 따른 경제적 파급, 가스공급 부족으로 인한 전력수급 차질, 높은 연료비 비중(70%)으로 인한 고비용, 환경오염 등 가스발전 의존도 심화에 따른 여러 문제들은 국가와 국민에게 돌이킬 수 없는 재앙을 초래할 것이다.

셋째, 우리나라는 에너지 부존자원이 문자 그대로 전무하여 에너지의 96%를 수입에 의존하지만, 독일은 현재의 소비수준으로는 수 백 년을 사용할 수 있을 만큼 풍부한 갈탄 매장량을 자랑한다. 〈에너지 전환정책〉 20여 년을 맞는 지금도 갈탄 발전은 독일 전원믹스의 24.4%로 부동의 1위 자리를 지키며 기저(基底) 발전원으로서의 역할과 재생에너지의 백업발전 기능까지 톡톡히 해내고 있다. 석탄이든 가스든 발전 연료를 100% 수입해야 하는 우리나라와 비교하면 훨씬 유리한 상황이라는 말이다.

넷째, 전력 다소비 제조업을 기반으로 한 우리나라 산업구조의 특성상 우리 경제는 에너지 정책의 영향을 훨씬 많이 받는 구조다. 독일의 경우 부가가치의 90%를 차지하는 정밀기계, 자동차 산업 등 독일이 강세를 보이는 분야는 생산원가에서 전기요금이 차지하는 비용이 낮아서 상대적으로 전기요금의 영향을 덜 받는 반면, 우리나라가 국제 경쟁력을 지닌 철강, 반도체 산업 등은 모두 전력다소비 산업들이다.

따라서 탈원전 · 탈석탄으로 인한 전기요금 인상은 우리 경제에 직격탄이 될 것이고, 재생에너지 확대로 인한 전력품질의 저하도 기업 경쟁력 후퇴 요인이 될 수밖에 없다.

다섯째, EU의 통합전력망에 연결되어 있는 독일과 달리, 우리나라는 '에너지섬'이라는 사실도 에너지 전환에는 엄청나게 불리한 여건이다. 앞에서도 언급했듯이, 통합전력망에 연결됨으로써 독일은 전력수급의 유연성 측면에서 대형 발전소 20기와 맞먹는 효과를 누리고 있다고 분석되었다. 재생에너지가 확대되면 불가피하게 잉여전력이나 전력부족 사태가 끊임없이 반복되는데, 이는 전력시스템의 안정성에 심각한 위협 요인이다. 즉, 전력망 안정화를 위한 비용도 치솟지만, 블랙아웃의 위험성도 기하급수적으로 커지는 것이다. 그런데 통합전력망에 연결되어 있으면 인접 국가들과의 전력 수출입을 통해 전력수급의 균형을 맞추는 데 크게 기여할 수 있다.

에너지 섬으로 독립계통인 우리나라에게는 이런 식으로 재생에너지의 변동성을 완충시켜 줄 방법이 전혀 없다는 것이 재생에너지 확대에는 치명적 약점이다.

마지막으로 독일은 우리나라보다 에너지 정책의 시행착오나 실패를 감당할 여력이 크다는 점도 간과해서는 안 된다. 독일의 국토면적은 우리나라의 3.6배, 세계4대 경제대국으로 경제규모 역시 우리나라의 2.5배나 된다.(독일의 GDP는 4조 2,116억 달러; 우리나라는 1조 6,932억 달러) 독일은 많은 분야에서 원천기술을 보유한 자타가 공인하는 기술 대국인데 비해, 우리나라는 반도체와 원자력발전 등 몇몇을 제외한 대부분의 분야에서 여전히 해외기술 의존도가 높다는 현실도 직시해야 한다. 쉽게 말해 에너지 정책이 웬만큼 잘못되더라도 독일은 버틸 수 있지만, 우리나라는 치명상을 입을 수 있다는 말이다.

이상에서 살펴 본바와 같이, 독일은 우리나라보다 훨씬 유리한 여건 속에서, 무엇보다 40여 년의 오랜 논의 과정을 거치며 탈원전과 이를 번복하고 다시 번복하는 우여곡절을 겪었음에도 〈에너지 전환정책〉의 추진 과정에서 많은 문제점과 현실적인 어려움에 직면하고 있다. 내용적으로나 스케줄상으로 독일보다 더 급진적일 뿐 아니라 모든 여건이 더 불리한 점을 감안하면, 문재인 정부의 〈에너지 전환정책〉이 우리 사회에 가져올 어려움과 후유증은 그 규모를 가늠하기 어려울 것이라는 예측만이 가능할 뿐이다.

끝으로 20여 년에 걸친 독일 〈에너지 전환정책〉의 경험에서 얻을 수 있는 교훈을 한마디로 요약하면, 재생에너지 발전은 여전히 기술적, 경제적 불확실성으로 가득 찬 장밋빛 신기루에 불과하다는 것이다.

10. 〈에너지 전환정책〉에 대한 독일 사회의 깊은 고민

독일은 〈에너지 전환정책〉의 선두주자로서 한 때 전 세계의 롤 모델로 여겨지기도 했다. 그러나 20여 년이 지난 지금 과연 이 정책이 제대로 가고 있는 것인지, 그리고 독일 정부가 약속했던 에너지 전환정책 목표들이 달성될 수 있을지 많은 의구심을 자아내게 한다.

이러한 상황은 다양한 기관들의 평가에서도 드러나고 있다. 그 한 예로 지난 2012년부터 해마다 두 차례씩 에너지전환 성과지표 결과를 조사 분석해서 발표하는 〈맥킨지 보고서〉에 따르면, 독일은 2017년 14개 지표 중 5개 지표만이 목표를 달성했으며, 나머지 지표들은 모두 이행률이 매우 저조했다.

그런데 단순히 목표 달성이 저조하다는 것만이 문제가 아니라, 재생에너지 발전 비중 등 정부가 지원금을 쏟아 붓는 5개 지표만이 목표를 달성했다는 점이 더 큰 문제다. 다시 말해, 정부 예산으로 추진되는 목표들만 제대로 이행됐다는 것으로, 독일의 〈에너지 전환정책〉이 '돈 먹는 하마'처럼 작동하고 있다는 우려가 현실이 되었기 때문이다.

그럼에도 불구하고 정작 달성되어야 할 환경친화성, 경제성, 수급 안정성 등 모든 분야의 주요 지표들의 이행률은 50%도 안 되어 사실상 목표 달성은 요원한 상태다. 이러한 우려는 다른 나라들과의 비교에서도 명확히 드러나는바, 독일 에너지 전환의 성적표는 다른 유럽 국가들과 비교해도 매우 뒤지는 것으로 평가되었다.[221)]

재생에너지와 관련된 수혜자들이 많은 상황에서 아직은 독일 국민의 대다수가 재생에너지를 지지한다고 하지만, 〈에너지 전환정책〉의 미래에 대해 독일사회 지도자들의 고민은 점점 더 깊어지고 있는 것 같다. 여기서는 〈에너지 전환정책〉의 문제점에 관해 독일사회 오피니언 리더들의 말을 인용해 본다.

탈원전과 재생에너지 확대와 관련한 독일사회의 깊은 고뇌와 고민이 담긴 20여 년의 경험에서 우러나온 뼈저린 이 말들을 문재인 정부가 경청해서 크나 큰 국가적 불행을 가져올 것이 뻔한 급진적인 〈에너지 전환정책〉을 재고하기 바란다.

---

221) Vahlenkamp 등, 2018: 독일은 2017년 평가에서 에너지전환의 시스템 성과 44위, 이행률 11위로 종합 16위를 기록했다.

❙그림 56❙ 맥킨지 에너지 전환지표 목표 달성률

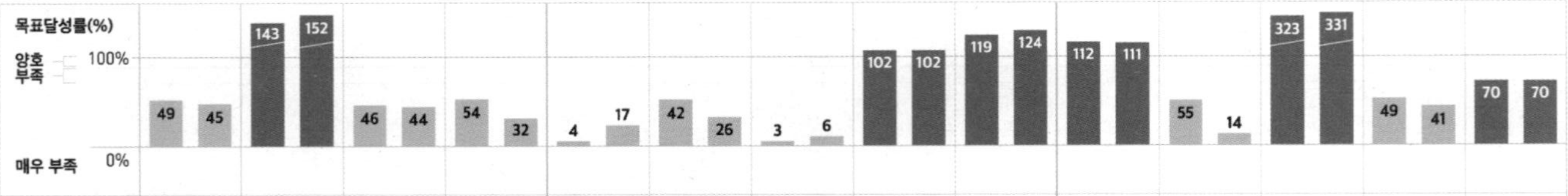

목표달성률(%) — 양호 / 부족 100%, 매우 부족 0%

환경 / 기후 변화 지표

	CO₂ 배출량 백만톤		재생에너지 발전비중(%)		1차에너지 소비(PJ)		전력소비 (TWh)	
	'17상	'17하	'17상	'17하	'17상	'17하	'17상	'17하
목표달성률(%)	49	45	143	152	46	44	54	32
출발점	997		17		14.317		615	
2020 목표	750		35		11.454		553	
현재값	908	906	35	36.1	13.386	13.471	593	600
현재목표	812	796	29.6	29.6	12.647	12.408	574	569
부적합도	-104	-110	-5.4	-6.5	-739	-1.063	-19	-31

경제성 지표

	가정용 전기요금		산업용 전기요금		EEG-부과금 (센트/kWh)		일자리수 (명)		전력다소비 산업 일자리 (명)	
	'17상	'17하	'17상	'17하	'17상	'17하	'17상	'17하	'17상	'17하
목표달성률(%)	4	17	42	26	3	6	102	102	119	124
출발점	25.5		8.5		1.2		322.100		1.593.808	
2020 목표	25.5		8.5		3.5		322.100		1.593.808	
현재값	50.1	46.6	13.4	14.8	6.9	6.8	33만	33만	1.645.875	1.671.868
현재목표	25.5		8.5		3.5		322.100		1.593.808	
부적합도	51.0		17.0		7.0		0		1.271.708	

수급안정성 지표

	정전 (분/연)		망제어비 (유로/MWh)		확보 예비전력(%)		송배전망 확충(km)		Interconnector capacity(%)	
	'17상	'17하	'17상	'17하	'17상	'17하	'17상	'17하	'17상	'17하
목표달성률(%)	112	111	55	14	323	331	49	41	70	70
출발점	17		1.0		5.0		279		-	
2020 목표	17		1.0		1.3		3.582		10	
현재값	12.7	12.8	7.3	13.1	4.2	4.3	816	879	7	7
현재목표	17		1.0	1.0	1.3		1.378	1.726	10	10
부적합도	53		15.1		0		279		0	

* CO2 배출량 목표 계산방식: 0%= CO2 9억 9,700만 톤에 해당,
  100%= CO2 7억 96,00만 톤에 해당, 현재 값 9억 6백만 톤은 (906-997)/(796-997)=45%
* EEG-부과금= <재생에너지법-부과금>
* 1차 에너지 소비에서 현재 값은 연도별 비교 가능하도록 '기온 변수' 보정됨

*출처: Vahlenkamp 등, 2018.

Joachim Gauck

독일연방대통령(2012-2017), 동독 출신 신학자 · 목사, 구 동독 시절 반체제 활동, 통일 후 슈타지(Stasi)로 불리는 동독국가보안부 해체작업을 위해 설립된 '슈타지문서청'의 초대청장 재직시 슈타지 문서를 일반에 공개하는 대결단을 내리는 등 구 동독체제 청산에 기여.

[2012. 6. 5. 독일 환경주간 개막식 연설]
"에너지 전환정책은 계획경제적 법규나, 과도한 지원금으로 성공할 수 없다. 오로지 혁신과 공정한 경쟁에 의해서만 성공할 수 있다."
"우리의 아이디어와 문제 해결을 위해 개방된 시장과 자유롭고 공정한 경쟁보다 더 좋은 토양은 없다고 확신한다 … 시장경제적이고 성장친화적인 환경정책이란 환경오염과 환경 리스크 비용을 납세자인 국민이 아니라, 원인제공자에게 부담시키는 것을 의미하며, 친환경적인 기업은 (시장에서의) 경쟁을 통해 보상받게 되는 것을 의미한다."

Arnold Vaatz

연방의회 의원(CDU 소속), 2011년 여당 원내부대표로 메르켈 정부의 <탈원전 정책>에 반대, 구 동독 출신으로 드레스덴 공대 졸업, 구 동독 시절 반체제 활동, 통일 후 작센 주정부 환경장관 역임

[2012. 2. 4: EIKE 특강]
"2011년 탈원전 논쟁에서 우리가 에너지 정책의 진퇴유곡에 빠진 것은 자연과학, 수학, 기술, 경제적 지식이 부족해서가 아니라는 것을 분명히 깨닫게 되었다. 이는 종교의 의미가 사라진 '탈 종교사회'에서 거의 '종교 신념화'된 무자비한 동일화 압력(Konformitätsdruck)때문이었다. 이러한 동일화 압력은 사회의 획일화를 가져왔는데, 이는 유럽 역사에서 나타났던 독재사회의 획일화와 동일한 형태는 아니지만, 매우 비슷한 특징을 보인다. 반대에 대한 형벌은 구속이나 벌금 같은 형사적 처벌은 아니지만 (다행히 아직까지는!), 주요 언론에서 추방되는 것이다."
[2012.7.18: Die Welt 인터뷰]
에너지 전환정책은 "무의미한 실험"으로 "기술적, 경제적으로 완전히 어리석은 일"이며, 성공하지도 못할 것.

Christoph M. Schmidt

국가경제자문위원회(Sachverständigenrat zur Begutachtung der gesamtwirtschaftlichen Entwicklung)[222] 위원장, '5인의 현자' 대표, RWI Essen 회장, 보쿰대학교 경제정책 및 계량경제학부 교수

메르켈 총리에 자문보고서
전달하는 슈미트 위원장

'5인의 현자'

2017.8.28. 메르켈 총리에게 제출한 '5인의 현자' 자문보고서의 3대 개혁과제 중 첫 번째로 에너지 전환정책의 경제성 개혁 요구(2012년 이후 매년 제안)
"에너지 전환정책의 비용은 이미 통제 불능수준임에도 에너지시스템의 완전한 전환은 요원하다. 그 이유는 지금까지 발전산업의 극히 일부분에만 집중했기 때문이다. 지금과 같은 계획경제적이고 부분적인 접근으로는 독일사회가 누려온 복지의 막대한 손상 없이는 완전한 에너지전환을 이루기는 불가능하다. 앞으로 엄청난 비용 상승을 억제하면서 에너지 전환을 진전시키려면, 정부정책이 기술, 산업, 지역 간 분업에 보다 큰 관심을 기울여야 한다. 다시 말해 에너지 전환에 시장경제적 접근이 필요하다. 무한정 증가하는 비용의 재분배에 그칠 뿐인 재생에너지 지원모델에 관한 논쟁은 잘못된 접근이다. (독일에서 현재 논의 중인) '(재생에너지)채무기금'을 도입하는 것이야말로 재생에너지 확충 비용을 미래세대에 떠넘기는 최악의 대책이다."
[2018.5.14. Die Welt 인터뷰]
"에너지 전환정책의 설계에 거대한 구조적 결함이 있다."
"온실가스 감축은 필요하지만 재생에너지에 대한 지원이 지나치게 고비용이고 비효율적이다."

---

222) 독일 정부의 경제정책 자문기구인 <국가경제자문위원회>는 1963년부터 법정기구로 설립·운영되고 있다. 전통적으로 5명으로 구성되기 때문에 위원회 멤버는 '5인의 현자'라고 불린다. 정기적으로 정부의 경제정책에 대한 자문보고서를 공표하는 등의 활동을 하며, 독일사회에서 매우 높은 권위와 존경의 대상이다.

Detlef Ahlborn

Dr.-Ing. 기계공학 엔지니어, 사업가, 풍력 터빈 반대 운동가, Vernunftkraft.de(이성의 힘)라는 재생에너지 반대 사이트 운영

2017. 3. 7: Makroskop,
2016. 10. 4: 3차 CDU 풍력발전포럼 등
"풍력에 의존한 에너지 전환정책은 실패할 수밖에 없다."
"독일 〈에너지 전환정책〉은 수십억(유로)를 들인 거대한 실험인데, 이 실험은 물리적·화학적 법칙과 정면충돌하는 것이다."
"에너지전환-논쟁은 우리 사회의 엘리트 자연과학자와 공학자들의 실패의 단면이기도 하다"
"탈원전을 하려면, 그만큼 석탄, 석유 또는 가스발전소를 새로 건설해야 한다."
"독일 풍력발전의 변동성은 주사위 던지기의 적중률보다도 70%가 더 크다. 그리고 풍력터빈 숫자가 늘어날수록 변동성은 더 커진다."

Frank Endres

독일 클라우스탈 공과대학교(TU Clausthal) 교수, 에너지연구센터 소장, 배터리 분야의 대가, 100여 편 이상 논문과 저술

[2018.5.11. 독일 국영 1TV ARD]
"저장장치 없는 〈에너지 전환정책〉은 기술적으로 불가능하고, 저장장치를 사용한 〈에너지 전환정책〉은 경제적으로 불가능하다"
"물리와 화학의 법칙은 다수결에 의해 무력화될 수 있는 게 아니다. 만일 독일이 재생에너지 100%를 달성하려면, 현재의 풍력 이용률 12%를 기준으로 하면 600GW 용량의 풍력터빈과 20~100TWh의 저장설비를 구축해야 한다. 이는 독일 국토 전체를 풍력터빈으로 뒤덮어야 한다는 말이다."

Frank Drieschner

'Die Zeit'의 편집자, 에너지전환 관련 다수 기고, 특히 재생에너지산업을 둘러싸고 정치권, 이해관계자들의 거대한 유착관계에 대한 탐사보도로 재생에너지지지자들의 집중 포화를 받음

2014.12.11. Die Zeit: 더러운 오류(Schmutziger Irrtum)
"독일은 엄청난 풍력터빈과 태양광 패널을 설치했지만 기후변화목표를 달성하지 못할 것이다."
"재생에너지 산업을 둘러싸고 지난 수 년 동안 거대한 정치-산업 이익집단이 형성되었다. … 이 콤플렉스에 가담한 모든 참여자들은 하나의 공통의 이해로 결합되어 있다. 풍력·태양광 산업에 대한 지원체계가 유지될 수 있도록 〈에너지 전환정책〉의 문제들이 해결 가능한 것처럼 보이도록 하는 것이다. 이미 오래전부터 '녹색에너지로의 전환에 대한 열광'과 '녹색에너지산업으로의 전환에 대한 열광'은 구별할 수 없게 되었다."

Hans-Werner Sinn

뮌헨대학경제연구소장(ifo: Institut für Wirtschaftsforschung), 거시경제학자, Financial Times Deutschland와 사회정책협회(Verein für Socialpolitik)가 선정하는 독일의 저명 경제학자 500명 가운데 가장 영향력 있는 2인 중 한 명(2006년)

2015. 5. 18. Kinkartz(DW)와의 인터뷰
"재생에너지 설비 확대는 한계에 부딪쳤다. 독일의 〈에너지 전환정책〉은 이미 가능한 한계에 도달했다. 솔직히 말해, 앞으로 어떻게 진행되어야 할지 모르겠다."
"전력의 저장장치가 없고, 조만간 나올 가능성도 희박하다. 따라서 전력수급의 안정성이 확보될 수 없기 때문에, 더 이상의 재생에너지 확대는 불가능하다. 가장 큰 문제는 비용이며, 국가의 모든 자원이 재생에너지 산업에만 투입되는 것은 바람직하지 않다. 결국 복지국가라는 독일의 위상이 위험에 직면하게 된다."

연방감사원

2017. 1. 12. FAZ (연방감사원이 연방의회 예결위원회에 제출한 보고서 내용)
"정부가 〈에너지 전환정책〉에 있어 중대한 오류를 범하고 있다"
"〈연방경제·에너지성〉은 〈에너지 전환정책〉의 재정적 파급효과를 제대로 파악하지 못하고 있다. '〈에너지 전환정책〉의 국가적 비용이 얼마인가'라는 가장 기본적인 질문을 제기하지도 않았을 뿐 아니라 답변도 하지 않고 있다." 즉 정책의 '경제적 부담가능성'이 그 중요도에 걸맞게 고려되지 않았다는 것이다.
*연방감사원은 향후 에너지전환비용이 더 상승할 가능성을 우려하며, 정부가 비용 측면에 더 큰 관심을 기울일 것과 예산의 적정한 집행을 요구했다.

8장

문재인 정부의 위험한 〈에너지 전환정책〉 즉각 폐기해야

문재인 정부의 〈에너지 전환정책〉이 실체를 드러냈다. 원전뿐만 아니라 석탄 발전소도 폐기하고, 3020, 즉 2030년까지 태양광과 풍력 등 재생에너지 발전 비중 20% 확대와 천연가스(LNG) 발전을 대한민국의 기저(基底) 발전원으로 하겠다는 천지개벽과 같은 발상이다.

가장 걱정스러운 것은 재생에너지의 확충은 시작할 기미도 보이지 않는데 일단 먼저 우리나라 원전산업을 불가역적으로 붕괴시키는 〈탈원전 정책〉부터 착착 진행되고 있다는 점이다.

2017년 여름 국민적 대혼란과 갈등, 천억 원이 넘는 매몰비용을 발생시켰던 신고리 5, 6호기 일시 중단을 서막으로, 2018년 정부예산에서 원전 관련 예산들이 대폭 삭감되었다. 원전의 안전성을 책임져야 할 원자력안전위원회 위원장으로 '탈원전의 기수'로 알려진 인사가 임명되었고, 평소 80~90%에 달하던 원전의 가동률을 정당한 이유도 없이 50% 대로 낮추는 등 '원전 고사' 작업에도 시동이 걸렸다.

문재인 대통령 취임 1년 만에 전원별 발전 비중도 이미 대폭 바뀌었다. 30%가 넘던 원전의 발전 비중은 20% 아래로 떨어졌고, 가스(LNG)발전은 1.5배가량 증가했다. 미세먼지 대책이라며 노후 석탄발전소를 셧 다운 하는 소동과 함께 국민들에게 '탈석탄' 정책을 홍보한 것과는 달리, 실제 석탄발전 비중은 월별 차이는 있지만 평균 50%에 육박할 정도로 오히려 늘었다. 석탄발전마저 줄였다가는 전력 공급에 차질이 생길 것 같으니 줄이지 못한 것으로 보인다. 이는 원전이 싫다고 없애면, 석탄이나 가스 발전의 공급을 늘릴 수밖에 없는 게 현실임을 말해준다.

만일 문재인 정부의 〈에너지 전환정책〉이 국가의 백년지대계인 에너지 문제를 편향된 정치적 신념으로 접근한 것이라면 크나 큰 국가적 불행이다. 더욱이 이러한 신념이 과학·기술에 근거한 사실이나 합리적 지식이 아니라 '원전은 절대악'이며 '위험한 오염덩어리'라는 괴담이나 '재생에너지는 절대선'이며 '친환경'이라는 이념적 맹신에 뿌리를 두고 있다면 매우 심각한 문제라 아니할 수 없다. 한술 더 떠 문재인 정부가 행여라도 우리나라 전력문제를 러시아 가스에 의존하면 된다는 생각으로 북한을 경유하는 가스관 설치를 염두에 둔 것이라면, 이는 국가의 자주권을 포기하는 위험천만한 발상이다.

독일의 과학자인 엔드레스(Endres) 교수의 말처럼, 전기는 오로지 물리·화학의 법칙을 따를 뿐이며, 물리의 법칙은 정치적 신념으로 바꿀 수 있는 것도, 다수결로 무력화될 수 있는 것도 아니라는 점을 강조하면서 〈제8차 전력수급 기본계획(이하 8차기본계획)〉에 드러난 문재인 정부 〈에너지 전환정책〉의 문제점을 살펴보도록 한다.

1. 문재인 정부의 편향적 〈에너지 전환정책〉

1) '탈원전'을 위해 급조된 〈제8차 전력수급 기본계획〉

문재인 정부의 〈에너지 전환정책〉이 오로지 '탈원전'을 하기 위해 급조된 것이라는 의혹이 여러 정황을 통해 제기된다. 우선 정책의 이름을 '탈핵'에서 '탈원전'으로, 그리고 다시 '에너지 전환정책'으로 계속 바꾼 것이 그것을 말해주고 있다. 문재인 대통령은 취임 한 달만인 2017년 6월 19일 고리 원전 영구폐쇄 선포식에서 '탈핵시대로 가겠다'고 전격적으로 선언했다.

주로 좌파 환경단체에서 고의적이고 의도적으로 원자력 발전소에 대한 오해와 반감을 선동하기 위해 쓰이는 '탈핵'이라는 단어가 부담스러웠는지, 정부는 어느 순간 '탈핵'을 '탈원전'이라고 부르기 시작했다. 그러나 탈원전에 대해서도 국민들의 우려와 비판이 거세지자 이번에는 〈에너지 전환정책〉이라고 이름을 바꾼 것이다. 다시 말해, 문재인 정부의 〈에너지 전환정책〉은 국민들의 반대를 무마하기 위해 적당히 이름만 바꾼 것이지 내용이나 개념도 불분명하다.

또한 전력수급의 국가적 중대성 때문에 탈원전이든, 재생에너지 확대든, 정확한 전력 수요·공급 예측을 바탕으로 〈에너지 기본계획〉과 〈전력수급 기본계획〉을 수립한 후에 결정되어야 함에도 불구하고 이러한 절차가 모두 무시되었다.

문재인 정부의 탈원전 정책은 〈8차 기본계획〉이 나오기도 전인 2017년에 먼저 확정되었다. 즉, 현 정부의 〈탈원전 정책〉은 전력의 수요·공급도 제대로 파악되지 않은 채 주먹구구로 결정된 것이고, 〈8차 기본계획〉은 거꾸로 〈탈원전 정책〉을 합리화하기 위해 짜맞추기식으로 작성되었다는 의구심을 떨칠 수 없다.

이러한 의혹을 뒷받침하는 정황은 또 있다. 2017년 8월 폭염으로 전력 피크수요가 예상되던 시점에 〈산업통상자원부〉가 기업들에게 전력사용을 억제하라는 급전 지시를 2차례나 내렸는데, 이것은 누가 봐도 탈원전을 정당화하기 위한 꼼수다.[223] 피크 수요를 억제해서 〈8차 기본계획〉의 전력수요 예측이 하향 조정되면, 원전을 폐쇄해도 아무런 문제가 없다는 논리가 성립되기 때문이다.

실제로 〈산업통상자원부〉는 2018년부터 시행되고 있는 〈8차 기본

223) 이유경(TV조선), 2017.8.7; 최혜령/김준일(동아일보), 2017.8.8

계획〉에 탈원전·탈석탄의 대못을 박아놓았다. 이미 사업절차가 상당히 추진된 신한울 3·4호기를 포함한 원전의 신규건설 계획 전면취소, 원전의 수명연장 금지와 신규 석탄발전소 건설 금지, 그리고 건설 중이던 석탄발전소의 가스(LNG)발전 전환 등이 그것이다. 이에 따라 지난 6월 15일에는 한수원 이사회가 월성1호기 조기 폐쇄와 설계 또는 부지 매입 단계에서 중단된 천지 1·2호기, 대진 1·2호기 등 총 4기의 신규 원전건설 계획을 백지화하기로 결정했다. 국민혈세가 됐든 전기요금이 됐든, 결국 국민은 조 단위의 매몰비용도 부담해야 하지만, 4기의 신규원전 건설 종결만으로도 중소기업 일자리 3만 개가 날아갔다는 분석이다.

그런데 〈탈원전 정책〉은 정부가 제시한 〈에너지 전환정책〉의 목표 달성을 위해서는 완전히 잘못된 선택이다. 〈표 16〉에서 보듯이, 〈8차 기본계획〉의 목표는 온실 가스는 26.4%(1990년 대비), 미세먼지 및 오염물질은 62%를 감축한다는 것인데, 정부가 제시하는 대책들로는 이러한 목표를 절대로 달성할 수 없다.

이미 앞에서 상세히 설명했듯이, 재생에너지 확대는 전혀 도움이 안 되는데, 그 이유는 태양광과 풍력발전이 늘어나면 오히려 이를 백업해 줄 원전이나 화석발전소도 함께 늘려야 하기 때문이다. 그런데 원전을 폐쇄하면 그 빈자리를 태양광이나 풍력이 아니라 석탄이나 가스발전이 대신할 수밖에 없어서 오히려 온실가스가 더 늘어나는 '역설' 현상이 발생한다는 게 독일에서 입증된 사실이다.

얼마 전 미국 〈카네기 재단〉에서도 20년간의 연구를 통해 지구 온난화를 막으려면 원전을 엄청나게 더 늘려야 한다는 결론에 도달했다고 발표했다.[224] 이러한 사례들을 감안하면, 문재인 정부의 〈에너지

224) 황일순(문화일보), 2018.6.20

▌표 16▌ 에너지 전환정책의 목표

<table>
<tr><th colspan="5">미세먼지 감축량 (단위: 만톤)</th><th colspan="3">온실가스 감축량 (2030년 기준)</th></tr>
<tr><td></td><td>2017</td><td>2022</td><td>2030</td><td>감소율</td><td>BAU기준 배출전망</td><td>3.22억톤</td><td rowspan="3">⬇ 26.4%</td></tr>
<tr><td>미세먼지 (PM 2.5)</td><td>3.4</td><td>1.9</td><td>1.3</td><td rowspan="2">⬇ 62%</td><td>배출목표</td><td>2.58억톤</td></tr>
<tr><td>오염물질</td><td>17.4</td><td>9.4</td><td>6.5</td><td>배출목표(8차계획)</td><td>2.37억톤</td></tr>
<tr><td colspan="5">▶30년 이상 노후석탄발전소 폐지 (2022년내)
▶석탄발전의 LNG연료전환
▶운영 중 석탄발전의 환경설비투자</td><td colspan="3">▶석탄 · 원전 발전량 감소분을 재생에너지로 대체
▶화력발전 성능개선으로 발전효율 향상</td></tr>
</table>

*출처: 〈산업통상자원부〉, 2017.12.14

전환정책〉은 올바른 목표에 '탈원전'이라는 잘못된 수단을 처방해서 잘 나가다가 삼천포로 빠지는 형국이다. 정책 실패가 뻔히 보이지만, 그 결과가 가시화될 때쯤이면 대한민국의 원전산업은 이미 복구불능으로 와해되어 있을 것이다.

〈8차 기본계획〉에서는 '탈원전'을 해도 '전력이 부족하지 않다', '아무런 문제가 없다'는 논리를 정당화하기 위해 일부 주요 수치들을 의도적으로 낮춰 잡았다는 강한 의혹이 제기된다.

우선 전력수요의 주요 영향 변수인 GDP성장률 전망치가 낮게 책정돼서 결과적으로 전력수요 전망이 비현실적으로 낮아졌다. 〈8차 기본계획〉에서 2030년까지 전력소비 목표 수요는 연 평균 1.0%, 최대전력은 연평균 1.3% 증가하는 것으로 예측되었다. 이는 전력수요예측에서 가장 중요한 변수인 GDP성장률 전망치를 2.4%로 적용한 결과이다. 〈7차 기본계획〉에서 연평균 GDP성장률을 3.4%로 전망한 것이 부풀려진 측면이 있다손 치더라도, 8차의 2.4%는 전력수요를 낮추기 위해 축소된 수치라는 의혹을 사기에 충분하다.

특히 7차에서는 0.6%이던 GDP성장률과 전력수요 간의 탄성률을

8차에서는 0.4%로 낮춘 것이 그런 심증을 뒷받침한다. 즉, GDP 1% 성장에 따른 전력수요 증가폭이 7차 때보다 떨어진다는 것인데, 전력수요를 낮춰 탈원전을 해도 문제가 없다는 명분을 만들려는 의도 외에는 다른 근거를 찾을 수 없다.[225)]

이와 같이 GDP성장률을 3.4%에서 2.4%로 낮춤에 따라 〈8차 기본계획〉의 전력수요는 대폭 낮아졌고, 따라서 추가원전이 필요없다는 논리가 합리화되었다. 그런데 연평균 경제성장률 2.4%는 문재인 정부가 제시한 GDP성장률 목표인 3%보다[226)] 낮다는 점에서 자가당착적이다. 주요 정부부처인 〈산업자원통상부〉의 전력수요 전망에 정부의 GDP성장률 목표보다 낮은 수치가 적용된 것도 문제지만, 거꾸로 이 정부가 '탈원전'을 강행하기 위해서라면 경제성장이 둔화돼도 좋다는 것인지 묻지 않을 수 없다.

〈8차 기본계획〉의 수요관리목표(전력예비량)도 상식에 맞지 않게 축소됐다. 재생에너지는 물리적 특성상 수요와 상관없이 자연조건에 따라 생산되고 입지 선정도 수요 근접지와는 무관하기 때문에, 재생에너지가 확대되면 전력시장의 패러다임이 수요자 중심에서 공급자 중심으로 바뀌게 되고, 수요관리의 중요성이 커지게 된다. 문재인 정부 역시 〈8차 기본계획〉에서 '공급력 확충에서 수요관리 중심으로 수급 패러다임을 전환한다'고 강조해 놓고, 실제로는 그와는 정반대로 했다. 〈8차 기본계획〉이 제시한 수요관리량 14.1GW은 〈7차 계획〉의 15.3GW(2029년)보다도 감소한 것이기 때문이다. 이와 같이 전력 예비량을 축소하면 전력 부족사태로 인한 블랙아웃 위험성이 증가한다는 것은 상식에 속한다. 더구나 우리나라는 이미 수급계획 상 예비전력량

---

225) 노동석, 2017, 33~34쪽
226) 기획재정부, 2017

목표를 잘못 반영해서 2011년 9월 15일 전국적인 대규모 정전사태를 겪은 경험도 있다.[227] 이처럼 누가 봐도 납득할 수 없고, 자기들이 내세운 원칙에도 어긋나게 수요관리량을 축소한 것도 결국 탈원전을 해도 전력 부족사태가 없다는 논리를 유도하기 위한 것이라고 추정된다.

2) 실현 가능성이 희박한 재생에너지 확대정책

원전과 석탄발전소의 폐쇄는 실패할 가능성이 전혀 없이 착착 진행되는 반면에, 2030년까지 재생에너지의 발전 비중을 20%로 확대한다는 3020계획은 선언적 목표만 있고 구체적인 추진계획이 결여되어 있어서 정부의 추진 의지도 실현가능성도 없어 보인다. 3020 계획은 다음과 같은 이유에서 실패할 가능성이 매우 높은 부실계획이다.

첫째, 〈8차 기본계획〉에 제시된 재생에너지 확대 계획은 가장 중요한 투자계획이나 부지조달 계획의 구체성이 결여되어 있어 실현 가능성이 의심스럽다. 〈8차 계획〉에서는 현재 1%도 안 되는 '진짜' 재생에너지의 발전 비중을 2030년 20%까지 높이기 위해 풍력발전 18GW(현재 1.1→17.7), 태양광 34GW(현재 5→33.5), 바이오매스 2GW(현재 0.7→1.7)로 확대한다는 목표가 제시됐다. 우선 불과 10여 년 안에 재생에너지 설비용량을 현재의 약 11GW에서 58.5GW로 확대하기 위해서 약 100조 원이 투자될 것이라고 밝혔지만, 일부 발전 공기업이 부담한다

---

227) 당시 늦더위로 전력수요가 급증하면서 예비전력이 안정선인 40TWh 이하로 떨어지자 한전은 제한송전을 실시했다. 전국 753만 가구에서 정전이 발생했고, 영세 자영업자, 식당, 중소기업 등은 약 620억 원의 재산피해를 입었다. 신호등 고장으로 교통마비, 은행 금융거래 중단, 병원 응급실 위기 등 큰 혼란이 있었고, 최중경 당시 지식경제부 장관이 책임론으로 사임했다.

는 내용을 제외하고는 구체적인 재정조달 계획이나 투자계획이 제시된 게 전혀 없다.

거의 10년 동안 매년 10조 원 가까이를 투자해야 하는데, 설비이용률이 기껏해야 10~20% 수준으로 막대한 적자가 예상되는 사업에 자발적으로 자기 돈을 투자할 사람은 없을 것이다. 일단은 목표 달성을 위해 만만한 한전(韓電)이나 발전(發電)공기업을 강제 동원하려는 것인데, 이들이 무리한 정책의 희생양이 될 것이 뻔하다.

▎그림 57▎ 8차 기본계획에 제시된 전원별 설비용량

	2017년	2022년	2030년
총 정격용량 (기타전원포함)	117.0GW	142.3GW	173.7GW
총 실효용량	107.8GW	122.6GW	122.8GW
원자력발전	22.5GW 24기	27.5GW 27기	20.4GW 18기
석탄발전	38.6GW 61기	42GW 61기	39.9GW 57기
LNG발전	37.4GW	42GW	44.3GW
재생에너지 (정격용량)	11.3GW	23.3GW	58.5GW
(실효용량)	3.1GW 정격용량의 27%	4.8GW 정격용량의 21%	8.8GW 정격용량의 15%

*출처: 〈산업통상자원부〉 보고자료[228]

228) 8차 계획에는 신고리 5 · 6호기 등 현재 건설 중인 5기(7GW)만 포함되었고, 월성 1호기(0.68GW)는 폐쇄, 신규 원전 6기는 중단하고, 노후 10기(8.5GW)는 수명 연장을 하지 않기로 했다. 석탄 화력도 노후석탄 7기(2.8GW)는 폐지하고, 6기는 LNG로 연료를 전환키로 했다. 불가피한 신규 7기(7.3GW)만이 예정대로 건설된다. <산업통상자원부>, 2017.12.27

이들에게 투자 여력도 없어 보이는 게, 〈탈원전 정책〉 1년도 안 됐는데 벌써부터 발전공기업, 한수원과 한전은 빚더미에 올라앉았다. 한수원은 2017년 한 해 동안 부채가 2조 8천억 원이 늘었고, 한전도 1조 2,500억 원이 늘었다. 한전은 지난 몇 분기 영업실적이 연속 적자를 기록하고 있으며, 2018년 1분기 영업적자는 2,500억 원을 넘었다. 수익률이 낮은 재생에너지에 투자 유인을 위해 정부가 지원금을 준다고 하는데, 이 역시 전기요금 인상 요인으로 결국 소비자들의 지갑을 털게 될 것이다.

지원금 제도의 더 큰 문제점은 정부의 과도한 전력시장 개입으로 시장과 가격 기능이 마비됨으로써 전력 시스템 전체에 엄청난 비효율이 발생한다는 것이다. 다음 〈그림 59〉에서 '급전(給電) 순위를 결정할 때 환경비용을 반영하겠다', '발전연료 간 세제 조정을 하겠다'는 말이 바로 정부가 개입해서, 예컨대 원전이나 석탄발전에 높은 환경부담금을 매기거나 재생에너지에 유리한 세제를 적용해서 높은 발전원가를 보전해 주겠다는 말이다.

그런데 이 말을 뜯어보면, 예컨대 발전 원가가 높은 가스발전 비용을 낮추는 게 아니라, 더 저렴한 석탄발전에 환경부담금을 매겨서 발전원가를 높이려는 의도로 보인다. 다시 말해서, 지금까지 가격이 싼 원전이나 석탄발전의 원가를 가스, 재생에너지 비용 수준으로 올리겠다는 것이니, 전기요금은 당연히 올라갈 수밖에 없다. 게다가 재생에너지의 불리한 발전원가를 정부 지원금으로 균등하게 만들어 주는 방식의 지원체계는 전력시장의 하향평준화와 시스템 비효율을 초래하며, 그 결과가 국민과 국가경제에 얼마나 큰 피해를 주고 있는지는 독일의 경험에서 충분히 볼 수 있었다.

둘째, 무엇보다 그 많은 풍력 터빈과 태양광 패널을 우리나라의 어디에다 설치한다는 것인지 도무지 알 수가 없다. 태양광이나 풍력터빈, 송전탑과 고압선로 건설 때마다 부닥치는 주민들의 거센 반대는 차치하더라도, 국토 면적이 좁고 65% 이상이 산지인데다, 높은 인구밀도로 인해 세계에서 땅값이 가장 비싼 우리나라 어디에서 그 많은 부지를 확보할 수 있을는지 묘연할 뿐이다.

〈에너지경제연구원〉의 매우 보수적인 계산으로도 34GW의 태양광 패널을 설치하기 위해서는 서울 여의도 면적의 156배가 넘는 453㎢의 토지를 확보해야 한다. 원전 30개가 들어서는 면적이고, 서울 면적의 75%에 해당하는 크기다.

18GW의 풍력터빈 설치에도 여의도 면적의 30배가 넘는 88.4㎢가 필요하다. 정부는 해상풍력을 하면 된다는 말로 모면하고 있지만, 앞에서 설명했듯이, 이 역시 현실성이 없는 말이다. 우리나라가 2002년부터 독일의 「재생에너지법」과 거의 같은 법을 제정해서 태양광과 풍력발전을 지원했지만, 15년 동안 발전 비중이 고작 1~2%라는 초라한 실적 밖에 거두지 못한 이유를 곰곰이 생각해 봐야 한다. 우리나라의 국토상황을 감안할 때 〈8차 기본계획〉에 필요한 어마어마한 부지 조달 자체가 불가능에 가깝다는 점에서도 〈8차 기본계획〉의 재생에너지 목표는 달성가능성이 없다고 판단된다.

셋째, 〈8차 기본계획〉에 제시된 발전 설비규모와 적정 예비율이 전혀 현실을 반영하지 못하고 있다. 설비규모는 최대 전력에 적정예비율을 고려해서 결정된다. 예측된 최대수요 100.5GW에 예비율 22%를 반영하여 2030년 적정 설비용량은 122.8GW로 계산되었다. 우선 적정 예비율 22%는 〈7차 계획〉과 동일하다는 점에서 재생에너지 발전의 출력 간헐성이 제대로 반영되지 못했다는 지적이 나온다. 〈8차 기본계획〉의 '재생에너지 발전 비중 20%'는 〈7차 계획〉의 11.7%(2029년)에 비해 두 배 가까이 증가한 것이고, 게다가 〈8차 계획〉 기간 중 전체의 88%까지 중점적으로 확충될 계획인 태양광과 풍력은 특히 간헐성이 높은 전원이다.

이처럼 간헐성이 큰 재생에너지 비중이 높아지면, 적정예비율도 높아져야 하는 것은 당연한 이치다. 〈8차 기본계획〉은 간헐성이 큰 재생에너지를 두 배 가까이 확대하겠다면서 예비율은 그대로 유지했다는 점에서 전력공급에 차질을 가져올 가능성이 매우 큰 부실계획이다.

그런데 정격 발전 설비규모를 보면 적정예비율을 이렇게 낮게 잡은 데는 이유가 있다는 생각을 하게 된다. 최대전력 100.5GW에 예비율 22%(피크기여도)를 적용해서 적정 설비용량이 122.8GW가 나와도 발전설비는 173.7GW나 구축해야 하는데, 만일 적정예비율을 현실에 맞게 높은 수치를 적용하면 정격 설비용량 규모는 이보다 훨씬 더 커져야 한다. 그렇게 되면 어차피 설비용량 목표 달성이나 비용 및 부지 조달도 더욱 더 현실성이 떨어진다는 비판을 받게 될 것이 두려웠을 것이다. 한 마디로 8차 계획은 이리저리 짜 맞춘 현실성이 없는 숫자 놀음일 뿐이다.

넷째, 현재 1%도 채 안 되는 우리나라의 태양광, 풍력 등 진짜 재생에너지 발전 비중을 불과 12년 후인 2030년 20% 이상으로 확대한다는 계획 자체가 달성 가능성이 희박한 아주 무리한 계획이다. 〈그림 58〉에서 볼 수 있듯이, 독일은 「재생에너지법」이 도입되던 당시인 2000년에 재생에너지 발전 비중 6.2%에서 출발하여, 정부가 어마어마한 지원금을 쏟아 부었는데도 20%선을 넘은 것은 2011년으로 만 10년이 넘어 걸렸다.

우리나라는 독일과 비슷한 시기인 2002년 독일과 거의 같은 법과 지원체계를 도입해서 20여 년 동안 재생에너지를 적극 장려했음에도 불구하고 아직도 1% 수준에 머물러 있다. 아무 것도 달라진 게 없는데 앞으로 12년 동안 갑자기 태양광이나 풍력이 '폭풍 성장'을 한다는 근거가 무엇인지 도무지 알 수 없다. 바로 그런 점에서 〈8차 기본계획〉은 목표 설정부터 현실성이 없는 무리한 계획이라고 할 수밖에 없다.

이상에서 살펴본 바와 같이, 〈8차 기본계획〉은 전력수요는 지나치게 낮게 예측된 데다, 축소지향적인 수요관리 목표(전력 예비량)와 적정예비율에는 재생에너지의 간헐성과 변동성이 제대로 반영되어 있지 않은 '부실계획'이다.

게다가 현재 1%도 안 되는 태양광과 풍력발전 비중을 불과 10년 만에 20% 이상으로 확대한다는 계획은 현실적으로 실현 가능성이 전혀 없는 무리한 계획이다. 이처럼 왜곡된 수요 예측과 부실한 재생에

▌그림 58▌ 독일의 재생에너지 발전 비중 추이

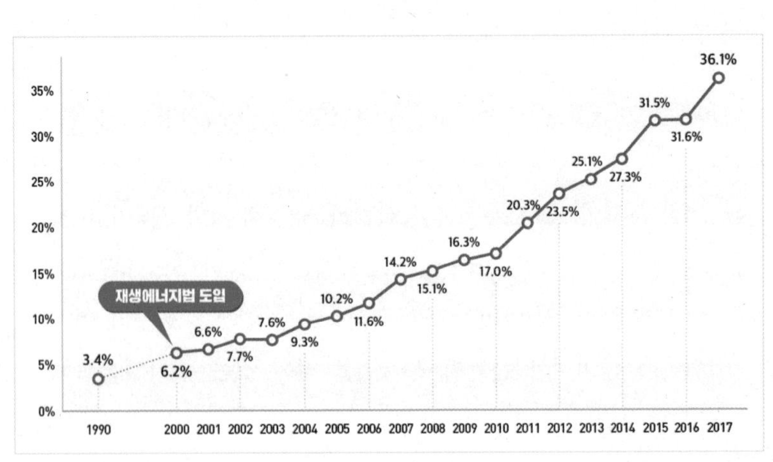

*출처: BMWi/AGEE-Stat, 2016; Agora Energiewende 2017

너지 확대 계획으로 전력공급에 심각한 차질이 예상되는데도 원전과 석탄발전소 폐쇄 계획은 100% 착착 진행되고 있으니 대한민국의 블랙아웃(blackout: 大停電)을 걱정하는 것이다.

3) 에너지안보 위협하는 가스발전 확대

이상에서 살펴본 대로, 2030년까지 태양광과 풍력발전을 대폭 확대한다는 계획은 실현 가능성이 낮지만, 백 번 양보해서 재생에너지 발전 비중이 계획대로 20%까지 확대된다고 하더라도 더 중요한 문제는 나머지 80%의 전원 구성에 대한 계획이다.

현 정부의 탈원전과 탈석탄 원칙에 따르자면, 2027년부터 추가되어야 할 신규 설비 모두가 가스발전소로 구축되어야 한다. 그런데 〈산자부〉 자료를 보면, 재생에너지의 정격 설비 용량이 2030년 20%를 달성하더라도 2030년 재생에너지의 피크 기여도 목표는 7.1%에 불과하다. 그렇다면 가스발전에 의존하게 될 발전 비중은 80%가 아니라 93%가량이 된다.

또한 재생에너지가 확대되면 반드시 필요한 백업 발전소 역시 전부 LNG와 양수발전소로 한다는데[229], 이 또한 허무맹랑한 계획이다. 우리나라가 지리적 여건과 주민 반대 등으로 수력발전소 하나도 추가로 건설하지 못하는 상황인데, 양수발전기 1.4GW(2031년까지 2.0GW)를 건설한다는 계획은 눈가림이나 하자는 말에 다름 아니다.

양수발전(揚水發電: Pumping Up Power Plant)의 기본 개념은 전력수요가 적은 시간에 발생된 잉여전력을 이용해서 양수발전소의 하류에 저장되어 있는 물을 펌프로 상류로 끌어올렸다가, 전력수요가 급증했

---

229) 〈산업통상자원부〉, 2017, 38쪽

을 때 상류에 모아둔 물을 하류로 낙하(落下)시켜서 다시 전기로 환원시키는 발전 방식이다.

펌프로 하류의 물을 상류로 끌어올릴 때 사용되는 전기 소모량이 양수발전기를 가동해서 얻는 발전량보다 훨씬 더 많다는 점에서 양수발전은 매우 비효율적인 발전 방식이다. 하지만 재생에너지 확대와 함께 폭증하는 잉여전력을 처리하기 위한 저장장치를 찾다 보니 일종의 저장설비로 주목을 받게 된 것이다. 그러나 양수발전소는 댐건설의 제약과 규모에 비해 발전 출력이 너무 적다는 단점 때문에 재생에너지의 간헐성을 해결하는 유의미한 대안이 될 수 없다는 것이 독일에서도 판명되었다.[230]

현재 우리나라 전국 7곳에 16기의 양수발전소의 용량 규모는 총 4.7GW에 불과하다. 양수발전소 하나 건설하는 데 10여 년이 걸리는데, 2031년까지 2GW를 건설한다니 참으로 지나치게 야심찬 계획이다. 결론은 정부가 제시한 양수발전소 건설 계획은 실현가능성이 거의 없다는 뜻이다. 따라서 재생에너지의 백업 발전소도 거의 대부분 가스발전소로 해야 된다.

덧붙여서 피크타임을 위한 첨두부하용 발전소도 필요하고, 만일 태양광이나 풍력 확대가 계획대로 되지 못했을 경우 비상전원 역시 가스발전소가 되어야 한다. 그렇다면 가스발전소의 총 설비용량은 도대체 얼마가 되어야 하는가? 대한민국의 '전력수급'이 담보될 수 있는

---

230) 양수발전소 예시:

독일 골디스탈(Goldisthal) 양수발전소

상류댐: 1,200만t
하류댐: 1,830만t,
1,060MWh

우리나라 청평 양수발전소

상류댐: 240만8,000t,
하류댐: 청평댐(저수량 1억 8,000만t),
2,400MWh

지 여부가 걸린 중차대한 문제임에도 〈8차 기본계획〉에는 가스발전소 신규설비 3.2GW만 있으면 해결된다고 되어 있다.[231] 이와 같은 전원 구성의 비합리성과 불확실성이야말로 〈8차 계획〉의 최대 결함이다.

가스발전에 전적으로 의존하겠다는 전원 구성의 가장 큰 위험성은 바로 에너지 안보 관점이다. 문재인 정부의 〈에너지 전환정책〉이 목표로 하는 것처럼, 재생에너지를 제외한 나머지 80%~90%의 발전량을 가스발전에 의존하는 것이 과연 국익 차원에서 바람직한 것인가 하는 문제는 반드시 답하고 넘어가야 한다. 가치사슬의 거의 전부가 국산화된 원전이나 석탄발전소와 달리, 가스발전소는 건설 과정에서부터 가스 터빈 등 핵심 부품과 기술을 모두 외국에서 수입해야 할 뿐더러, 특히 연료를 100% 전량 수입해야 한다. 국가의 원동력인 에너지원을 100% 수입에 의존하는 것은 '연료공급 안정성'과 '가격 변동성' 등 에너지 안보 측면에서 치명적이다 못해 자살행위에 버금가는 일이다.

▌그림 59▌ 8차 기본계획의 재생에너지발전 확대 목표

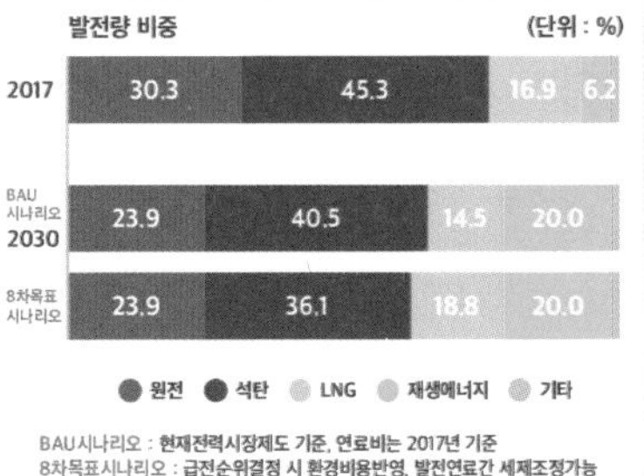

*출처: 산업통상자원부

231) 〈산업통상자원부〉, 2017, 38쪽

가스발전 의존도가 높아지면 대한민국은 가스 생산국의 볼모가 될 수밖에 없다. 우리 경제는 널뛰기 하는 LNG 가격에 따라 흥망이 좌우될 것이다. 게다가 가스발전 원가는 원전의 3배, 석탄 발전의 2.5배이기 때문에, 발전원가 상승과 이에 따른 전기요금 인상도 온 국민이 감내해야 한다. 특히 수출로 먹고 사는 우리 기업은 또 어떻게 될 것인가! 앞에서도 언급했듯이, 불과 몇 개월 동안 원전가동률을 50%대로 떨어뜨리고 가스발전을 늘린 것만으로도 한수원과 한전의 기록적인 적자 행진이 이어지고 있는 판이다. 원전 1기를 닫고, LNG로 대체하면 한전은 하루 11억 원씩 손해를 보게 된다고 한다. 게다가 이란 제재, 시리아 사태 등 최근의 중동정세를 보면 앞으로 국제유가의 대폭 상승이 지속될 것으로 전망되는 상황이다.

〈그림 60〉에서처럼 가스의 비축 기간은 극도로 짧아서 행여라도 수입물량의 적시 운송에 차질이 생기게 되면, 우리 경제와 국민생활은 문자 그대로 '올 스톱'이 될 것이다. 원자력발전의 주원료인 우라늄은 가스, 석탄, 석유 등과 달리 부피가 아주 작고 장기간 보관이 가능하므로 유사시 비축도 얼마든지 가능하여 '국산에너지'라고 할 수도 있다. 연료비 비중도 원전은 발전 원가의 10%에 불과해서 종속성이 거의 없지만, 가스 발전의 경우는 70%를 넘는데, 그 연료를 전량 수입해야 하므로 가스 생산국의 볼모라는 말이 나오는 것이다.

정부가 에너지안보 문제에 대해 북한과 중국을 통과하는 러시아 가스관을 연결해 해결할 생각이라면, 이야말로 크게 잘못된 대책이다. '러시아 가스관 연결'과 '가스발전 의존도를 높이는 것'은 완전히 분리해서 생각해야 할 별개의 문제다. 우선 러시아 가스관 연결은 우리나라에 도움이 될 수도 있는 필요한 사업일 수도 있다. 그러나 가스 생산국인 러시아와 가스관이 통과하는 북한과 중국의 선의만을 믿고 우리나라의 가스 발전 비중을 대폭 늘리는 것은 스스로 북한, 중국, 러시아의 포로가 되겠다는 것과 같으며, 주권 포기에 다름 아니다. 독일이 왜 당장은 손쉽게 얻을 수 있는 러시아 가스관의 추가 연결을 주저하고 있는지 참고해야 한다. 독일은 2014년 우크라이나 사태 때 에너지종속이 얼마나 큰 국가적 위협이 될 수 있는지를 통렬히 경험했기 때문이다.

'동북아 그리드 사업'도 해결책이 될 수 없기는 마찬가지다. 막대한 시간과 자금이 들어가는 것은 차치하더라도, 우리는 탈원전 · 탈석탄을 해놓고 더 비싼 돈을 주고 기술이나 안전성이 떨어지는 중국이나 러시아의 원전과 석탄발전소의 전력을 사다 쓰려는 것이기 때문이다. 무엇보다 세계에서 가장 우수한 자기 기술을 버리고, 남의 집 더부살이를 하려는 이유는 무엇인가?

기후변화 협약은 또 어떻게 할 것인가! 입만 열면 친환경 타령을 하는 정부가 가스발전이 온실가스 배출에서는 석탄발전보다 다소 유리하지만, 초미세먼지에 있어서는 오히려 오염이 더 심각하다는 사실이나, 기후변화 협약 준수에도 역행한다는 사실을 알고 있는지 의아할 따름이다.

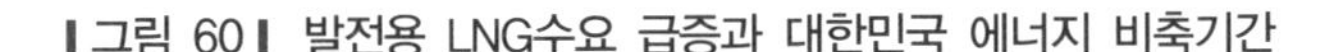
▌그림 60▐ 발전용 LNG수요 급증과 대한민국 에너지 비축기간

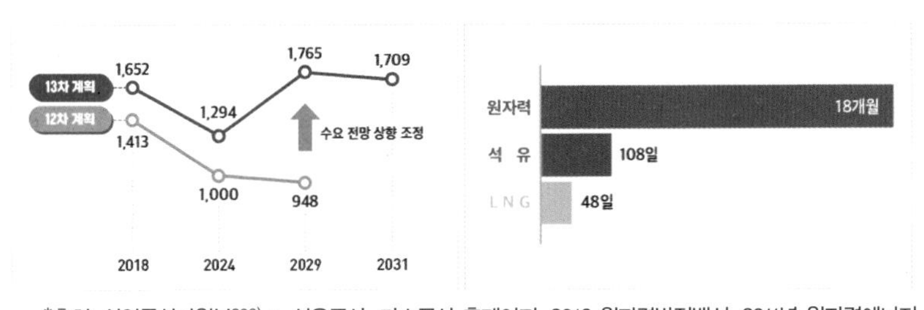

*출처: 산업통상자원부[232] ; 석유공사, 가스공사 홈페이지, 2016 원자력발전백서, 2011년 원자력에너지

232) 12차 계획은 2029년까지 수요전망

다시 한 번 강조하지만, 세계 어디에도 국가발전원의 80~90%를 오로지 가스발전에 의존하겠다는 극단적인 에너지 정책을 추진하는 나라는 없다. 그것도 세계 제일가는 국산 원자력 기술을 스스로 사장시키면서 말이다.

예컨대, 엄청난 셰일가스 보유국으로 가스발전이 가장 유리한 미국도 다소 경제성이 떨어지는 원자력발전소, 석탄발전소를 보조금을 주면서까지 유지하고 있으며, 재생에너지에도 투자하고 있다. 〈그림 61〉에 따르면, 2030년 우리나라의 가스 발전 비중(38.4%)이 유럽(21%)이나 일본(27%)은 말할 것도 없고 세계 최대의 셰일가스 보유국이자 수출국으로 가스 발전이 경제적으로 가장 유리한 미국(34%)보다도 높다는 것은 나라를 망하게 하려고 작정한 것이 아니라면 있을 수 없는 계획이다.

❙그림 61❙ 주요국 미래 전원 구성

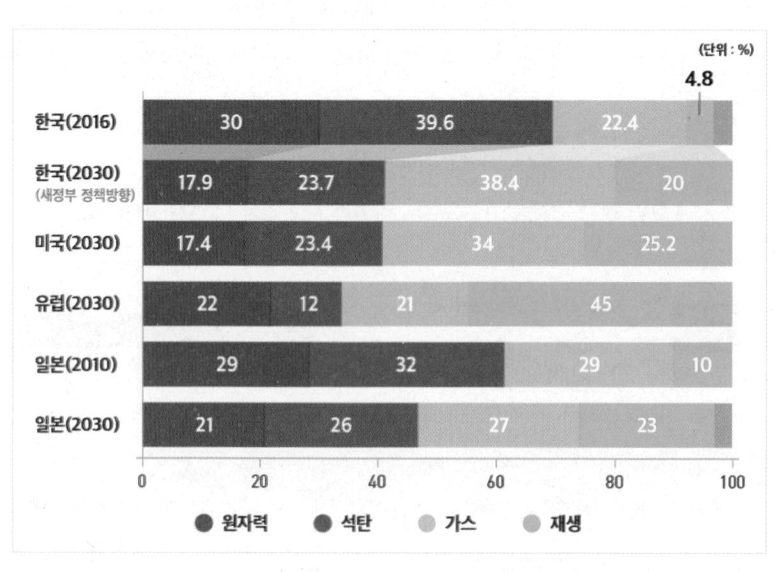

*출처: 에너지경제연구원, EIA, KOTRA, EU, 김영은(연합뉴스), 2017.7.16. 재인용

결론적으로 요약하자면, 〈8차 기본계획〉은 많은 결함과 문제투성이다.

우선 먼저, 재생에너지 확대와 관련해서 현 정부가 제시하고 있는 3020 정책은 실현가능성이 희박한 무리한 계획으로 점철되어 있다. 각 전원별 설비용량과 실효용량 도출에 기준이 되는 전력 수요, 예비율, 수요관리 목표 등이 비상식적으로 낮게 반영되어 있어서 계획대로 된다고 해도 전력 공급에 차질이 생길 위험성이 매우 커 보인다. 재생에너지 확대 계획은 지나치게 낙관적으로 설계된 데다 구체적 재정계획이나 부지조달 계획이 없어, 실현가능성도 매우 의심스럽다.

재생에너지를 제외한 나머지 전원을 가스발전으로 바꿔 나간다는 전원 구성은 발상 자체도 위험천만이지만, 가스발전의 총 필요 용량도 정확하게 제시하지 못한 부실계획이다. 반면에 원전과 석탄발전소의 폐쇄는 계획도 100% 확실할 뿐더러 실행은 목표를 추월해서 과속하는 모양새다.

다시 말해, 과연 재생에너지 확대가 계획대로 될 것인지, 나머지 전원 구성을 전적으로 가스발전에만 의존한다는 것인지, 그리고 그래도 되는 것인지 모든 것이 불확실하지만, 일단 먼저 우리나라 원자력발전부터 불가역적으로 해체하자는 것이 〈8차 기본계획〉의 실체다.

여기서 배를 갈아타는 기본 원칙에 대해서 생각해 보자.

백 번 양보해서 재생에너지가 원전보다 더 안전하고, 좋은 에너지원이라 할지라도, 실현가능성이 검증되지 않은 재생에너지에 국가와 국민의 운명을 걸고, 이미 세계 최고의 경지에 도달한 원전산업을 먼저 스스로 무너뜨리는 것은 납득할 수 없는 도박이다.

일에도 순서가 있는 법이다. 지금까지 타고 있는 탄탄한 배를 버리고 더 좋은 배로 갈아타자고 하더라도, 새로운 배가 과연 정말 그렇게 좋은 것인지 계획대로 건조될 수 있는지 상황을 지켜보면서 갈아타는 게 순리다. 새로운 배는 아직 제대로 된 건조계획조차 없는 상태인데 지금 타고 있는 멀쩡한 배부터 부셔 없애는 것은 단순히 어리석은 데 그치는 게 아니라, 배에 타고 있는 모두를 위험에 빠뜨리는 위해 행위다.

원전과 석탄발전소를 폐쇄하고, 재생에너지와 가스발전에만 의존해서는 어렵게 쌓아올린 대한민국의 발전과 성장, 복지를 절대 지켜낼 수 없다. 남북관계개선, 4차 산업혁명, 소득주도성장 등 현 정부의 다른 정책과도 부합하지 않는, 오로지 탈원전 정책을 합리화하고 강행하기 위해 짜맞추기 식으로 작성된 〈8차 기본계획〉부터 우리 현실에 맞게 고쳐야 한다.

2. 합리적이고 균형적인 에너지 정책 새로 수립해야

문재인 대통령이 원전 사고를 소재로 한 재난 영화인 '판도라'를 보고 눈물을 흘렸으며, 그것이 탈원전 정책을 결정하는 중요한 계기가 되었다는 말을 언론에서 읽은 적이 있다.[233] 원전의 실상을 상당 부분 왜곡하고 있는 한 편의 영화를 보고 중대한 국가적 사안을 결정했다는 것 자체가 믿을 수도 없고, 믿고 싶지도 않지만, 달리 생각하면 희망이 생기기도 한다.

만일 대통령의 탈원전 정책이 정말 그렇게 나이브하게, 오로지 국민의 안위를 염려하는 선의에서 결정된 것이라면, 반대로 그것이 국가

---

233) 원호섭(매일경제), 2017.6.29

와 국민의 안위에 거스르는 것으로 밝혀질 경우에는 미련 없이 올바른 길로 돌아설 수도 있겠구나, 생각되기 때문이다.

우선 세계 각국이 미래의 신에너지를 선점하기 위해 경쟁 중이고, 그 일환으로 재생에너지에 대한 투자와 연구개발에도 각축전이 벌어지는 상황에서 우리나라가 재생에너지 투자를 확대하는 것은 필요하고도 바람직한 일이다. 다만 이미 지난 20여 년 동안 경험했듯이, 국토면적도 작고 65%가 산악지형인데다 인구밀도도 높은 우리나라는 설치에 많은 부지를 필요로 하는 풍력이나 태양광 산업이 '폭발적으로' 성장하는 데는 한계가 있다. 일조량, 풍력 등 기상여건이나 자연환경도 유리하다고 볼 수 없는 형편이어서, 태양광과 풍력 터빈의 확대 그 자체만을 목표로 할 경우 엄청난 국토 훼손으로 이어질 위험성도 크다.

따라서 우리나라의 재생에너지 정책은 우리 현실에 맞는 실현가능하고 지속가능한 정책이 되어야 한다. 이미 레드오션이 되어버린 설비투자에 무작정 나랏돈을 퍼붓기보다는 고부가 가치의 연구개발에 집중하는 방법 등을 모색할 필요가 있다. 다른 나라가 한다고 해서 무작정 숫자놀음으로 꿰맞춘 무리하고도 부실한 전력수급 계획으로는 불과 몇 년도 안 되어 대한민국에 블랙아웃(blackout)이 오지 않는다고 누가 보장할 수 있겠는가?

지난 20여 년 가까이 탈원전과 재생에너지 확대를 골자로 한 〈에너지 전환정책〉을 강력하게 추진해 온 독일의 경험을 보더라도, 재생에너지에만 의존한 에너지 전략의 성공 여부는 여전히 기술적, 경제적으로 불확실하다. 시장의 약자인 재생에너지를 보호한다는 명분으로 쏟아 붓는 막대한 정부 지원금에 힘입어 국가의 모든 자원을 빨아들이는 〈에너지 전환정책〉은 '장밋빛 함정'이 될 수도 있다.

재생에너지를 제외한 나머지 전원 구성을 연료를 100% 수입해야 하는 가스 발전으로 대체한다는 것은 에너지 안보나 국민 경제적 측면에서 너무나도 위험천만한 터무니없는 계획으로 반드시 재고되어야 한다.

그러나 문재인 정부의 〈에너지 전환정책〉에서 가장 치명적인 위험 요인은 재생에너지 산업은 이제 걸음마 단계이고, 계획대로 될지 안 될지도 분명치 않은데, 우선 먼저 세계 최고의 원전부터 파괴하는 태도이다. 〈에너지 전환정책〉이라는 그럴싸한 이름으로 국민을 현혹해 놓고 실제로는 원전기술을 붕괴시키는 작업을 해서는 절대로 안 된다.

우리나라의 원전산업은 외국의 자본과 기술로 시작하여 기술 자립화를 이룩하고 원천기술까지 확보하는 '코리안 드림'을 이룬 산업으로 대한민국의 발전사와 성공스토리를 상징하는 대표 산업이다.

다양한 분야에서 우리나라 기술이 많이 높아졌다고는 하지만, 핵심 기술은 여전히 미국이나 독일 등 선진국에 의존하는 경우가 많다. 그러나 원전산업은 반도체 산업과 함께 최고급 단계인 설계기술까지 국산화를 이룬 흔치 않은 성공사례이다. 온 국민의 정성과 국가적 행운마저 겹쳐 우리나라 근 · 현대 경제사에서 가장 빛나는 성을 쌓아올린 원전산업을 이념적, 심리적 이유만으로 일거에 허물어 버리는 것은 돌이킬 수 없는 역사적 과오가 될 것이다.

세계 최고라는 공든 탑을 쌓아올리는 데는 많은 시간과 돈이 들었지만, 허물어버리는 것은 한순간이다. '신규사업 종결'이라는 사망선고가 내려진 산업에 돈도 사람도 모여들지 않는 건 당연한 이치다. 원전산업의 붕괴는 연관된 다른 산업으로 파도처럼 이어져 대한민국의 참담한 몰락으로 이어질 수 있음을 경계해야 한다.

그동안 원자력 발전은 철강 산업, 반도체 산업, 자동차 산업 등 우리나라의 산업계에 질 좋고 저렴한 전기를 안정적으로 공급해서 대한민국이 경제대국으로 도약하는 데 일등공신 역할을 했다. 석탄발전소나 석유 및 가스, 태양광이나 풍력 발전소 등 에너지 발전원이 천연자원에서 얻는 것이라면, 원전은 유일하게 인간 두뇌의 힘으로 창조된 에너지다. 다시 말해, 우리나라처럼 천연자원이 부족하거나 태양광, 풍력 에너지 생산에 불리한 여건 하에서도 자원부국들 못지않게 질 좋은 전기를 아주 저렴하게 생산할 수 있었기 때문에 지금과 같은 경제발전과 성장, 복지를 유지할 수 있었던 것이다.

정부는 탈원전의 이유로 원전의 안전성을 문제 삼는데, 이는 사고 위험이 있으니 비행기를 모두 없애자는 것과 같은 논리다. 안전을 관리하는 것 자체가 기술발전의 일부이다. 안전 때문에 원전을 폐쇄하자는 것이야말로 스스로 무책임하고 무능함을 인정하는 것이나 다름없다. 후쿠시마 원전 사고에다 경주와 포항 등 원전 밀집지역의 강진으로 원전 안전성에 대한 국민들의 우려가 크다고 해서, 국민들의 불안심리를 탈원전의 기회로 악용해서는 안 된다. 오히려 이럴 때일수록 정부는 모든 과학적 사실관계를 토대로 정확하고 냉철하게 판단해야 할 책임과 의무가 있으며, 현재 운영 중인 원전을 위해서라도 안전성 향상에 더 많은 노력을 기울여야 한다.

한편 정부는 탈원전을 해도 원전 수출과 원전 해체 산업을 하면 오히려 더 큰 이득이 있다고 주장하지만, 모두 현실과 동떨어진 말이다. 우선 자기 나라에서는 위험해서 쓰지 않는 물건을 다른 나라에 팔겠다는 발상 자체가 비도덕적이다. 해체 산업은 더욱 더 신뢰를 요하는 장기 사업이기 때문에, 자기 나라가 하는 게 일반적이다. 우리나라에서 더 이상 신규 원전을 건설하지 않으면 2~3년 안에 원전산업 생태계가 완전히 붕괴하게 될 것이다. 안정된 계속사업이 없으면 원전 자재와 부품 생산에 특화된 기술집약적 중소기업들이 줄도산할 것이고, 핵심 인재의 유출과 대부분 중소기업으로 구성된 원전공급망(Supply Chain)도 순식간에 망가진다.

미국이 1970년도에 원전산업을 등한시하면서 웨스팅하우스가 파산하는 등 원자력 공급망이 거의 붕괴되었고, 최근에 다시 원전 사업을 추진하는 미국의 원전건설 비용이 우리나라의 2배 이상으로 껑충 뛴 것도 이 때문이다.

독일도 에너지 전환정책 10년 만에 원전산업은 완전히 붕괴되었다. 정부가 국내 원전 건설계획을 백지화하는 마당에 수출에라도 목숨을 걸어야 하는 건 당연하지만, 사업 여부나 수주 여부가 모두 불확실한 남의 나라 사업을 믿고 희망을 가지라고 하는 건 원전업계 종사자들에 대한 희망고문일 뿐이다.

문재인 정부는 이참에 에너지 정책의 기본철학부터 재정립할 것을 촉구한다. 근본적으로 '친환경'과 '에너지 절약'에 올인 하는 정책은 반문명적이고 반서민적인 것이다. 인류가 수차례의 산업혁명을 통해 이룩한 현대문명은 그 자체가 전기 소비의 역사이며, 전력의 부족이나 전기요금 인상의 최우선적 피해자는 서민들이기 때문이다.

특히 현재 세계 각국이 생존을 건 경쟁을 펼치고 있는 4차 산업혁명의 승패는 어느 나라가 얼마나 더 좋은 전기를 더 싸게 생산할 수 있느냐에 달려있다. 안전하고 깨끗하며 세계적 경쟁력을 이미 확보한 원자력 발전을 포기하고 인간이 계획하거나 통제할 수 없는 재생에너지로 전환하는 것은 국제경쟁에서 백기를 드는 것과 같다.

원자력 에너지 자체에 대해서도 한 마디 강조한다면, 원자력은 중력, 전자력과 더불어 지구의 3대 에너지원이다. 인류문명의 미래는 앞으로 원자력을 어떻게 이용하고 발전시키느냐에 달려 있다고 해도 과언이 아니다. 원자력 에너지를 얼마나 더 안전하고 평화적으로 더 많은 분야에서 이용할 수 있는지를 찾는 것은 현재와 미래 인류에 주어진 숙제이다. 재생에너지가 중요한 것 이상으로 원자력 에너지 역시 매우 중요하다는 말이다.

마지막으로 에너지 정책은 국제 정세의 흐름 속에서 판단하고 신중하게 결정해야 할 문제이다. 미국과 중국, 러시아와 일본까지 우리나라를 둘러싼 4대 강대국의 에너지 전략과 국제 질서의 구도 하에서 결정해야 할 에너지 정책을 좁은 국내적 시각과 졸속적, 아마추어적, 낭만적 시각으로 접근해서는 안 된다. 좋은 에너지원의 충분한 확보, 지속가능한 값싼 에너지 확보에 국가 명운이 달려 있다는 것을 잊어서는 안 된다.

이제 펜을 놓으며 돌아보니, 어찌 보면 아주 단순한 직관과 상식만으로도 금방 파악할 수 있는 내용을 길게 설명한 것 같다.

한 마디로, 문재인 정부의 잘못된 〈에너지 전환정책〉이 이대로 강행된다면 '대한민국이 블랙아웃' 될 것은 불을 보듯 뻔하다.

〈그림 62〉는 인공위성이 찍은 동북아의 야경(夜景) 사진이다. 대정전이나 다름없는 북한의 암울한 밤 모습을 보면 무슨 생각이 떠오르는가!

문재인 정부가 지금이라도 반문명적 사고, 국민을 편 가르는 이분법적 사고에서 탈피하여 합리적이고 균형적인 에너지 정책을 다시 수립하기를 촉구하며, 이 책이 문재인 정부가 높은 지지율에 취해 졸속으로 결정하고 무대뽀 식으로 밀어붙이고 있는 탈원전 · 탈석탄 정책을 즉각 폐기하는 계기가 되기를 바란다.

❙그림 62❙ 동북아의 야경

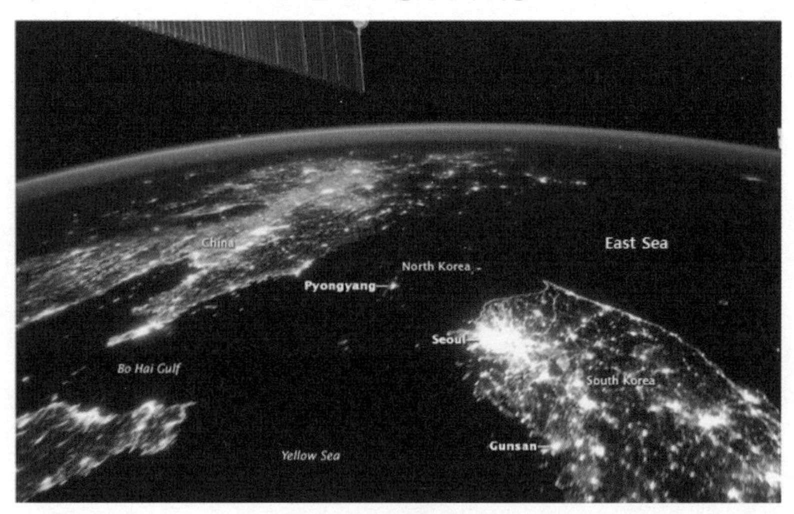

참고문헌

○ 국내문헌 및 자료

강정화: 2015년 세계원전시장 및 국내원전산업 동향, The Semicon Megazine, 2015.2.13.

국정기획자문위원회: 문재인 정부 국정운영 5개년 계획, 2017.7.

기획재정부: 새 정부 경제정책방향, 2017.7.25.

김광국(전기신문): 고무줄계산 신재생발전면적… 국민들 혼란, 2017.8.3.

김보영(이데일리): 정부 "온실가스 감축량 두 배 늘려라"…산업계 절규, 2018.6.28.

김보형(한국경제): '신재생에너지=친환경'이라는 착각, 팜 농장 만든다고 무차별 벌목…"경유보다 온실가스 3배 더 뿜는다", 한국경제, 2018.3.19.

김보형(한국경제): 태양광·풍력·바이오에너지의 '두 얼굴', 목재 펠릿 발전이 친환경?… 질소산화물 배출, 연탄의 20배, 한국경제, 2018.3.19., A5

김성민/김충령(조선일보): '탈원전·신재생'이라는 장밋빛 함정. 2017.6.29.

김수혜(조선일보): 일본 "2030년까지 원전 8기서 30기로 늘릴 것", 2018.5.14.

김승범(조선일보): 지난 10년간 태양광·풍력 위해 훼손된 산림, 여의도의 10배, 2017.10.19.

김영은(연합뉴스): 탈석탄·원전으로 2025년 이후 원전 11기분 새 발전설비 필요, 2017.7.16.

김영창/유재국: 블랙아웃과 전력시스템 운용, 2015년 초판

김진명: 미중전쟁(2권), 2017, 103쪽

김한수: 원전정책에 대한 세계각국의 현황과 우리의 문제, 2017.10.1.

김홍태(연합뉴스): 유럽도 대형 정전사태 안전지대 아니다, 2011.09.16.

노동석: 전력수급계획과 전력수급의 안정, in: 최연혜 의원실 주최 토론회: 문재인 정부 탈원전 정책의 문제점과 대응전략, 2017.12.5.

노영조(e경제뉴스): '환경의 영웅', 〈탈원전 정책〉에 쓴소리. 2017.10.12.
문재용(매경): "온실가스 75% 더 줄여라"…산업계 비명, 2018.06.28.
문재인 대통령 연설: 고리1호기 영구정지 선포식, 2017.6.19.
규홍/홍일선: 실무중심 · 국가기술자격중심 전력공학, 2017.
박용근(경향신문): 군산 OCI 독성물질 사염화규소 누출 사고, 2017.6.26.
백운규: 제352회 국회 산업통상자원중소벤처기업위원회 제6차 전체회의 발언, 2017.7.26.
백운규: 제352회 산업통상자원위원회 인사청문회, 2017.7.19.
보스턴컨설팅그룹(BCG): 2015 25개국 제조원가지수
산업통상자원부: 제8차 전력수급기본계획, 산업통상자원중소벤처기업위원회 보고자료, 2017.12.14.
산업통상자원부: 태양광 재활용센터 구축기반조성 사업 안내, 2016.9.12.
송원형/곽래건(조선일보): 태양력·풍력은 날씨 따라 불안정 독일은 예비율 130%, 스페인 175% 유럽은 높였는데 우리는 낮춘다?, 2017년 8월 9일.
안준호(조선일보): '전기 요금 진실' 숨기는 정부, 2018.5.18, A34.
안준호(조선일보): 슬그머니 전기요금 올리려다… 무기 연기한 한전, 2018.4.18.
안준호(조선일보): 정부, LNG 발전소 강요, 업체들 1조 날릴 판. 2017.9.27.
안효주(한국경제): 태양광 발전에 필요한 땅, 원전의 22배, 한국경제, 2018.3.19., A5
양세훈(에너지경제): 개도국에 부는 원전바람, 에너지경제 2015.2.24.
에너지경제연구원: (팩트체크)고무줄 계산 신재생 발전 면적… 국민들 혼란. 전기신문. 2017.8.3.
에너지경제연구원: 신정부 전원구성안 영향 분석, 2017.6.20.
연지연/정선미(조선비즈): 러시아, 우크라이나 가스 공급 중단… 유럽 가스 공급은 유지, 2014.6.16.
원호섭(매일경제): 원전이 산산조각 폭발? 전문가 한목소리로 "난센스", 2017.6.29.
이영완, 김승범(조선일보): 원자력 학계 "文정부 일방적 脫원전은 제왕적 조치". 2017.6.2.
이유경(TV조선): 전력 남아돈다더니… 지난달 두 차례 "전기 사용 줄여라". 2017.8.7.
이지영(중앙일보): 다가구, 다세대 30만호 '월 최대 3만 원' 전기요금 오른다. 2018.4.17.
이희권(문화일보): 카이스트 '원자력학과 전공선택 0명' 쇼크 2018.6.27.

임지욱(뷰스앤뉴스): 한국, 세계 최악의 부동산 거품덩어리: 통계청 "캐나다 두개 사고도 남아", 실제 거품은 더 심각, 2008.11.26.

장종엽: 유럽에서 가장 많은 온실가스를 배출하는 '탈원전' 독일, 엔에스 2017.11.30.

전기용어사전편찬위원회, 전기용어사전, 2017, 5쇄.

전영선(중앙): 탄소 제로 섬은 없다…첫 에너지 자립섬 가파도 주력 발전은 '디젤', 2017.06.11.

정여우(MBN): 개성공단 2천만평 확장… 기업 北진출 장려할 것, 2017.2.10.

정유섭 의원(자유한국당): 제352회 산업통상자원위원회 산자부 장관 인사청문회. 2017.7.19.

정종문: 제4차 산업혁명의 현상과 전망, 서울대 법학전문대학원 최고지도자 과정(ALP)제27기 특강, 2018.3.13.

차이나랩: [미래 100년 기업] 이것 없으면 태양광 발전 못한다! 세계 폴리실리콘 1위 기업, 2018.1.31.

최연혜: 대한민국 몰락의 신호탄, 2017. 국정감사자료집.

최연혜: 벤츠 · 베토벤 · 분데스리가, 2013.

최혜령/김준일(동아일보): "脫원전 위해 인위적 수요억제" 논란… 정부 "사용량 급증-시험 따른 조치", 2017.8.8.

프레드 싱거/데니스 에이버리: 지구온난화에 속지 마라(과학과 역사를 통해 파헤친 1500년 기후 변동주기론), 2009.

장승규(한국경제매거진): 지구온난화의 숨겨진 진실, 더 따뜻했던 중세 온난기… CO2 영향 미미. 제764호. 2010.7.28.

한국전기연구원: 테슬라 vs 에디슨, 끝나지 않은 전류 전쟁, 2018.3.12.

한국전력공사: 전원별 발전원가(2015년 기준).

황일순(문화일보): 원전수출특별법 제정도 절실하다, 2018.6.20.

황해찬(헤럴드경제): [北 개성공단 폐쇄] 완전 단전은 공단 송전 11년 만에 처음 있는 일, 2016.2.12.

EJ Report, Issue 1: 지구온난화가 가져온 바이오연료 신드롬의 이면, 2009.5.8.

○ 외국문헌 및 자료

50Hertz Transmission, Amprion, TenneT TSO, TransnetBW: Netzentwicklungsplan 2013.

Agora Energiewende: Das Deutsche Energiewende-Paradox: Ursachen und Herausforderungen, Eine analyse des Stromsystems von 2010 bis 2030 in Bezug auf Erneuerbare Energien, Kohle, Gas, Kernkraft und CO2-Emission, April 2014.

Agora Energiewende: Die Energiewende im Stromsektor: Stand der Dinge, Rückblick auf die wesentliche Entwicklungen sowie Ausblick auf 2018, (2017. 2014, 2015, 2016)

Ahlborn, Detlef: Windenergie Technik Volatilität, 3. CDU Windkraftforum Erfurt 2016.10.4

Ahlborn, Detlef: Energiewende gescheitert, in: Makroskop, 2017.3.7.

Bardt, Hubertus/Kempermann, Hanno: Folgen der Energiewende für die Industrie, Positionen: Beiträge aus dem Institut der deutschen Wirtschaft, Köln, 2013.

Bayrisches Landwirtschaftliches Wochenblatt: Stromtrassen, DBV fordert wiederkehrende Entschädigungszahlungen beim Netzausbau, 2017.5.2

Belectric, Energie in Sachsen, 2018.

Beppler, Erhard: Energiewende - zweite industrielle Revolution oder Fiasko?, 2013.

Berberich, Simon Che: Scheitert die Energiewende am Geld?, Focus Online, 2011.11.28.

Blazejczak, Jürgen/Diekmann, Jochen/Edler, Dietmar/Kemfert, Claudia/Neuhoff, Karsten/Schill, Wolf-Peter: Energiewende erfordert hohe Investitionen, DIW Wochenbericht Nr. 26/2013, 2013.6.26., 19~31쪽.

BMU(연방환경성): Atomkraftwerke in Deutschland

BMU(연방환경성): Klimaschutz in Zahlen: Klimaziele Deutschland und EU

BMWi(연방경제 · 에너지성): Fünfter Monitoring-Bericht "Energie der Zukunft", 2016.12.14.

BMWi(연방경제 · 에너지성): Zahlen und Fakten Energiedaten, Treibhausgas-Emmissionen, 2017

BMWi/AGEE-Stat(Arbeitsgruppe Erneuerbare Energien-Statistik), 2016

BMWi: Verteilernetzstudie, 2014, 9월

Böhret, Birgit: Energiepolitik wird erstmal beraten, VDI Nachrichten, 2011.3.25

Bundesdeutsche Zeitung : Schwarzgelbe Bundesregierung hat Atomindustrie zu Millionen-Klagen verholfen, 2015.1.16

Bundesnetzangentur/Bundeskartellamt: Monitoringbericht 2017

BWE(Bundesverband Windenergie): Vermiedene Treibhausgase durch Erneuerbare Energien, Windenergie in Deutschland spart mehr Treibhausgase, als Portugal insgesamt ausstößt. 2017

BZ-Redaktion: Schwarzegelbe Bundesregierung hat Atomindustrie zu Millionen-Klagen verholfen, In: Bundesdeutsche Zeitung, 2015.1.16.

Dehmer, Dagmar: Atomindustrie droht mit Klage, Tagesspiegel, 2015.9.4

Dehnen, Nicola/Mattes, Anselm/ Traber, Thure: Die Beschäftigungseffekte der Energiewende Eine Expertise für den BWE und die Deutsche Messe AG, DIW Econ GmbH, 2015

Deutsche Industrie- und Handelskammer: Weiter auf dem steinigem Weg: IHK-Energiewende-Barometer 2016

Die bayrische Wirtschaft: Studie: Auswirkungen der Energiepolitik der Bundesregierung

DieEinsparInfos.de: Unterschiede in der CO2-Emission bei der Stromerzeugung,

DIHK(Deutscher Industrie- und Handelskammertag): Weiter auf steinigem Weg, IHK-Energiewende-Barometer 2016

Drieschner, Frank: Schmutziger Irrtum: Deutschland wird seine Klimaziele deutlich verfehlen – trotz vieler neuer Windräder und Solaranlagen. Wie konnte das geschehen?, in: Die Welt, 2014.12.11.

DW: Energiewende-Chance oder Risiko?, 2015.5.18.

Ebling, Michael(SWR): Risiko Blackout, Wie es um das deutsche Stromnetz steht, 2017.9.29

Eisenring, Christoph: Das Grauen der deutschen Energiewende, Neue Züricher Zeitung, 2016.3.9

Eisenring, Christoph: Das grüne Jobwunder bleibt aus, Neue Züricher Zeitung, 2017.5.18

Endres, Frank: "Physik und die Chemie werden nicht durch Mehrheitsbeschlüsse außer Kraft gesetzt", in: Webseite des Deutschen Abeitgeberverbandes, 2015.3.8.

Endres, Frank: Atomausstieg? Nein danke! – Die Nuklearia im Fernsehen, in: Russia Today TV, 2014.12.24.

Endres, Frank: Energiewende ohne Strom-Speicher unmöglich, mit Speicher – unbezahlbar, in: EIKE, 2015.4.17.

Energie in Sachsen: https://www.eins.de/%C3%BCber-eins/infrastruktur/energiewende/batteriespeicher/

Energiestrategie Nein: Energiesackgasse 2050 Nein, http://Energistrategie-nein.ch

Energiewirtschaftliche Tagesfragen: Nicht die Leistung ist entscheidend für die Versorgungssicherheit, in: Zeitschrift für Energiewirtschaft, Recht, Technik und Umwelt, 2018.4.6.

Erneuerbare-Energien-Gesetz:
https://de.wikipedia.org/wiki/Erneuerbare-Energien-Gesetz

Etscheit, Georg: Geopferte Landschaften, Wie die Energiewende unsere Umwelt zerstört, 2016.

Jung, Marcus/Bünder, Helmut(FAZ): Klagende Konzerne: Unbekannte Variable im Atomausstieg, 2016.5.12

Focus Online: Bauernverband fordert Pacht für neue Stromtrassen, 2012.6.28.

Follett, Andrew(The Daily Caller): Bulk Battery Storage of Wind Power a Myth: With No Storage California Dumps Mountains of Wind & Solar Power, August 8, 2016

Follett, Andrew(The Daily Caller): California Wastes Tons Of Wind And Solar Power Due To Lack Of Energy Storage, 2016.7.24.

Forster, Christof: Später, kleiner und weniger teuer als in Deutschland, Neue Züricher Zeitung, 2017.5.4

Forum Ökologisch-Soziale Marktwirtschaft: http://www.foes.de/

Frauenhofer ISE/ECOFOYS: Stromkosten der energieintensiven Industrie, im Auftrag des Bundesministeriums für Wirtschaft und Energie

Fuchs, Michael (Bild): Anhaltender Ausbau der Windkraft- und Solaranlagen, Deutschland vernichtet Strom für 1 Milliarde Euro, 2015.10.6.

Gauck, Joachim: Eröffnung der Woche der Umwelt, Der Bundespräsident/Reden und Interviews, 2012.6.5.

Grave, Katharina/von Blücher, Felix/Breitschopf, Barbara/Pudlik, Martin (Ecofys/Fraunhofer ISI): Strommärkte im internationalen Vergleich, 2015, 6.

Hartmann, Niklas/Eltrop, Ludger/Bauer, Nikolaus/Salzer, Johannes/Schwarz, Simon/Schmidt, Maike: Stromspeicherpotenziale für Deutschland, Universität Stuttgart, 2012, 7.

Hassel, Florian (Welt): Atomindustrie kämpft mit Nachwuchsproblemen, Welt N24, 2009.7.11.

Haucap, Justus: Deutschlands teurer Irrweg in der Energiepolitik-Gefährlich steigende Stromkosten bei null Klimaschutzwirkung, in: Plickert Philip(편집), 2017년(6쇄), Merkel eine kritische Bilanz, 118~128쪽

Hecking, Claus/Schultz, Stefen(Spiegel-Online): Strukturwandel: Deutschland hat nur noch 20.000 Braunkohle-Jobs 2017.7.5.

Heller, Peter : Die Energiewende scheitert an der Physik, 2013.1.4

Hengst, Björn(Spiegel Online): Merkels Subunternehmer für Moral, 2011.3.23

Hennig, Frank: Dunkel Flaute, 2017

Hope, Mat: Energiewende: The German Energy Transformation explained, in: REneweconomy, 2013.7.30.

Horstkotte, Hermann(Zeit-Online): Studiengang mit Restrisiko, 2011.3.25

Hummel, Philipp (Spektrum.de): von wegen Atomausstieg: Kernkraftwerke der Zukunft, 2017.12.27.

Institut der deutschen Wirtschaft Köln: Energiewende: Die Kosten explodieren, 2016.12.4.

Janis, Irving: Victims of Groupthink, 1972

Kästner, Thomas/Kießling, Andreas: Energiewende in 60 Minuten, 2016년

Kelly, Michael J.: Technology Introductions in the context of decarbonisation, Lessons from recent history, 2014

Kemfert, Claudia: Das Fossile Imperium schlägt zurück, 2017

Kempermann, Hanno/Bardt, Hubertus: Risiken der Energiewende für die Industrie, Energiewritschaftliche Tegesfragen 64. Jg. (2014) Heft 3, 33~39쪽

Kinkartz, Sabine: Energiewende-Chancen oder Risiko?, in: DW, 2015.5.18

Köchy, Günther: Die Energiewende fällt aus, 2017

Krause, Klaus Walter: Die Arbeitsplatz-Illusion von der Energiewende, 2017.8.12

Kruse, Hans: Energiewende gescheitert? Warum auf Kernkraft nicht verzichtet werden sollte, 2017년, 1쇄

Laukamp, Hermann/Bopp, Georg (Frauenhofer ISE): Brandgefahr durch PV-Anlage, in: Sonnenenergie 2014/5 Okt.~Nov. 36~39쪽

Limburg, Michael/Mueller, Fred F.: Strom ist nicht gleich Strom: Warum die Energiewende nicht gelingen kann, 2015년 1쇄

Mannheimer, Michael: Über Schecks, Windkraftanlagen, geschredderte Vögel und verlogenen Naturschutz, 2013.10.28.

Mueller, Fred F.: Umweltsünden der „erneuerbaren Energien" Die hässliche Kehrseite des „sauberen" Stroms, in EIKE, 2014.2.19

NAEB e.V. Stromverbraucherschutz: Fakten + Zahlen, 2017

NAEB: Energiewende=Weg vom Atomstrom, hin zu Gas+Kohle+Verteurung durch das EEG= Stromlüge der Energiewender

Naumann, Martina, Die EEG-Umlage verständlich erklärt, 2018.2.10

NNoN: German solar energy losing its shine: Jobs more than halved in two years - 55% less capacity installed last year, 2014.1.29.

Ockenfels,Axel/Wambach,Achim: Ein robuster Strommarkt sieht anders aus. in: Welt, 2015.8.24.

Photovoltaik: Strom Report

Plickert, Philip(편집자): Merkel: Eine kritische Bilanz, 2017년, 6쇄

Prognose AG: Die Bayrische Wirtschaft, 2017.11.20.

Rechnungshof: Regierung macht teure Fehler bei der Energiewende, FAZ, 2017.1.12.

redsteisa: 'Green' Killing Machines vs Birds, 2014.1.26.

Rehmann, Jörg: "Windkraft - Anlagen Wahnsinn" im Hunsrück bei Simmern (Rheinland-Pfalz), 2014

Roth, Erike: Chancen und Risiken der deutschen Energiewende, Vortrag beim Wiener Akademischen Turnverein in Wien, 2013.1.11.

Sauga, Michael(Spiegel Online): Reform der Energiewende: Teure Ingenieursromantik, 2014.4.8.

Schäfer, Antonia: Chef der Wirtschaftsweisen fordert drei Reformen, in: Focus Online, 2017.8.28.

Schmidt, Christoph M.: Der große Konstruktionsfehler der Energiewende, in: Die Welt, 2018.5.14.

Schuster, Rolf: Entwicklung der Wind- und Solarenergie von 2011 bis März 2015, 2015.4.12.

Schwarz, Adrian: Die Förderung der Stromerzeugung aus erneuerbaren Energien in Deutschland:Hintergründe und Entwicklungen, 2014 Deutscher Bundestag WD 5 - 3010 - 109/13

Shaner, Matthew R./Davis, Steven J./Lewis, Nathan S./Caldeira, Ken: Duppkementary Material for Geophysical Constraints on the reliablility of solar and wind power in the United States for 1980~2015, In: Energy & Environmental Science (Journal), 2018.2.27

Shaner, Matthew R./Davis, Steven J./Lewis, Nathan S./Caldeira, Ken: Geophysical Constraints on the reliablility of solar and wind power in the United States, In: Energy & Environmental Science (Journal), 2018.2.27.

Sommer, Sarah: Kerntechniker in der Klemme, In: Frankfurter Allgemeine Zeitung, 2016.8.3.

Spiegel Online: Gauck warnt vor Planwirtschaft bei Energiewende, 2012.6.5.

Statista: Anzahl der Privathaushalte in Deutschland nach Bundesländern 2016 und Prognose für 2030, 2017

Statista1: Umfrage zur Häufigkeit des Stromanbieterwechsels, 2017

Strom Report Deutschland: STROM-REPORT.DE: https://1-stromvergleich.com/gewerbestrom/strompreis-gewerbe/

Strom Report: Netzentgelt Strom: Entwicklung der Netzentgelte bis 2018

Temple, James: How to get Wyoming Wind to California, and Cut 80% of US Carbon Emissions, In: MIT Technology Review, 2017.12.28

Temple, James: Relying on renewables alone significantly inflates the cost of overhauling energy, In: MIT Technology Review, 2018.2.26

The Great Global Warming Swindle, 2007

Tichy, Roland: Lyssenko oder Apollo?- Die ideologisch-planwirtschaftliche Technologiepolitik der Kanzlerin, in: Plickert Philip (편집), 2017년(6쇄), Merkel eine kritische Bilanz, 129~139쪽

Unnerstall, Thomas: Faktencheck Energiewende, Konzept, Umsetzung, Antworten auf die 10 wichtigsten Fragen,

Vaatz, Arnold: Bemerkungen zur Energiepolitik in Deutschland, in: EIKE (Europäisches Institut für Klima und Energie), 2012.2.4

Vaatz, Arnold: Unions-Fraktionsvize nennt Energiewende "unsinnig", in: Die Welt, 2012.7.18

Vahlenkamp,Thomas/Ritzenhofen, Ingmar/Gersema, Gerke/Kropeit, Julia: Energiewende global – Was Deutschland von anderen Landern lernen kann. in: Energiewirtschaftliche Tagesfragen 69. Jg. Heft 3, 2018년

von Roon, Serafin/Sutter, Manuel/Samweber, Florian/Wachinger, Kristin: Netzausbau in Deutschland, Wozu werden neue Stromnetze benötigt?, Handreichung zur Politischen Bildung, Band 15. Konrad Adenauer Stiftung, 2014

Wendt, Alexander: Der Grüne Blackout, 2014년, 2쇄 수정증보판

Wetzel, Daniel: Die „Dunkelflaute“ bringt Deutschlands Stromversorgung ans Limit, in: Welt, 2017.2.6.

Wetzel, Daniel: Energiewende kostet die Bürger 520.000.000.000 Euro – erstmal, in: Welt, 2016.10.10.

Wind Permits Allowing Eagle Deaths Face Blowback

Wirth, Harry: Aktuelle Fakten zur PV in Deutschland, Frauenhofer ISE, 2018.2.21.

WirtschaftsWoche: Infografik Energiewende, Wie sich der globale Energiehunger zusammensetzt, was bei der Energiewende auf uns zukommt und wer davon profitiert, 2011.12.9.

Wolf, Katharina: Der Arbeitsmarkt hinter der Energiewende, 2015.7.22

Zeh, Juli: UnterLeuten, 2016

zu Guttenberg, Enoch: Ich trete aus dem Bund aus, in: Frankfurter Allgemeine Feuilleton, 2012.5.13.

Zündel, Wolfgang(ARD): Energiespeicher – dringend notwendig für die Energiewende, 2018.5.11.

❙ 표 목차 ❙

❙ 그림 목차 ❙

❙ 주요 기관명 ❙

BDEW(Bundesverband der Energie- und Wasserwirtschaft): 연방 에너지·수력산업 협회

BMWi(Bundesministerium für Wirtschaft und Energie): 독일 연방 경제·에너지성

BUM(Bundes Ministerium für Umwelt, Naturschutz, Bau und Reaktorsicherheit): 연방 환경성

Bundesanstalt für Geowissenschaft und Rohstoffe: 연방 지질·자원청

Bundeskartellamt: 연방 독점금지(카르텔)청

Bundesnetzagentur: 연방 네트워크청

Bundesrechnungshof: 연방 감사원

CDU(Christlich Demokratische Union Deutschlands): 기민당

CSU(Christlich-Soziale Union in Bayern): 기사당

Deutscher Bundestag: 독일연방의회

Die Grünen: 녹색당

DieWelt: 디 벨트 (일간지/언론)

DIW(Deutsches Institut für Wirtschaftsforschung Berlin): 독일경제연구원 베를린

EEG(Erneuernbare Energien Gesetz): 재생에너지법

EEG-Umlage (Erneuerbare Energien Gesetz-Umlage): 재생에너지법-부과금

EEX(European Energy Exchange): 유럽전력거래소(라이프찌히)

Energiewende: 에네르기벤데(에너지 전환정책)

FAZ(Frankfurter Allgemeiner Zeitung: 프랑크푸르터 알게마이너 짜이퉁(일간지/언론)

FDP(Freie Demokratische Partei): 자민당

FIT(Feed In Tariff): 발전차액지원제도

Fortune: 포춘(미국의 경제전문지)

Forum Ökologisch-Soziale Marktwirtschaft: 생태–사회적 시장경제 포럼

Gesetz über die friedliche Verwendung der Kernenergie und den Schutz gegen ihre Gefahren: 원자력법(원자력에너지의 평화적 이용과 안전에 관한 법)

Handelsblatt: 한델스블라트(경제전문 일간지)

HVDC(High Voltage Direct Current): 고압직류송전

IdW(Institut der deutschen Wirtschaft Köln): 독일경제연구소 쾰른

IPCC(Intergovernmental Panel on Climate Change): 기후변화에 관한 정부간 패널

NEP(Netzentwicklungsplan): 연방전력망개발계획

SPD(Sozialdemokratische Partei Deutschlands): 사민당

Statitisches Bundesamt: 연방통계청

VDI(Verein Deutscher Ingenieure): 독일엔지니어협회

*참고: 이해를 돕기 위해 유로 및 달러를 원으로 환산한 경우, 지난 3년간의 평균 환율을 고려하여 1유로=약 1,300원, 1달러=약 1,100원을 기준으로 하였음.

대한민국 블랙아웃

- 독일의 경고 : 탈원전의 재앙 -

발 행 일 2018년 8월 6일 초판 1쇄
2018년 9월 20일 초판 2쇄

저 자 최연혜
발 행 인 박기봉
발 행 처 비봉출판사
출판등록 2007-43 (1980년 5월 23일)
주 소 서울 금천구 가산디지털2로 98, 2-808 (가산동, IT캐슬)
대표전화 2082-7444 팩 스 2082-7449
전자우편 bbongbooks@hanmail.net

ISBN 978-89-376-0475-1 03300

값 18,000원